Fachbücher für Fortbildung & Studium

FFS 6

www.fhs-verlag.de

Dr. Holger Stöhr

Wirtschaftsbezogene Qualifikationen

Prüfungsvorbereitung für Industriefachwirte, Technische Fachwirte und Wirtschaftsfachwirte

DIHK-Rahmenplan: Fach Nr. 1 bis 4

4. Auflage

www.fhs-verlag.de Fachbuchverlag Holger Stöhr

Zum Autor:

Dr. Holger Stöhr, Diplom-Volkswirt (Univ.)

Bisher sind u. a. die folgenden Titel des gleichen Autors erschienen:

- **Fragen & Aufgaben zu »Wirtschaftsbezogene Qualifikationen«:** Prüfungssimulation für Industriefachwirte, Technische Fachwirte und Wirtschaftsfachwirte, 2. Auflage, Oberstdorf 2018, **ISBN 978-3-943743-12-8**
- **F.I.T. zur IHK-Prüfung in Handlungsspezifische Qualifikationen für Wirtschaftsfachwirte:** Teil 1: Zusammenfassung des Stoffs, 1. Auflage, Oberstdorf 2018, **ISBN 978-3-943743-23-4**

Bibliografische Informationen der Deutschen Bibliothek

Die Deutsche Bibliothek verzeichnet diese Publikation in der Deutschen Nationalbibliografie; detaillierte bibliografische Daten sind dem Internet über http://dnb.ddb.de abrufbar.

ISBN 978-3-943743-20-3

4. Auflage

Druck: Laserline, Berlin

Fachbuchverlag Holger Stöhr (FHS)

Internet: www.fhs-verlag.de

Inhaltsverzeichnis

Vorwort

Dieses Fachbuch zur Prüfungsvorbereitung ist am aktuellen Rahmenstoffplan der Prüfung »**Wirtschaftsbezogene Qualifikationen**« u. a. der folgenden IHK-Lehrgänge ausgerichtet:

- **Industriefachwirt/-in**
- **Technische(r) Fachwirt/-in**
- **Wirtschaftsfachwirt/-in.**

Wer in eine Prüfung geht, ist oft nicht angemessen vorbereitet, und dies, obwohl er oder sie regelmäßig an Lehrgängen teilgenommen hat und die dazugehörigen Bücher oder Skripte gelernt hat. Was fehlt, ist der letzte Schliff. **Zum Ende der Vorbereitung muss nochmals alles auf den Punkt gebracht werden.** Für die Erstellung eigener Zusammenfassungen fehlt oft die Zeit. Hierfür sind die Zusammenfassungen des Stoffs in diesem Fachbuch zur Prüfungsvorbereitung gedacht.

Zudem fühlt man sich unsicher, was nun wichtig ist, und was weniger. Zur besseren Einordnung, inwiefern welcher Stoff **prüfungsrelevant** ist, sind zwei hilfreiche Aspekte eingebaut: (A) Zu jedem Kapitel, Unterkapitel etc. wird die Prüfungsrelevanz in 3 Stufen gemäß IHK-Rahmenstoffplan am rechten Rand mit einem Marker angegeben:

1. Die erste Stufe bezieht sich auf einfachen Lernstoff. Hier werden nur **Kenntnisse** in Form von Definitionen, Auflistungen usw. erwartet. Als Symbol dient die Diskette.
2. Die zweite Stufe bezieht sich auf das **Verständnis** von Zusammenhängen und komplexeren Sachverhalten und deren Erläuterung. Als Symbol dient der kreisende Pfeil.
3. Die dritte Stufe steht für gelerntes und verstandenes Wissen, das in Form von Übungen und Rechnungen **Anwendung** findet. Als Symbol dient der Taschenrechner.

(B) Zu jedem Kapitel bzw. Unterabschnitt wird in einer kleinen Tabelle am rechten Rand (etwas nach unten versetzt) detailliert dargestellt, in welchen vergangenen Prüfungen dieser Stoff in welcher Aufgabe und mit welcher Punktezahl abgefragt wurde. Diese Zuordnung gilt immer für den gesamten Bereich der Zwischenüberschrift bzw. des Teilkapitels.

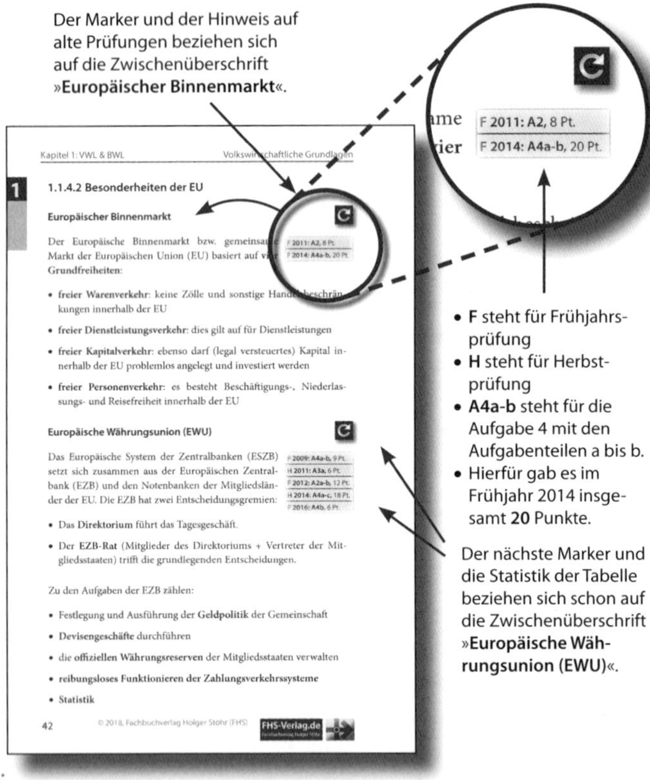

Ich wünsche Ihnen viel Spaß mit diesem Fachbuch und viel Erfolg beim Bestehen Ihrer Prüfung.

Dr. Holger Stöhr
Oberstdorf im August 2018

Wichtig

- Ziel dieses Fachbuchs zur Prüfungsvorbereitung ist, Ihnen den letzten Schliff zur Prüfungsvorbereitung zu geben. Natürlich können auf so knappem Raum nicht alle Themen ausführlich behandelt werden. Dann hätte das Buch einen Umfang von 1.000 Seiten oder mehr. Stattdessen werden hier Zusammenfassungen geboten, die Ihnen ein schnelles Lernen und eine Einschätzung der Prüfungsrelevanz der Themen gewähren. Dabei wurden alle bisherigen IHK-Prüfungen bis 2017 berücksichtigt (in 3 Fächern sogar 2018/I).

- Wer gute Lehrbücher zur Prüfungsvorbereitung mit ausführlichen Erläuterungen und vielen Aufgaben sucht, findet diese in meinen Lehrbüchern für zwei Fächer: 1. VWL für alle verständlich erklärt (ohne BWL-Teil) und 2. Rechnungswesen für Fachwirte.

- Zwar sollte die Vorbereitung nicht nur primär in Hinsicht auf die Prüfung erfolgen. Schließlich wollen Sie eine berufliche Reife für eine Führungsposition erlangen. Trotzdem bin ich Realist genug, um nach Hunderten von Lehrgängen, in denen ich als Dozent unterrichtete, zu wissen, dass die meisten Lehrgangsteilnehmer hauptsächlich die Prüfung bestehen wollen. Aber auch den anderen, weiter denkenden Prüfungsteilnehmer dürfte dieses Fachbuch helfen.

- Als sinnvolle Ergänzung sollten Sie den folgenden Übungsband zur Vorbereitung auf die Prüfung erwerben. Zusammen mit dem Ihnen vorliegenden Fachbuch haben Sie ein unschlagbares und vollständiges Duo der Prüfungsvorbereitung.

Fragen & Aufgaben zu Wirtschaftsbezogene Qualifikationen: Prüfungssimulation für Industriefachwirte, Technische Fachwirte und Wirtschaftsfachwirte, 2. Aufl., Oberstdorf 2018, **ISBN 978-3-943743-12-8**

Zur Prüfung in VWL & BWL

Für das erste Prüfungsfach VWL & BWL biete ich Ihnen hier eine kurze Auflistung wichtiger Aspekte. Bei diesem Fach stehen Wissen und Verständnis der teilweise komplizierten Materie im Vordergrund:

- **Zeit**: 75 Minuten.
- **Hilfsmittel**: Taschenrechner, Gesetzestexte: insbesondere BGB, HGB, GWB, UWG bzw. Gesetzessammlungen mit diesen Gesetzen.
- **Einteilung** der Punkte (ca.): 1. Volkswirtschaftliche Grundlagen: 55 Punkte, 2. Betriebliche Funktionen: 20 Punkte, 3. Existenzgründung und Unternehmensrechtsformen: 15 Punkte, Unternehmenszusammenschlüsse: 10 Punkte.
- **Probleme**: 1. Der Zeitfaktor könnte ein Problem werden. Zumal viele Prüflingen bei einzelnen Fragen zu viel/zu wenig schreiben. Bei »Nennen...« wird zu viel, bei »Erläutern...« zu wenig geschrieben. 2. Die VWL bereitet den meisten Prüflingen größere Verständnisprobleme als die BWL. 3. Vielen Prüflingen fällt es schwer, gelerntes Wissen den gestellten Fragen zuzuordnen. 4. In diesem Fach werden eher selten ganze Aufgaben nicht gelöst. Dafür gehen bei allen Aufgaben und Teilaufgaben Punkte verloren, die sich ansammeln.
- **Lösungsstrategien**: 1. Konzentrieren Sie sich auf die Aufgaben und Ihr vorhandenes Wissen. Lesen Sie die Aufgaben ganz genau. Dazu sollte natürlich entsprechendes Wissen vorhanden sein. Das erforderliche Wissen können Sie in den folgenden Kapiteln kurz wiederholen. 2. Üben Sie anhand von alten Prüfungen und dem Übungsband die Lösung von anwendungsorientierten Aufgaben.

1

1 VWL & BWL

1.1 Volkswirtschaftliche Grundlagen

1.1.1 Markt, Preis und Wettbewerb

1.1.1.1 Preisbildung auf unterschiedlichen Märkten

Marktformen

Die **Mikroökonomie** beschäftigt sich mit dem Verhalten der Unternehmen, der privaten Haushalte und des Staates auf einzelnen Märkten.

H 2009: **A1a,c,** 10 Pt.
H 2011: **A6a,c,** 10 Pt.
H 2012: **A4b,** 4 Pt.
H 2013: **A2d,** 2 Pt.
F 2016: **A3a,c,** 9 Pt.

Anzahl der Nachfrager	**Anzahl der Anbieter**		
	viele (poly)	wenige (oligo)	einer (mono)
viele	**Polypol**	(Angebots-) **Oligopol**	(Angebots-) **Monopol**
wenige	Nachfrage-oligopol	zweiseitiges Oligopol	beschränktes (A.-) Monopol
einer	Nachfrage-monopol	beschränktes (N.-) Monopol	zweiseitiges Monopol

Marktgleichgewicht bei vollständiger Konkurrenz

Das **Marktgleichgewicht** befindet sich dort, wo sich Angebot und Nachfrage treffen. Zudem gilt:

H 2013: **A2a-c,** 12 Pt.
H 2014: **A3b-d,** 16 Pt.

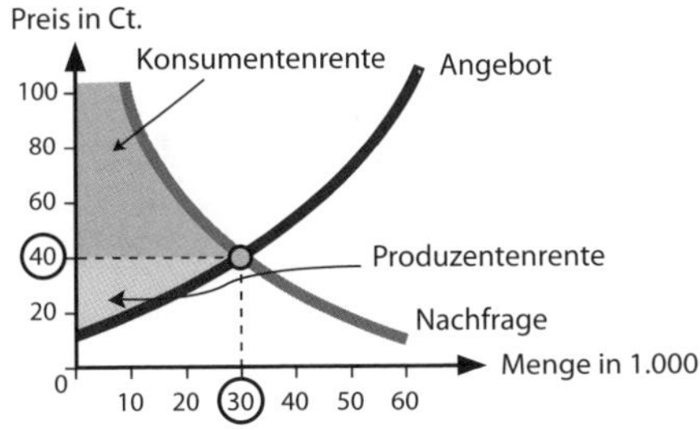

Tipp:
In der Realität wird es sich eher um Kurven handeln. Zur einfacheren Darstellung können in der Prüfung auch Geraden verwendet werden.

- **Gesetz der Nachfrage**: Bei steigendem Preis sinkt für gewöhnlich die Nachfrage.

- **Gesetz des Angebots**: Bei steigendem Preis steigt für gewöhnlich das Angebot.
- Bei einem Ungleichgewicht tendiert der Preis hin zum Gleichgewicht. Ist der Preis oberhalb des Gleichgewichtspreises herrscht ein **Angebotsüberhang** (Nachfragelücke). Hier wird der Preis sinken.
- Ist der Preis unterhalb des Gleichgewichtspreises herrscht ein **Nachfrageüberhang** (Angebotslücke). Hier wird der Preis steigen.
- Es gibt Konsumenten, die bereit sind, mehr als den Marktpreis zu bezahlen. Diese »Ersparnis« heißt **Konsumentenrente**.
- Es gibt Produzenten, die auch günstiger als zum Marktpreis anbieten könnten. Deren zusätzlicher Gewinn durch den höheren Marktpreis wird als **Produzentenrente** bezeichnet.

Fälle der Verschiebung von Angebots- und Nachfragekurven

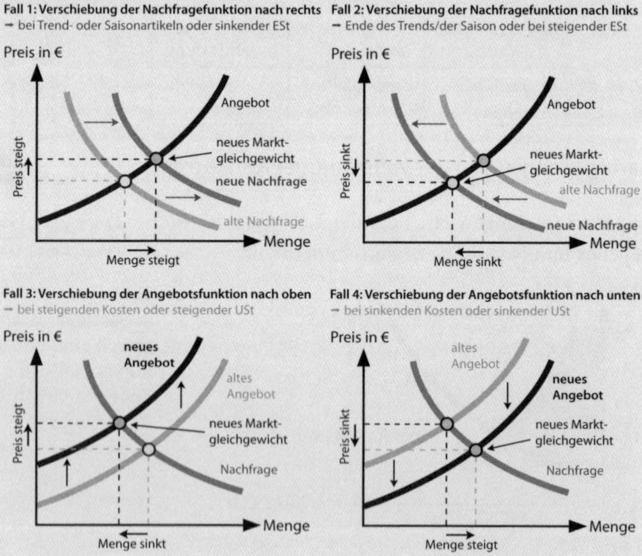

Zu den Verschiebungen der Angebots- und der Nachfragefunktion:

- **Nachfrage**: Erhöht sich der Preis, bewegt sich die Nachfrage auf der gegebenen Kurve. Ändert sich eine andere Größe (bspw. bei Saison- und Trendartikeln, bei einer Zu-/Abnahme der Bevölkerung oder bei steigender/sinkender Kaufkraft) verschiebt sich die Kurve nach rechts oder links.
- **Angebot**: Erhöht sich der Preis, bewegt sich das Angebot auf der gegebenen Kurve. Ändert sich eine andere Größe (bspw. Löhne/Gehälter, Rohstoffpreise, sonstige Kosten oder indirekte Steuern) verschiebt sich die Kurve nach oben oder unten.

Voraussetzungen des vollkommenen Marktes

F 2010: A1b, 6 Pt.
H 2012: A4a, 8 Pt.
H 2014: A3a, 4 Pt.
F 2015: A1, 12 Pt.

Sofern eine der folgenden Bedingung nicht zutrifft, handelt es sich um einen **unvollkommenen Markt**:

- **Polypol**: viele Anbieter und viele Nachfrager
- **homogenes Gut**: das Produkt des Marktes ist von einheitlicher Güte
- **keine räumlichen Präferenzen** (Vorlieben): den Käufern und Verkäufern ist der Ort des Handels egal
- **keine zeitlichen Präferenzen**: den Käufern wäre es egal, wann das Geschäft möglich ist
- **keine persönlichen Präferenzen**: die Sympathie für die Marktgegenseite ist häufig von Bedeutung
- **vollständige Markttransparenz**: Die Akteure haben ausreichende Kenntnisse über die Preise und Mengen am Markt.
- **sehr schnelle Reaktionsgeschwindigkeit**: es kann schnell reagiert werden
- **freier Marktzutritt**: jeder nicht entmündigte Erwachsene kann theoretisch als Anbieter und Nachfrager auftreten
- **keine direkten staatlichen Eingriffe**: der Staat legt keine Höchst- oder Mindestpreise fest

1

Funktionen des marktwirtschaftlichen Preissystems

F 2010: A1a, 9 Pt.
F 2011: A4a, 8 Pt.
F 2013: A1a,c, 10 Pt.
F 2015: A2a,c, 12 Pt.
H 2016: A2a, 6 Pt.

- **Ausgleichsfunktion**: Im Gleichgewicht wird der Markt geräumt (Nachfrage = Angebot).
- **Ausschaltungsfunktion (Selektions-/Markträumungsfunktion)**: Die Anbieter, die dauerhaft nicht zum Marktpreis anbieten können oder wollen, verschwinden vom Markt. Ebenso werden diejenigen Konsumenten vom Markt verdrängt, die nicht bereit sind, den Marktpreis zu bezahlen.
- **Signalfunktion (Motivationsfunktion)**: Preise/Preisentwicklungen signalisieren den Verkäufern Gewinnchancen und den Käufern die Kosten.
- **Lenkungsfunktion (= Allokationsfunktion)**: Preise lenken auch Investitionen bzw. Kaufentscheidungen. Sie können aber auch das Verhalten der Marktteilnehmer ganz allgemein beeinflussen (bspw. durch Kostensenkungen oder Ausweichreaktionen).

Preisbildung im Polypol, Oligopol und Monopol

H 2009: A1b, 10 Pt.
H 2011: A6b, 10 Pt.
H 2012: A4c, 4 Pt.
F 2016: A3b, 12 Pt.

Der **Polypolist** ist ein Preisnehmer und Mengenanpasser. Er kann nicht selbstständig Preise festlegen. Er orientiert sich an den Preisen seiner Konkurrenten. Zudem haben die Leute räumliche, zeitliche und persönliche Präferenzen. **Als Folge lässt sich kein einheitlicher Marktpreis ableiten.** Der Polypolist hat einen, wenn auch geringen, Spielraum der Preisfestlegung.

Die **Preisbildung im Oligopol** kann zu drei Situationen führen:

- intensiver Wettbewerb bzgl. Preise, Qualität, Service u. Fortschritt
- Preiskartelle bei Absprachen über die Preise
- friedliches Parallelverhalten, wenn bspw. der Rohölpreis steigt, trifft dies alle Anbieter und alle Mineralölkonzerne müssen dies in ihrer Preiskalkulation für Benzin/Heizöl berücksichtigen.

Der **Monopolist** hat hingegen die alleinige Preissetzungskompetenz. Jedoch muss der Monopolist Rücksicht auf Substitutionskonkurrenz nehmen (bspw. die Bahn auf Fernbusse).

1.1.1.2 Wettbewerbspolitik

Funktionen des Wettbewerbs

F 2014: A2b, 8 Pt.

- **Anreiz-/Anpassungsfunktion**: Jedes Unternehmen muss sich an die Nachfrage anpassen. Daher führt Wettbewerb zu: (1) günstigeren Preisen, (2) besserer Qualität und (3) mehr Service.
- **Innovationsfunktion**: Wettbewerb sorgt für einen beschleunigten technischen Fortschritt.
- **Allokations-/Lenkungsfunktion**: Die Produktionsfaktoren (Arbeit, Kapital und Boden) werden in die Branchen mit den höchsten Renditen gelenkt.
- **Auslese-/Selektionsfunktion**: Leistungsfähige Unternehmen werden durch Gewinn belohnt und die nicht-leistungsfähigen werden vom Markt verdrängt.
- **Kontrollfunktion**: Wettbewerb führt zur Kontrolle wirtschaftlicher und politischer Macht.

Ziele und Instrumente der Wettbewerbspolitik

H 2015: A3b, 4 Pt.
H 2017: A6a, 4 Pt.

Das **Ziel** der staatlichen Wettbewerbspolitik ist (1) die Erhaltung des Wettbewerbs, (2) die Verhinderung von Marktmacht und (3) die Unterbindung von **Wettbewerbsbeschränkungen** (bspw. in Form von Kartellen oder Fusionen).

Zu den **Institutionen** der Wettbewerbspolitik zählen das **Bundeskartellamt** sowie die **Europäische Kommission** mit dem Wettbewerbskommissariat. Zudem hat der **Bundesminister für Wirtschaft** ein Vetorecht gegen bestimmte Entscheidungen des Bundeskartellamts. Zu den wettbewerbspolitisch wichtigen Gesetzen zählen:

1

- **Gesetz gegen Wettbewerbsbeschränkungen (GWB):** »Kartellrecht« - das volkswirtschaftlich wichtigste Wettbewerbsrecht
- **Gesetz gegen den unlauteren Wettbewerb (UWG)**
- **AEUV Art. 101-109** (Vertrag über die Arbeitsweise der EU): Hierbei handelt es sich um das Wettbewerbsrecht der Europäischen Union, das weitgehend den Regelungen des GWB entspricht.

Instrumente der Wettbewerbspolitik im **GWB**:

- **Kartellverbot**: Grundsätzlich sind Kartelle verboten (bspw. Preis-, Mengen- und Gebietskartelle). Hiervon gibt es allerdings Ausnahmen.
- **Zusammenschlusskontrolle:** Das Bundeskartellamt kann eine Fusion untersagen, sofern eine marktbeherrschende Stellung vorliegt oder vermutet wird.
- **Missbrauchsaufsicht**: Das Bundeskartellamt überprüft ständig, ob marktmächtige Unternehmen ihre Macht missbrauchen.

1.1.1.3 Eingriffe des Staates in die Preisbildung

Subventionen

H 2009: A2c, 6 Pt.
F 2014: A2a, 6 Pt.

Subventionen werden vom Staat an Unternehmen gezahlt, um (1) Arbeitsplätze zu sichern, (2) Zukunftstechnologien (bspw. Solarenergie) zu fördern, (3) bestimmte Branchen (bspw. Steinkohle) zu erhalten und (4) um die Selbstversorgung zu sichern. Nachteile: Subventionen sind für den Steuerzahler teuer und verzerren das Marktgeschehen.

Höchst- und Mindestpreise

H 2010: A2a-c, 20 Pt.
F 2011: A4b-c, 10 Pt.
F 2013: A1b, 8 Pt.
F 2015: A2b, 6 Pt.
H 2016: A2b-c, 13 Pt.
F 2017: A4a-c, 20 Pt.

In beiden Fällen ist der Staat mit der Preisbildung am Markt nicht zufrieden und greift entsprechend ein:

- **Ziel = Schutz der Konsumenten**: Sofern der Staat die Konsumenten mit günstigen lebensnotwendigen Gütern (Grundnahrungsmittel, Wohnungsmieten) versorgen möchte, könnte er **Höchstpreise** festlegen. Diese liegen generell unter dem Marktpreis und es ist Anbietern nicht erlaubt, einen höheren Preis zu verlangen. Der Nachteil liegt im zwangsläufig daraus resultierenden dauerhaften Nachfrageüberhang, der nun nicht durch eine Preiserhöhung ausgeglichen werden kann. Häufig wurden in der Vergangenheit Lebensmittel durch Bezugsscheine rationiert. Zudem werden sich wahrscheinlich Schwarzmärkte bilden.

- Ein aktuelles Beispiel zu Höchstpreisen stellt die **Mietpreisbremse** dar, die kaum wirkt, da die Macht der Nachfrager gering ist und auch nur wenige Sanktionen erfolgen.
- **Ziel = Schutz der Unternehmen**: Hier schreibt der Staat **Mindestpreise** vor, die über den Gleichgewichtspreisen liegen. Nachteilig sind die zwangsläufigen Angebotsüberhänge. Zur wirklichen Unterstützung der Unternehmen könnte der Staat diese aufkaufen (Butterberge, Milchseen), ansonsten entstehen ggf. Schwarzmärkte.

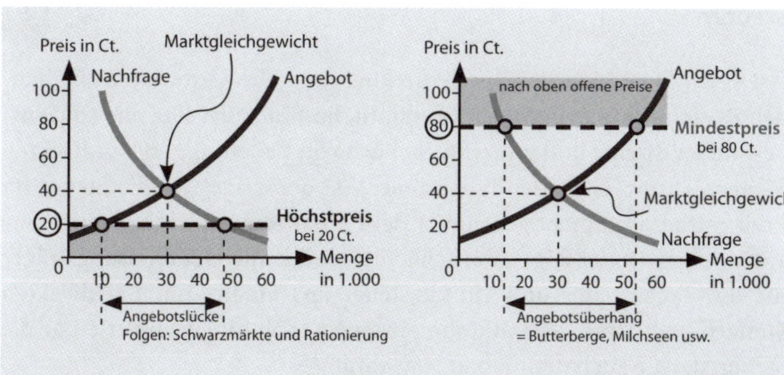

Sowohl Höchst- als auch Mindestpreise zählen zu den **marktkonträren staatlichen Eingriffen**, da hier in das Preissystem direkt eingegriffen wird und kein Marktpreis mehr zustande kommt. Damit gibt man die wesentlichen Vorteile der marktwirtschaftlichen Preisbildung auf.

1

Mindestlöhne

Ein Sonderfall der Mindestpreise sind **Mindestlöhne**. Ziel ist dabei die Einkommenssicherung von Geringverdienern bzw. Verteilungsgerechtigkeit. Als Folge würde eine Nachfragelücke zu Arbeitslosigkeit führen. Die Befürworter halten demgegenüber, dass ein allgemeiner Mindestlohn zu einer Kaufkrafterhöhung in der Bevölkerung führe und somit die Nachfragelücke (zumindest teilweise) schließe.

F 2012: A3a-c, 20 Pt.

Tipp:
Es handelt sich um die gleiche Abbildung wie beim allgemeinen Mindestpreis mit folgenden Änderungen: (1) Hochachse: Lohn, (2) Längsachse: Arbeitsmenge oder Anzahl der Arbeitsplätze, (3) Angebot: Arbeitnehmer (bieten ihre Arbeitskraft an!), (4) Nachfrage: Arbeitgeber (fragen Arbeit nach), (5) Angebotsüberhang = Arbeitslosigkeit.

Steuern

Greift der Staat hingegen durch direkte oder indirekte Steuern ein, handelt es sich um **marktkonforme staatliche Eingriffe**. Für uns sind insbesondere direkte und indirekte Steuern von Bedeutung. Bei **indirekten Steuern** (bspw. USt oder Tabaksteuer) ist derjenige, der die Steuer im Preis mitbezahlt, nicht gegenüber dem Finanzamt für diese Steuer verantwortlich. In der Zigarettenschachtel sind keine Überweisungsträger für die Tabaksteuer und Umsatzsteuer ans Finanzamt. Bei **direkten Steuern** (wie bspw. der Einkommensteuer) trägt hingegen derjenige die Steuer, der sie auch dem Finanzamt zahlt.

- Eine **Erhöhung der indirekten Steuern** (bspw. Mineralölsteuer) führt zu einer Verschiebung der Angebotsfunktion nach oben, da die Unternehmen dies in ihren Preisen berücksichtigen und entsprechend erhöhen.
- Eine **Erhöhung der direkten Steuern** (bspw. Einkommensteuer) führt zu einer Linksverschiebung der Nachfrage, da die Kaufkraft der Konsumenten zurückgeht.

1.1.2 Volkswirtschaftliche Gesamtrechnung

1.1.2.1 Bruttoinlandsprodukt und -nationaleinkommen

Volkswirtschaftliche Gesamtrechnungen (VGR)

Die **Makroökonomie** beschäftigt sich mit **gesamtwirtschaftlichen** Zusammenhängen. Hier geht es nicht um das Verhalten auf einzelnen Märkten, sondern um die gesamte Volkswirtschaft. Dabei interessieren vor allem das Bruttoinlandsprodukt, Wachstum, Konjunktur, Arbeitslosigkeit, Inflation, Deflation, aber auch der Austausch mit dem Ausland. Dabei werden als **Wirtschaftssubjekte** die privaten Haushalte, Unternehmen und öffentlichen Haushalte betrachtet. Die Beziehungen zwischen diesen lassen sich durch **Wirtschaftskreisläufe** darstellen (private Haushalte = H und Unternehmen = U):

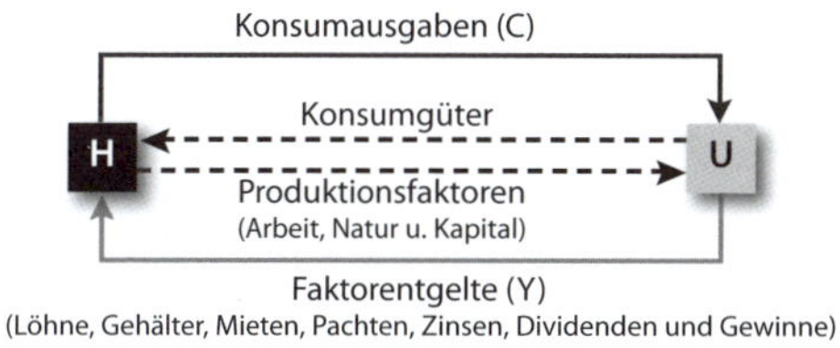

Die **Volkswirtschaftlichen Gesamtrechnungen** (VGR) stellen eine Art Buchhaltung für die gesamte Volkswirtschaft dar. Dabei werden das Bruttoinlandsprodukt, das Bruttonationaleinkommen und das Volkseinkommen ermittelt.

Bruttoinlandsprodukt und Bruttonationaleinkommen

F 2010: A2a, 6 Pt.
F 2017: A5a, 8 Pt.

„Das **Bruttoinlandsprodukt** (BIP) ist ein Maß für die wirtschaftliche Leistung einer Volkswirtschaft in einem bestimmten Zeitraum. Es misst den Wert der im Inland hergestellten Waren u. Dienstleistungen, soweit diese nicht als Vorleistungen für die Produktion anderer Waren u. Dienstleistungen verwendet werden."

Quelle: Statistisches Bundesamt, VGR: wichtige Zusammenhänge im Überblick, Wiesbaden 2017, S. 8. Die meisten statistischen Daten in diesem Kapitel wurden den Veröffentlichungen des Statistischen Bundesamtes (StBA) unter www.destatis.de entnommen.

1

- Das BIP misst nicht den gesamten Wert aller im Inland hergestellten Waren und Dienstleistungen, sondern nur die für den Endverbrauch bestimmten. Die Waren und Dienstleistungen, die als **Vorleistungen** in andere Produkte eingehen, werden nicht doppelt gerechnet.
- Das BIP misst den Wert der für den Endverbrauch im Inland erstellten Waren und Dienstleistungen und stellt somit ein **Inlandskonzept** (Arbeitsortkonzept) dar. Dagegen misst das **Bruttonationaleinkommen** (BNE) den Wert der von den Inländern im In- und Ausland für den Endverbrauch erstellten Waren und Dienstleistungen. Inländer werden in dieser Statistik nicht durch den Pass, sondern durch den dauerhaften Wohnort definiert. Daher wird dieses Konzept auch **Inländerkonzept** (Wohnortkonzept) genannt. Früher wurde das BNE auch **Bruttosozialprodukt** (BSP) genannt.

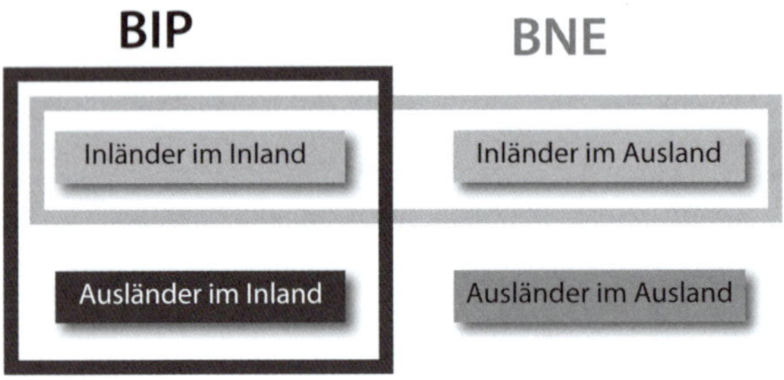

Der Unterschied zwischen dem BIP und dem BNE basiert bei Städten und Gemeinden häufig auf Pendlerbewegungen. So ist in einer Stadt für gewöhnlich das BIP größer und in den Umlandgemeinden das BNE. Auf Gesamtdeutschland bezogen ist das BNE wesentlich größer als das BIP. Das liegt aber weniger an Pendlern, sondern an Vermögenseinkünften (Saldo der Primäreinkünfte: Zinsen, Dividenden etc.). Deutsche haben im Ausland mehr Kapital (Konten, Investitionen) angelegt als Ausländer in Deutschland und erhalten mehr Zinsen und Dividenden.

Tipp:

Es werden in Bezug auf Arbeitseinkünfte nur Pendlerbewegungen erfasst. Wer in ein anderes Land zieht, zählt weder zum dt. BIP noch BNE.

Inwiefern kann das BIP als Maßstab für Wohlstand dienen?

F 2010: **A2b**, 8 Pt.
H 2013: **A6b**, 6 Pt.
F 2017: **A5b**, 8 Pt.

Als Wohlstandsindikator kann das Bruttoinlandsprodukt (BIP) nur eingeschränkt dienen:

- Zumeist wird dabei das BIP mit demjenigen anderer Staaten verglichen. Bei solchen Vergleichen ist allenfalls ein **Vergleich pro Kopf** sinnvoll. Weiterhin müsste die Kaufkraft des BIP, sprich das Preisniveau berücksichtigt werden. Schließlich sind bei internationalen Vergleichen auch Wechselkursschwankungen von Bedeutung.
- Grundsätzlich können nur **legale Leistungen** einigermaßen korrekt erfasst werden. Illegale Leistungen (wie bspw. der Drogenhandel) werden somit nicht korrekt erfasst. Die **Schattenwirtschaft** (»Schwarzarbeit«) wird ungenau durch Schätzwerte berücksichtigt.
- Es werden **nicht alle** legalen Leistungen ausgewiesen (*Eigenleistungen* wie *Hausarbeit*, *Freundschaftsdienste oder Ehrenämter*).
- **Umweltschäden** werden nicht berücksichtigt (das BIP ist zu hoch).
- Ebenso wenig werden sonstige Schäden (bspw. **Unfälle**) berücksichtigt (auch in diesem Fall ist das BIP zu hoch).

Entstehung, Verwendung und Verteilung des BIP

H 2009: **A2a-b**, 10 Pt.
H 2013: **A6a**, 8 Pt.

In den VGR wird das BIP auf drei verschiedene Arten berechnet (mit dem gleichen Ergebnis):

- In der **Entstehungsrechnung** wird nach den Branchen der Entstehung des BIP gefragt (Finanzdienstleistungen, Industrie etc.).
- Die **Verwendungsrechnung** unterscheidet zwischen Bruttoinvestitionen der Unternehmen, privaten und staatlichen Konsumausgaben sowie dem Außenbeitrag (= Exporte – Importe).
- Die **Verteilungsrechnung** untersucht, wer das BIP erhält. Ein erheblicher Teil des BIP wird durch *Abschreibungen* gemindert (2017: 572 Mrd. EUR). Der wesentliche verbleibende Teil ist das *Volkseinkommen* (2017: 2.435 Mrd. EUR).

1

Das nationale Produktionskonto mit Zahlen in Mrd. € für 2017:

Aufwand	nationales Produktionskonto	Ertrag	
Abschreibung. ► AfA	572	Bruttoinvestitionen ► I	645
Arbeitnehmerentgelte ► Y_{LG}	1.669	private Konsumausgaben ► C_H	1.733
Unt.-/Verm. einkommen ► Y_{GE}	766	staatl. Konsumausgaben ► C_{St}	638
ind. Steuern - Subventionen ► $T_{ind} - Z$	317	Außenbeitrag ► Ex – Im	247
		Saldo Primäreinkünfte	61
Σ	3.324	Σ	3.324

Bruttonationaleinkommen (BNE) = 3.324 Mrd. €

Volkseinkommen = 2.435 Mrd. €

Bruttoinlandsprodukt (BIP) = 3.263 Mrd. €

Verteilungsrechnung Verwendungsrechnung

$BIP = I + C_H + C_{St} + Ex - Im$ = 3.263 Mrd. €

Nettoinlandsprodukt (NIP) = BIP – AfA = 2.691 Mrd. €

BNE = BIP + Saldo der Primäreinkünfte = 3.324 Mrd. €

Nettonationaleinkommen (NNE) = BNE – AfA = 2.752 Mrd. €

Volkseinkommen = NNE – indirekte Steuern + Subv. = 2.435 Mrd. €

Quelle: StBA, VGR: wichtige Zusammenhänge im Überblick 2017, S. 9, Stand: Mai 2018.

Die **Zusammensetzung des BIP** nach der Verwendungsrechnung kann man sich auch vereinfacht mit dem folgenden Beispiel vorstellen: Automobile werden von Unternehmen für bspw. Außendienstmitarbeiter gekauft (I). Zudem erwerben auch private Haushalte (C_H) und staatliche Behörden (C_{St}) Autos. Ein Teil der von diesen drei Gruppen gekauften Autos sowie Vorprodukte werden aus dem Ausland importiert (Im) und ist somit keine deutsche Wirtschaftsleistung und muss daher abgezogen werden. Andererseits kaufen auch Ausländern deutsche Autos (Ex). Dies erhöht unsere Wirtschaftsleistung und wird daher addiert.

Nominales und reales Wachstum des BIP

H 2013: A6c, 4 Pt.

Aus dem BIP zweier aufeinanderfolgender Jahre wird die **nominale Wachstumsrate des BIP** berechnet:

$$\text{nominale Wachstumsrate des BIP 2017} = \frac{(BIP_{2017} - BIP_{2016})}{BIP_{2016}} \times 100\ \%$$

$$nW_{2017} = \frac{(BIP_{2017} - BIP_{2016})}{BIP_{2016}} \times 100\ \% = \frac{(3.263 - 3.144)}{3.144} \times 100\ \% = +3{,}8\ \%$$

Die **reale Wachstumsrate** erhält man, wenn das nominale Wachstum um die Preissteigerungsrate des BIP (= BIP-Deflator ≠ Inflationsrate) korrigiert wird:

$$rW_{2017} = nW_{2017} - \text{BIP-Deflator}_{2017} = +3{,}8\ \% - 1{,}6\ \% = +\ 2{,}2\ \%$$

Tipp:

Zur Vereinfachung kann auch die Inflationsrate von der nominalen Wachstumsrate abgezogen werden, um die reale Wachstumsrate des BIP zu erhalten. Für die Prüfung reicht dieses nicht ganz korrekte Wissen aus.

1.1.2.2 Primär- u. Sekundärverteilung

Lohn- und Gewinnquote

H 2008: A2a, 4 Pt.
F 2011: A1a, 3 Pt.
F 2013: A4a, 6 Pt.

Die **funktionale Einkommensverteilung** unterscheidet danach, welche **Produktionsfaktoren** das Volkseinkommen erhalten: Arbeit (*Arbeitnehmerentgelte*, 2017: 1.669 Mrd. EUR) sowie Kapital und Natur (*Unternehmens- und Vermögenseinkommen*, 2017: 766 Mrd. EUR). Daraus lassen sich die **Lohn- und Gewinnquoten** ableiten:

$$\text{Lohnquote}_{2017} = \frac{\text{Arbeitnehmerentgelte}}{\text{Volkseinkommen}} \times 100\ \% = \frac{1.669}{2.435} \times 100\ \% = 68{,}5\ \%$$

$$\text{Gewinnquote}_{2017} = \frac{\text{Unternehmenseinkommen}}{\text{Volkseinkommen}} \times 100\ \% = \frac{766}{2.435} \times 100\ \% = 31{,}5\ \%$$

1

Einkommensumverteilung

H 2008: A2a-c, 14 Pt.
F 2011: A1a-c, 12 Pt.
F 2013: A4d, 4 Pt.

Die **personelle Einkommensverteilung** fragt nach dem Einkommen der einzelnen Haushalte, das sich aus verschiedenen Quellen speist (Löhne, Gehälter, Zinsen, Dividenden und Mieten sowie staatliche Transferleistungen wie bspw. Kindergeld, BAföG):

- Die **primäre Einkommensverteilung** steht für die am Markt erzielten Einkommen durch Gehälter, Löhne, Zinsen, Dividenden, Mieten usw. vor der Umverteilung durch den Staat.
- Aus Gründen der Gerechtigkeit entzieht der Staat den Akteuren einen erheblichen Teil ihres Einkommens in Form von Steuern, Gebühren, Abgaben und in Form von Sozialversicherungsbeiträgen und verteilt dieses neu (Transferleistungen: Hartz IV, Kindergeld usw.). Das Ergebnis wird als **sekundäre Einkommensverteilung** bezeichnet. Der hierfür notwendige staatliche Eingriff wird **Einkommensumverteilung** genannt.

Verfügbares Einkommen

F 2013: A4b-c, 10 Pt.

Das letztlich verfügbare Einkommen eines Haushalts ergibt sich daher durch folgende Berechnung und kann für Konsum oder Ersparnis verwendet werden:

primäres Einkommen (Löhne, Gehälter, Zinsen, Dividenden, Mieten etc.)
\+ Transferleistungen des Staates (Hartz IV, Kindergeld etc.)
– direkte Steuern (Einkommenssteuer)
– Sozialversicherungsbeiträge
= verfügbares Einkommen

1.1.3 Konjunktur und Wirtschaftswachstum

1.1.3.1 Ziele der Stabilitätspolitik

Zielsetzungen und ihre Messbarkeit

F 2009: A1a-c, 14 Pt.
H 2009: A6a,c, 11 Pt.
H 2010: A1a-b, 16 Pt.
F 2011: A7a-b, 14 Pt.
F 2012: A5a, 4 Pt.
H 2013: A3a, 8 Pt.
H 2015: A4a, 3 Pt.
H 2016: A1, 16 Pt.

Im **Stabilitäts- und Wachstumsgesetz** aus dem Jahr 1967 werden die folgenden vier gesamtwirtschaftlichen Ziele (»**Magisches Viereck**«) genannt:

- **Hoher Beschäftigungsstand** (Messgröße = Arbeitslosenquote, Zielgröße = 2 bis 4 % < Juli 2018 = 5,1 %): Ziel = geringe Arbeitslosigkeit
- **Preisniveaustabilität** (Messgröße = Inflationsrate, Zielgröße = max. 2 % < Juni 2018: +2,1 %): Das Niveau der Preise sollte langfristig stabil bleiben (= Fehlen von Inflation und Deflation).
- **Außenwirtschaftliches Gleichgewicht** (Messgröße = Leistungsbilanzsaldo (2017: 258 Mrd. €) bezogen auf das BIP, Zielgröße = 0 bis 2 % < 2017: +7,9 %): Das Ziel ist eine weitgehend ausgeglichene Leistungsbilanz (Teilbilanzen: Handelsbilanz, Dienstleistungsbilanz, Primäreinkommen, Sekundäreinkommen).
- **Angemessenes und stetiges Wirtschaftswachstum** (Messgröße = reale Wachstumsrate des BIP, Zielgröße für Dtld. = 2 bis 4 % = 2017: +2,2 %): Zur Vermeidung starker konjunktureller Schwankungen wird eine stetige Entwicklung gefordert.

Ergänzt man diese Ziele um die beiden folgenden, erhält man das **Magische Sechseck**. Diese beiden Ziele sind kaum messbar/kontrollierbar:

- **Gerechte Einkommens- und Vermögensverteilung**: Ziel ist eine gleichmäßigere Verteilung von Einkommen und Vermögen.
- **Lebenswerte Umwelt**: Nicht nur für die heutigen Bürger, sondern auch für zukünftige Generationen (Nachhaltigkeit!) soll eine lebenswerte Umwelt erhalten werden. Daher müssen die Erderwärmung, die Verschmutzung der Meere etc. vermindert werden.

1

Zielkonflikte und Zielharmonien

H 2009: A6b, 3 Pt.
H 2012: A5c, 4 Pt.

- Sofern sich Ziele gleichzeitig verwirklichen lassen, spricht man von **Zielharmonie**. Im Aufschwung/ Boom sinkt die Arbeitslosenquote.
- Sofern sich zwei oder mehr Ziele nicht gleichzeitig verwirklichen lassen, spricht man von einem **Zielkonflikt**. Ein kräftiges Wirtschaftswachstum geht für gewöhnlich mit einem Anstieg der Inflationsrate einher. Daher besteht indirekt auch ein Zielkonflikt zwischen Preisniveaustabilität und hohem Beschäftigungsstand.

Konjunkturzyklus

H 2008: A3a-b, 18 Pt.
F 2009: A3a-b, 13 Pt.
F 2014: A3, 12 Pt.
H 2015: A5a-c, 20 Pt.

Die Volkswirtschaften sind gesamtwirtschaftlichen Schwankungen unterworfen – den **Konjunkturzyklen.**

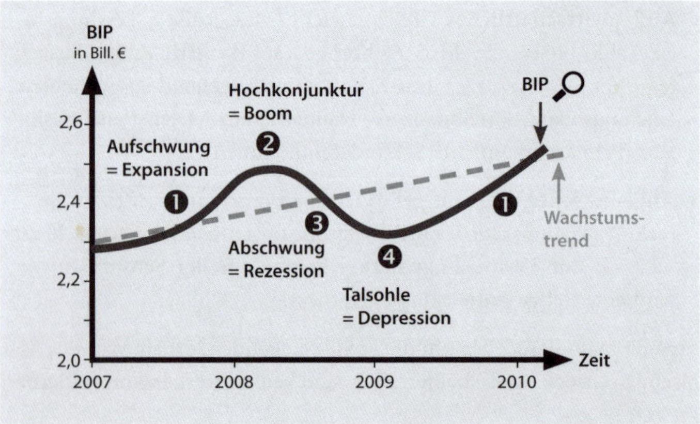

In Zeiten des **Aufschwungs** erhöhen sich für gewöhnlich die Inflationsrate und die Steuereinnahmen (bspw. Einkommen- und Umsatzsteuer), die Arbeitslosenquote sinkt, während im **Abschwung** die Arbeitslosigkeit steigt und die Inflationsrate sowie die Steuereinnahmen sinken. In lang anhaltenden Rezessionen kann sogar der unschöne Fall der Deflation auftreten. Ein weiteres Phänomen ist die **Stagflation**: Dieses

1

Kunstwort aus **Stagnation** (kein Wachstum) und **Inflation** beschreibt den eher untypischen Fall, dass trotz Rezession Inflation vorherrscht.

Es werden folgende **Konjunkturindikatoren** unterschieden:

- **Frühindikatoren** (Investitionen, Auftragseingänge, Ifo-Index)
- **Gegenwartsindikatoren** (Konsum, Auftragsbestände, Auslastung)
- **Spätindikatoren** (Erwerbsquote, Arbeitslosenquote, BIP)

1.1.3.2 Wirtschaftspolitische Maßnahmen/Konzeptionen

Bereiche der Wirtschaftspolitik

Zu den Bereichen der Wirtschaftspolitik zählen:

F 2009: A2a-b, 10 Pt.

- **Wachstumspolitik**: Ziel = langfristig angemessene Wachstumsraten
- **Stabilitätspolitik**: antizyklische Konjunkturpolitik (Fiskal- u. Geldpolitik) gegen Konjunkturschwankungen (kurz-/mittelfristig)
- **Verteilungspolitik**: Schaffung einer gerechten Verteilung von Einkommen/Vermögen durch bspw. Arbeitsmarkt- und Steuerpolitik.

Inflation und Deflation

Von **Inflation** spricht man bei einem *anhaltenden Steigen des Preisniveaus*. Daraus folgt im Umkehrschluss, dass die Kaufkraft des Geldes sinkt. Unter **Deflation** versteht man ein *anhaltendes Sinken des Preisniveaus*. Daraus folgt eine steigende Kaufkraft des Geldes.

H 2011: A3b-d, 13 Pt.
F 2012: A5b, 7 Pt.
H 2012: A5a, 4 Pt.
H 2015: A6a-b, 12 Pt.
F 2016: A1a-b, 18 Pt.
H 2016: A3a, 8 Pt.

Die Inflationsrate wird vom Statistischen Bundesamt in Wiesbaden monatlich aus dem **Verbraucherpreisindex (VPI)** anhand eines repräsentativen Warenkorbs ermittelt. Zudem wird der »**Harmonisierte Verbraucherpreisindex (HVPI)**« einheitlich in der EU/EWU ermittelt.

Zu den **Ursachen der Inflation** zählen:

- Zunächst kann die Notenbank (EZB) durch eine **Erhöhung der Geldmenge** eine Inflation verursachen bzw. verstärken.
- Zu den **nachfrageseitigen Ursachen** der Inflation zählen eine steigende Nachfrage durch Konsum, Investitionen, Staatsnachfrage und Exporte.
- Ein typischer Fall für eine **angebotsseitige Ursache** der Inflation wäre die **Lohn-Preis-Spirale**: Steigende Löhne bedeuten für die Unternehmen höhere Kosten, die sie in die Preise einkalkulieren. Als Folge der steigenden Preise verlangen die Gewerkschaften in der nächsten Runde wiederum höhere Löhne usw.
- In den letzten Jahrzehnten entstand der größte (angebotsseitige) Inflationsdruck bei importierten Rohstoffen (insbesondere Rohöl).
- Zudem führen steigende Gewinnerwartungen ggf. zur Inflation.

Zu den **Folgen der Inflation** zählen:

- Gläubiger erleiden bei einer Inflation einen Wertverlust, sofern diese überraschend kommt und nicht in die ursprünglichen Kreditzinsen mit einkalkuliert wurde. Entsprechend ist eine überraschende Inflation für Schuldner vorteilhaft.
- Feste Einkünfte (BAföG, Rente usw.) werden oftmals nicht an das gestiegene Preisniveau angeglichen.
- Es entstehen Kosten durch die erforderlichen Preisanpassungen und die Informationssuche.
- Die unternehmerischen Entscheidungen (bspw. bei der Preiskalkulation) werden zunehmend unsicherer.
- Der Staat erzielt bei einer gemäßigten Inflation höhere Einnahmen aus der Einkommensteuer (kalte Progression).
- Für Unternehmen steigen die Kosten für Vorprodukte. Als Folge werden sie versuchen die sonstigen Kosten zu senken oder die Verkaufspreise zu erhöhen.

Zu den **Nachteilen** einer **Deflation** zählen:

- Sinkende Preise sind auch mit sinkenden Umsatzerlösen für Unternehmen verbunden. Folglich müssen auch die Kosten gesenkt werden. Da sinkende Löhne unrealistisch sind, führt Deflation zumeist zu Entlassungen und damit zur Massenarbeitslosigkeit.
- Zudem ändert sich bei einer Deflation unser Konsumverhalten bei langlebigen Konsumgütern. Die Konsumenten warten auf weiter sinkende Preise. Sofern dies für mehrere/wichtige Branchen gilt (Automobile, Bau etc.), steigt ebenfalls die Arbeitslosigkeit.
- Der reale Wert der Schulden steigt und führt zu Kreditausfällen und damit evtl. zu Bankenkrisen.

Geldpolitik

H 2012: A5b, 2 Pt.
H 2013: A3b-c, 12 Pt.

Das Hauptziel der EZB ist die Wahrung der Stabilität der Währung nach innen (**Preisniveaustabilität**). Dabei strebt die EZB eine Inflationsrate von 2 Prozent an. Als Nebenziele werden weitere gesamtwirtschaftliche Daten berücksichtigt (Wachstum, Arbeitslosigkeit, Stabilität des Finanzsystems).

Viele Notenbanken orientieren sich nicht nur am Endziel des stabilen Preisniveaus, sondern behalten als **Zwischenziele** verschiedene **Geldmengen** (Bargeld + Buchgeld [= Giro-, Festgeld- und Sparkonten]) im Blick. Die EZB unterscheidet ähnlich wie früher die Deutsche Bundesbank zwischen M1, M2 und M3. M steht dabei für Geldmenge (**M**oney).

Zumindest in Deutschland und dem Euroraum wird/wurde ein **direkter Zusammenhang zwischen Geldmenge (M) und Preisniveau (P)** unterstellt. Dabei wird davon ausgegangen, dass eine übermäßig steigende Geldmenge zur Inflation führt (M↗→P↗). Folglich versucht die EZB, die Inflationsrate über die Geldmenge zu steuern (M↘→P↘).

Zur Erreichung ihrer Ziele setzt die EZB neben Leitzinssenkungen in jüngster Zeit vermehrt auf den direkten Kauf von Wertpapieren und führt damit der Wirtschaft direkt **Liquidität** (Geld) zu.

Die Geldpolitik der Europäischen Zentralbank (EZB)

Die Zentralbank kann die Inflationsrate nicht direkt bestimmen, sondern nur indirekt über die Geldmenge steuern.

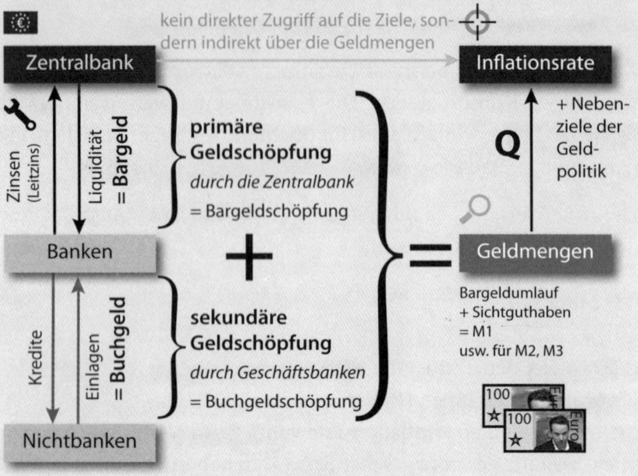

Q → **Thesen (Quantitätstheorie):**
Geldmenge ↗ → Inflationsrate ↗
Geldmenge ↘ → Inflationsrate ↘

Wirkungsmechanismus der Geldpolitik

F 2013: **A6b-c**, 8 Pt.
H 2015: **A6c**, 6 Pt.
H 2016: **A3c**, 9 Pt.
H 2017: **A2b**, 6 Pt.

- **restriktive** Geldpolitik bei Inflation im Aufschwung

  1. Leitzinsen ↗ → 2. Zinsen ↗ → 3. Kreditnachfrage ↘ + Ersparnis ↗ → 4. Geldmenge ↘ → 5. Preisniveau ↘

- **expansive** Geldpolitik in der Rezession (evtl. Deflation)

  1. Leitzinsen ↘ → 2. Zinsen ↘ → 3. Kreditnachfrage ↗ + Ersparnis ↘ → 4. Geldmenge ↗ → 5. Preisniveau ↗ + Wirtschaftswachstum

Instrumente der Geldpolitik

F 2013: A6a, 9 Pt.
F 2016: A4a, 8 Pt.
H 2016: A3b, 3 Pt.
F 2017: A6a-b, 15 Pt.

Zur Verfolgung des Zieles der Preisniveaustabilität hat die EZB folgende **Instrumente der Geldpolitik**:

- **Offenmarktgeschäfte**: Dies ist das entscheidende Instrument der EZB. Sie sorgt für eine Geldversorgung der Wirtschaft hauptsächlich durch diese Offenmarktgeschäfte. Dabei wird Geld an Banken veräußert bzw. verliehen, als Sicherheit dienen dabei am *offenen Markt* (= Börse) handelbare festverzinsliche Wertpapiere (Anleihen, Obligationen). Es gibt die folgenden Formen:

    - **Definitive Transaktionen**: Hier handelt es sich tatsächlich um einen Kauf (Verkauf) von festverzinslichen Wertpapieren (Staatsanleihen) durch die EZB am offenen (d. h. für jeden zugänglichen) Markt. Durch den Kauf (Verkauf) von Wertpapieren führt (entzieht) die EZB der Wirtschaft Geld zu. Sofern die EZB die Wertpapiere allerdings wieder verkaufen möchte, muss sie Käufer finden und könnte dabei evtl. einen Kursverlust erleiden.

    - Zur Ankurbelung der Konjunktur u. zur Entlastung der Finanzmärkte in Südeuropa hat die EZB in den letzten Jahren ein **Anleihekaufprogramm** aufgelegt (mehr als 1,5 Billionen €). Dabei darf die EZB die Staatsanleihen nicht direkt den Staaten abkaufen, sondern nur indirekt über die Kapitalmärkte (Sekundärmarkt).

    - **Befristete Transaktionen**: Hierbei handelt es sich um keinen Kauf bzw. Verkauf von Wertpapieren, sondern die EZB verleiht an Geschäftsbanken zeitlich streng befristet Geld – als Sicherheit dienen festverzinsliche Wertpapiere quasi in Form eines Pfands. Durch diese zeitliche Befristung werden die Geschäfte bei Laufzeitende automatisch rückgängig gemacht – ohne Kursverluste für die EZB. Es werden je nach Laufzeitlänge die wöchentlichen **Hauptrefinanzierungsgeschäfte** (1. Leitzins: **Hauptrefinanzierungssatz**; 07/2018: 0,0 %) und längerfristige Transaktionen unterschieden.

    - Die **befristeten Transaktionen** werden in Form von sogenannten **Tenderverfahren** (= Auktionsverfahren des begehrten, da günstigen Geldes der EZB) durchgeführt: (1) Beim **Mengentender** gibt

1

die EZB einen Zinssatz vor. Die Geschäftsbanken bieten um die gewünschte Menge an Liquidität. (2) Beim **Zinstender** gibt die EZB eine zu verteilende Menge an Liquidität vor, und die Geschäftsbanken geben in der Auktion neben der Menge den Zins an, den sie zu zahlen bereit sind (siehe Folgeseite).

- **Ständige Fazilitäten**: Geschäftsbanken können jederzeit bei der EZB kurzfristig (über Nacht) Geld außerhalb des Rahmens der Offenmarktgeschäfte leihen (2. Leitzins: **Zinssatz für Spitzenrefinanzierungsfazilitäten**; 07/2018: +0,25 %) bzw. Geld anlegen (3. Leitzins: **Zinssatz für Einlagenfazilitäten**; 07/2018: –0,40 %). Der negative Zinssatz der Einlagenfazilität soll die (südeuropäischen) Geschäftsbanken zur Kreditvergabe (und Investitionen) anregen.
- **Mindestreserven**: Die EZB verpflichtet die Geschäftsbanken dazu, einen bestimmten Prozentanteil (= Mindestreservesatz) der Einlagen von Kunden auf Giro-, Spar- u. Festgeldkonten, bei der EZB anzulegen. Dafür erhalten die Banken Zinsen in Höhe des Hauptrefinanzierungssatzes. Sofern die EZB die sekundäre Geldschöpfung einschränken möchte, kann sie die Mindestreservesätze erhöhen.

Staatshaushalt

F 2015: A3a-c, 20 Pt.

Der Staatshaushalt setzt sich zusammen aus **Einnahmen** (Steuern, Gebühren und Beiträge) und **Ausgaben** (bspw. für Sozialleistungen, Infrastrukturinvestitionen und Subventionen). In den meisten Ländern ist der Haushalt des Staates nicht ausgeglichen. Zumeist handelt es sich um ein **Defizit, das durch Kreditaufnahme gedeckt wird**. Zu den **Gründen der wachsenden Staatsverschuldung** in den letzten Jahrzehnten zählen: (1) Konjunkturprogramme (siehe unten), (2) Zuschüsse an die Sozialversicherungssysteme (bspw. in Dtld.: Rentenkasse mit ca. 90 Mrd. € pro Jahr), (3) Bankenrettung sowie (4) Hilfsprogramme für südeuropäische Krisenländer. **Folgen einer steigenden Staatsverschuldung**: (1) steigende Zinsen, (2) evtl. hierfür notwendige Steuererhöhungen, (3) Verdrängung privater Kreditnehmer vom Markt durch den Staat als großen Kreditnehmer.

Zahlenbeispiel zum Mengen- und Zinstender

1. Die EZB möchte bei einem **Mengentender** insgesamt 100 Mrd. EUR zu einem Zinssatz von 1,5 Prozent zuteilen. Zur Vereinfachung gehen wir davon aus, dass nur 5 Banken an der Auktion teilnehmen:

in Mrd. EUR	Gebote	Zuteilung
Bank Nord	20	10
Bank West	40	20
Bank Ost	20	10
Bank Süd	80	40
Bank Zentral	40	20
Summe	**200**	**100**

Da die EZB nur 100 Mrd. EUR zuteilen möchte, kann sie bei einer Summe der Gebote von 200 Mrd. EUR nur jeweils 50 Prozent zuteilen.

2. Die EZB stellt bei einem **Zinstender** 100 Mrd. EUR zu einem Mindestbietungssatz von 1,5 Prozent zur Verfügung.

in Mrd. EUR	EUR-Gebote	Zinsgebot	Rang	Zuteilung
Bank Nord	20	1,55 %	1	20
Bank West	40	**1,53 %**	3	40
Bank Ost	20	1,51 %	5	0
Bank Süd	80	1,52 %	4	0
Bank Zentral	40	1,54 %	2	40
Summe	**200**	**≥ 1,50 %**	–	**100**

Hier geben die Banken die gewünschte Menge sowie ihren jeweiligen Zinssatz an. Dieser muss mindestens so hoch wie der Mindestbietungssatz sein. Bei dieser Auktion nach der amerikanischen Methode erhalten die Banken von den höchsten gebotenen Zinssätzen abwärts jeweils ihre volle gewünschte Summe, bis die Gesamtsumme aufgebraucht ist. Der letzte zum Zuge kommende Zinssatz wird Marginalzinssatz genannt (1,53 %).

1

Finanzpolitik (= Fiskalpolitik)

F 2009: A3c, 4 Pt.
H 2011: A2c, 6 Pt.
H 2015: A4b, 12 Pt.

Ziel der antizyklischen Konjunkturpolitik ist die Verringerung der konjunkturellen Schwankungen. Als Instrumente dienen die **antizyklische Fiskalpolitik** (bzw. Finanzpolitik) und die antizyklische Geldpolitik:

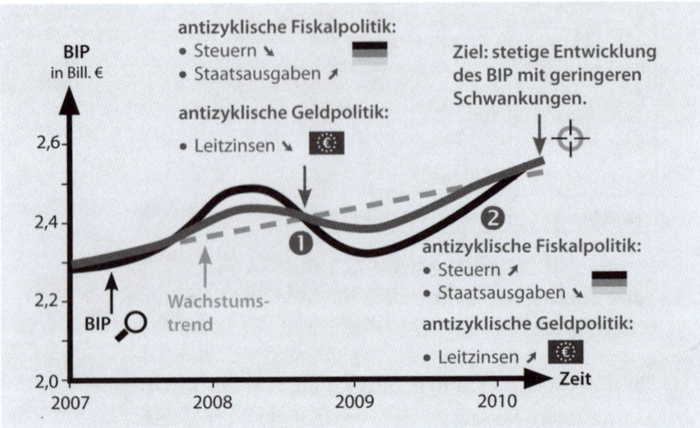

➊ Im **Abschwung** sollte der Staat die Wirtschaft ankurbeln. Als fiskalpolitische Instrumente dienen Steuersenkungen (oder verbesserte Abschreibungsmöglichkeiten) und höhere Staatsausgaben. Dies führt zwangsläufig zu einem Defizit im **Staatshaushalt**. Daher wird diese Politik, die *Keynes* vorschlug, auch als *deficit spending* bezeichnet. Als geldpolitische Möglichkeiten bieten sich Leitzinssenkungen an.

➋ Im **Aufschwung** sollte der Staat die Konjunktur hingegen dämpfen. Als fiskalpolitische Instrumente bieten sich Steuererhöhungen und niedrigere Staatsausgaben an. Dies führt zu einem Überschuss im **Staatshaushalt**. Damit können mögliche Defizite einer vorherigen Rezession ausgeglichen werden. Langfristig führt dies im Durchschnitt zu einem ausgeglichenen Staatshaushalt.

Wachstum und Wachstumspolitik

H 2008: A1a-b, 12 Pt.
F 2012: A5b, 7 Pt.
H 2017: A2a,c, 12 Pt.

Ein angemessenes Wachstum steigert die Umsätze der Unternehmen und damit den Wohlstand, führt zu einer höheren Kapazitätsauslastung und einer sinkenden Arbeitslosigkeit sowie einer gerechteren Einkommensverteilung. Als Nachteil kann ein steigendes Preisniveau folgern. Während **quantitatives** Wachstum nur für eine reale Erhöhung des BIP steht und damit auch eine steigende Umweltbelastung zur Folge haben könnte, führt ein **qualitatives** Wachstum zu einer Verbesserung unserer Lebensbedingungen. Welche Faktoren fördern Wachstum?

- Der Produktionsfaktor **Arbeit** vermehrt sich durch eine steigende Geburtenrate, ein späteres Renteneintrittsalter oder Zuwanderung.
- Die Menge des Produktionsfaktors **Boden** (natürliche Ressourcen) lässt sich nur begrenzt ausdehnen (u. a. durch neue Fördermöglichkeiten für Rohstoffe – bspw. »Fracking« bei Rohöl).
- Bleibt hauptsächlich der Produktionsfaktor **Kapital** (Maschinen, Roboter, Computer, Geldmittel, Wissen, technischer Fortschritt) übrig, von dessen Menge und Güte es abhängt, wie stark unsere Wirtschaft wachsen kann. Bei **Rationalisierung** wird die menschliche Arbeitskraft durch Maschinen, Roboter oder Computer ersetzt. Dies kann negative Auswirkungen auf den Arbeitsmarkt haben.
- Eine schrumpfende und alternde Bevölkerung führt aufgrund einer sinkenden gesamtwirtschaftlichen Nachfrage zu sinkenden Wachstumsraten.

Tarifpolitik

H 2014: A6b, 3 Pt.

Als Tarife werden die Löhne und als Tarifpolitik der Lohnfindungsprozess bezeichnet. Grundsätzlich gilt in Deutschland die **Tarifautonomie**, d. h. *Gewerkschaften* und *Arbeitgeberverbände* können ohne staatliche Eingriffe autonom (= unabhängig) Lohnvereinbarungen treffen. Die beiden Gruppen verfolgen zumeist zwei völlig unterschiedliche Zielsetzungen:

1

- Die Arbeitnehmer und ihre Vertreter fordern eine **kaufkraftorientierte Lohnpolitik**. Nach dieser Sicht müssen die Löhne zumindest so stark wie der Kaufkraftverlust durch Inflation steigen, d. h., die Reallöhne dürfen nicht sinken.
- Dem halten die Arbeitgeber die **produktivitätsorientierte Lohnpolitik** entgegen, nach der die Löhne maximal so stark wie die (Arbeits-) Produktivität wachsen dürfen, sonst würden die Kosten der Unternehmen steigen und damit Arbeitslosigkeit verursachen.

Arbeitsmarkt

H 2012: A6a-b, 12 Pt.

Zusammentreffen von **Angebot** (private Haushalte) und **Nachfrage** (Unternehmen) von Arbeitsleistung:

- **Erwerbspersonen**: Zahl der Erwerbstätigen und Arbeitslosen.
- **Erwerbsquote**: Prozentanteil der Erwerbspersonen an der Gesamtbevölkerung (in Dtld. über 50 %).
- **Arbeitslosenquote**: Prozentanteil der registrierten Arbeitslosen an den Erwerbspersonen (Juli 2018: 2,325 Mio. = 5,1 % in Dtld.).
- **Erwerbslosenquote**: Prozentanteil der Erwerbslosen gemäß ILO an den Erwerbspersonen (Juni 2018: 1,49 Mio. = 3,5 % in Dtld.).
- **Vollbeschäftigung**: Ziel 2-4 % Arbeitslosenquote.
- **Überbeschäftigung**: Zahl der offenen Stellen ist größer als die Zahl der Arbeitslosen.

Arten der Arbeitslosigkeit (Maßnahmen d. Wirtschaftspolitik)

H 2011: A2a-b, 10 Pt.
H 2017: A1a-b, 21 Pt.

- **Sucharbeitslosigkeit** (*friktionelle* AL): Arbeitslosigkeit, die sich aus Zeitverzögerungen bei der Arbeitssuche ergibt (→ **Maßnahme**: Förderung der Arbeitsvermittlung).
- **regionale Arbeitslosigkeit**: Die Arbeitslosigkeit der einzelnen Regionen unterscheidet sich kräftig (→ **Maßnahme**: Investitionsanreize in strukturschwachen Regionen = Regionalpolitik).

- **konjunkturelle Arbeitslosigkeit**: vorübergehende AL in der Rezession/Talsohle (→ **Maßnahme**: antizyklische Fiskalpolitik).
- **saisonale Arbeitslosigkeit**: Arbeitslosigkeit in bestimmten Jahreszeiten, bspw. Baubranche (→ **Maßnahme**: Kurzarbeitergeld).
- **strukturelle Arbeitslosigkeit**: Sie entsteht dann, wenn alte Branchen zugrunde gehen (bspw. Ruhrgebiet: Kohle, Stahl) und neue Branchen nicht schnell genug entstehen (→ **Maßnahme**: Qualifizierung durch bspw. Umschulungen).
- **in der Person begründete Arbeitslosigkeit**: Arbeitslosigkeit aufgrund von Alter, Krankheit und mangelnder Qualifikation (→ **Maßnahme**: ebenfalls Qualifizierungsmaßnahmen).
- **technologische Arbeitslosigkeit**: Durch die Einführung technischer Neuerungen (Industrie 4.0) werden Mitarbeiter ersetzt.

Negative Folgen der Arbeitslosigkeit

H 2012: A5a, 4 Pt.
H 2014: A6a, 6 Pt.

(1) sinkende Einkommen der Haushalte, (2) sinkende Einnahmen der Sozialversicherungen, (3) Gefährdung des sozialen Friedens, (4) sinkende Umsatzerlöse der Unternehmen und (5) Rückgang der Steuereinnahmen des Staates.

Arbeitsmarktpolitik (= Beschäftigungspolitik)

H 2012: A5b, 2 Pt.
H 2012: A6c, 4 Pt.
H 2014: A6c, 9 Pt.

- Die **passive Arbeitsmarktpolitik** ist bestrebt, die negativen Folgen der Arbeitslosigkeit zu mildern. Dazu dienen ihr Arbeitslosengeld I und II und Kurzarbeitergelder. Alternativ kann der Arbeitsmarkt auch durch den vorzeitigen Ruhestand von Arbeitnehmern entlastet werden.
- Die **aktive Arbeitsmarktpolitik** versucht, die Mitarbeiter im Arbeitsprozess zu halten bzw. schnell wieder einzugliedern. Dazu werden neben der Beratung und Vermittlung Methoden der staatlich finanzierten beruflichen Qualifizierung genutzt. Zudem schaffen Staatsaufträge und subventionierte Arbeitsplätze zusätzliche Arbeit.

1

Umweltpolitik

Ziel der Umweltpolitik ist der langfristige Erhalt der natürlichen Lebensgrundlagen. Das **Prinzip der Nachhaltigkeit** fordert ein Handeln, das auch zukünftigen Generationen eine lebenswerte Umwelt hinterlässt. Zu den Instrumenten der Umweltpolitik zählen:

- **Staatliche Vorschriften** in Form von Gesetzen, Verordnungen und Auflagen. So wird bspw. den Betreibern eines Braunkohlekraftwerks der Einbau von bestimmten Filtern vorgeschrieben.
- Daneben wirken Ökosteuern auf das **Umweltverhalten** der Bürger.
- **Subventionen** zur Förderung umweltfreundlicher Investitionen.
- Eine recht marktnahe Variante der Umweltpolitik stellen handelbare **Emissionszertifikate** dar. Den Unternehmen wird eine bestimmte zulässige Emissionsmenge an Schadstoffen pro Jahr zugewiesen.

Nachfrage- und angebotsorientierte Wirtschaftspolitik

F 2010: A3a-c, 17 Pt.
F 2014: A5a-b, 16 Pt.

Die **nachfrageorientierte Wirtschaftspolitik** sieht die Ursache von Rezessionen in einer zu geringen gesamtwirtschaftlichen Nachfrage. Die Unternehmen können ihre Produkte nicht absetzen, müssen daher Arbeitskräfte entlassen, was die Krise noch verstärkt. Als Lösung wird ein staatliches Eingreifen gefordert. Konkret könnten staatliche Mittel in Form von **Konjunkturpaketen** für Infrastrukturmaßnahmen, zusätzliche Staatsbedienstete oder Sozialleistungen eingesetzt werden. Zudem könnten die Steuern gesenkt werden. Beides führt zu einem zunehmenden Staatsdefizit. Daher wird die auf *John Maynard Keynes* basierende Idee auch **deficit spending** genannt. Das Defizit muss durch Kreditaufnahmen finanziert werden. Allerdings sollten im Konjunkturaufschwung die Staatsausgaben gesenkt und die Steuern erhöht werden. Die damit zu erzielenden Überschüsse im Staatshaushalt sollten zur Tilgung der zuvor aufgenommenen Kredite genutzt werden (**antizyklische Fiskalpolitik**). *Keynes* hoffte insbesondere auf den **Multiplikatoreffekt** dieser antizyklischen Politik. Die Konjunkturpakete sollten nur der Auslöser einer deutlich größeren gesamtwirtschaftlichen Erholung sein.

Diagnose
zu geringe gesamtwirtschaftliche Nachfrage

Lösung
antizyklische Fiskalpolitik (»deficit spending«) durch Steuersenkungen und Ausgabenerhöhungen (Konjunkturpakete); Folge: steigende Staatsschulden

wissenschaftlicher Vertreter
Keynesianismus:
John Maynard Keynes

Fazit
nur ***kurzfristig*** bei Konjunkturkrisen sinnvoll

Diagnose
unzureichende Rahmenbedingungen für Unternehmen

Lösung
Verbesserung/Gestaltung der Rahmenbedingungen durch Bürokratieabbau, Korruptionsbekämpfung, Abbau von Staatsschulden, Gewährleistung einer guten Infrastruktur und eines guten Schulsystems etc.

wissenschaftlicher Vertreter
Klassiker/Neoklassiker:
bspw. *Milton Friedmann*

Fazit
grundsätzlich ***langfristig*** sinnvoll und notwendig, aber ungeeignet bei Konjunkturkrisen

Die **angebotsorientierte Wirtschaftspolitik** ist hingegen bestrebt, die wirtschaftlichen Rahmenbedingungen so zu gestalten, dass die Unternehmen Investitionsanreize sehen und somit für Wachstum und Arbeitsplätze sorgen können.

1

1.1.4 Außenwirtschaft

1.1.4.1 Freihandel und Protektionismus

Auf **Freihandel** zielt eine Politik ab, die dem internationalen Handel möglichst wenige Hemmnisse in den Weg legen möchte. Eine Politik des **Protektionismus** versucht hingegen die heimische Wirtschaft vor ausländischen Konkurrenten zu schützen (zu protegieren). Zu den protektionistischen Maßnahmen zählen:

- **Zölle** als Einfuhr- oder Ausfuhrabgaben
- **nicht-tarifäre Handelshemmnisse** sind alle sonstigen Handelshemmnisse: Dazu zählen insbesondere **Kontingente** in Form von mengen- oder wertmäßiger Beschränkung des internationalen Handels aber auch zahlreiche bürokratische Hindernisse.

Stufen der wirtschaftlichen Zusammenarbeit:

- In einer **Freihandelszone** vereinbaren die beteiligten Staaten einen zwischenstaatlichen Freihandel. Nach außen bleiben die Länder aber frei bei der Wahl ihrer jeweiligen Zölle.
- Dies wird in einer **Zollunion** einheitlich geregelt (= gemeinsame/ einheitliche Außenzölle gegenüber Drittländern).
- Bei einem **gemeinsamen Binnenmarkt** werden zusätzlich die *nicht-tarifären Handelshemmnisse* abgebaut (bspw. EU seit 1992).
- In einer **Wirtschafts- und Währungsunion** wird die Integration durch eine gemeinsame Währung (bspw. EURO) und eine gemeinsame Wirtschaftspolitik (bspw. gemeinsame Finanzpolitik) vertieft.
- Eine vollständige **politische Union** beinhaltet eine gemeinsame Wirtschafts-, Sozial-, Bildungs-, Außenpolitik usw.

Tipp:

Bei TTIP (bzw. CETA) handelt es sich nicht nur um ein Freihandelsabkommen zwischen der EU und den USA (bzw. Kanada). Vielmehr geht es auch um einen Investitionsschutz für Unternehmen.

Globalisierung

H 2008: A4a-b, 19 Pt.
H 2010: A3a-b, 19 Pt.
H 2017: A3a, 9 Pt.

Globalisierung bezeichnet den Prozess der zunehmenden weltweiten wirtschaftlichen Verflechtung.

Gerade die wirtschaftliche Globalisierung bedurfte verschiedener **Voraussetzungen**, dazu zählen:

- die **technologischen Entwicklungen** in verschiedenen Bereichen
- der **Abbau von Grenzkontrollen und Zöllen** (vgl. EG/EU, WTO)

Zu den **Risiken** bzw. Nachteilen **der Globalisierung** gehören:

- Gerade die jüngsten Finanz- und Wirtschaftskrisen zeigen, wie anfällig die Weltwirtschaft für Krisen ist, die von einzelnen Ländern ausgehen.
- Durch »Lohn- und Sozialdumping« können sich Entwicklungs-/Schwellenländer Standortvorteile gegenüber den Industrieländern sichern und Arbeitsplätze in Deutschland gefährden.
- Ökologische und soziale Aspekte werden vernachlässigt.

Insgesamt dürften die Vorteile bzw. **Chancen der wirtschaftlichen Globalisierung** die Nachteile aber überwiegen:

- Es gibt eine größere Auswahl an Produkten/-varianten.
- Der Wettbewerb und damit auch der Fortschritt wird gefördert.
- Wettbewerb führt zu besserem Service oder günstigeren Preisen.
- Vor allem niedrige Löhne und Sozialstandards sind eine Methode, damit rückständige Länder ökonomisch aufholen können.

Tipp:
In Prüfungen ist es wichtig, genau auf die Fragestellung zu achten: Welcher Blickwinkel soll eingenommen werden: (1) Unternehmen, Haushalte oder der Staat, (2) Industrie- oder Entwicklungsland? Dieser Trend der genaueren Fragestellung ist bei allen IHK-Prüfungen auffällig und ist der Tatsache geschuldet, dass die Prüfungen noch handlungsorientierter werden sollen.

1

1.1.4.2 Besonderheiten der EU

Europäischer Binnenmarkt

Der Europäische Binnenmarkt bzw. gemeinsame Markt der Europäischen Union (EU) basiert auf **vier Grundfreiheiten**:

F 2011: A2, 8 Pt.
F 2014: A4a-b, 20 Pt.

- **freier Warenverkehr**: keine Zölle und sonstige Handelsbeschränkungen innerhalb der EU
- **freier Dienstleistungsverkehr**: dies gilt auf für Dienstleistungen
- **freier Kapitalverkehr**: ebenso darf (legal versteuertes) Kapital innerhalb der EU problemlos angelegt und investiert werden
- **freier Personenverkehr**: es besteht Beschäftigungs-, Niederlassungs- und Reisefreiheit innerhalb der EU

Europäische Währungsunion (EWU)

Das Europäische System der Zentralbanken (ESZB) setzt sich zusammen aus der Europäischen Zentralbank (EZB) und den Notenbanken der Mitgliedsländer der EU. Die EZB hat zwei Entscheidungsgremien:

F 2009: A4a-b, 9 Pt.
H 2011: A3a, 6 Pt.
F 2012: A2a-b, 12 Pt.
H 2014: A4a-c, 18 Pt.
F 2016: A4b, 6 Pt.

- Das **Direktorium** führt das Tagesgeschäft.
- Der **EZB-Rat** (Mitglieder des Direktoriums + Vertreter der Mitgliedsstaaten) trifft die grundlegenden Entscheidungen.

Zu den Aufgaben der EZB zählen:

- Festlegung und Ausführung der **Geldpolitik** der Gemeinschaft
- **Devisengeschäfte** durchführen
- die **offiziellen Währungsreserven** der Mitgliedsstaaten verwalten
- **reibungsloses Funktionieren der Zahlungsverkehrssysteme**
- **Statistik**

- **Aufsicht über die Kreditinstitute u. Stabilität des Finanzsystems**
- Die EZB hat das ausschließliche Recht, die Ausgabe von **Banknoten** innerhalb des Euroraums zu genehmigen.

Zur Teilnahme an der Europäischen Währungsunion (EWU) müssen die Beitrittskandidaten die **Konvergenzkriterien** erfüllen:

- Die **Neuverschuldung** der einzelnen Länder darf die Grenze von 3 Prozent, gemessen am BIP, nicht überschreiten.
- Die **Gesamtverschuldung** der einzelnen Länder darf die Grenze von 60 Prozent, ebenfalls am BIP gemessen, nicht überschreiten.
- Zwei Jahre lang muss die Währung in einem **festen Wechselkursverhältnis** (Bandbreite: +/– 2,25 Prozent) zum EURO liegen.
- Die **Inflationsrate** darf in dem Jahr vor der EURO-Teilnahme nicht mehr als 1,5 Prozent vom Durchschnitt der drei Länder (der EWU) mit der niedrigsten Inflationsrate abweichen.
- Der **Zinssatz** für langfristige Kredite darf max. 2 Prozent über dem Durchschnitt der drei Länder mit den niedrigsten Zinsen liegen.

Zu den **Vorteilen** der Europäischen Währungsunion (EWU) zählen:

- Umtauschkosten und Kursrisiken entfallen
- Planungssicherheit durch Wegfall von Wechselkursschwankungen
- größere Markttransparenz für die Konsumenten

Als **Nachteile** der Europäischen Währungsunion (EWU) gelten:

- Wechselkurs als wirtschaftspolitisches Instrument entfällt. Länder (und deren Unternehmen) mit geringerer Wettbewerbsfähigkeit (bspw. Italien) können dadurch in Schwierigkeiten geraten.
- starke Länder müssen die schwachen Länder unterstützen
- keine sinnvolle Geldpolitik für alle Mitglieder gleichzeitig möglich

Tipp: In Prüfungen ist der Blickwinkel wichtig: Haushalte, Staat, Untern.

1

Zur Auf- und Abwertung von Währungen

Wechselkurse sind vor allem deswegen so problematisch, da sie häufig schwanken.

H 2017: A3b, 12 Pt.

Wechselkurse

❶ **Fall 1: Aufwertung** (1,00 $ → 1,20 $ → 1,40 $)

- **Problem:** Aufwertung des Euro
- **Importe** werden günstiger, daher **zunehmende Importe** und eine **sinkende Inflationsrate**
- **Exporte** werden aus Sicht der Ausländer teurer, daher **abnehmende Exporte** was zu **steigender Arbeitslosigkeit** führt

❷ **Fall 2: Abwertung** (1,20 $ → 1,10 $ → 1,00 $)

- **Problem:** Abwertung des Euro
- **Importe** werden für Inländer teurer, daher **sinkende Importe** und zudem eine **steigende Inflationsrate**
- **Exporte** werden aus Sicht der Ausländer günstiger, daher **zunehmende Exporte** was zu **sinkender Arbeitslosigkeit** führt

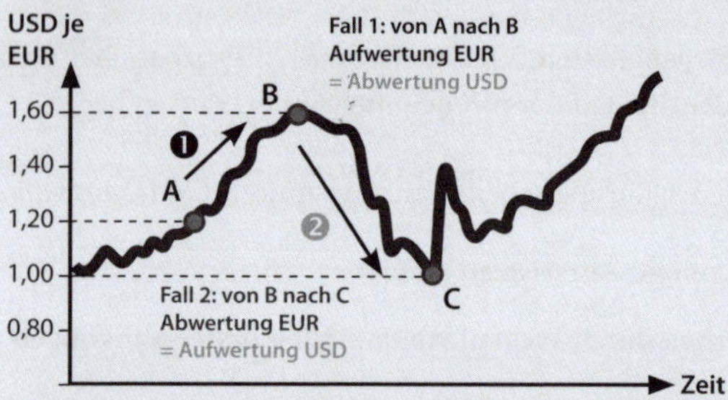

Diese Auf- und Abwertungen haben nachhaltige Auswirkungen auf Ex- und Import:

Fälle	Export	Import
Fall ❶: Aufwertung des EUR A: 1,20 $/€ → B: 1,60 $/€	–	+
Fall ❷: Abwertung des EUR B: 1,60 $/€ → C: 1,00 $/€	+	–

1.2 Funktionsbereiche der BWL

1.2.1 Ziele/Aufgaben der betrieblichen Funktionen

F 2010: A4a,c, 10 Pt.
H 2010: A4b, 4 Pt.
F 2011: A5a, 10 Pt.

Es gibt verschiedene Möglichkeiten, die Betriebswirtschaftslehre in Teilgebiete einzuteilen. Meist wird sie nach ihren **Funktionsbereichen** untergliedert: Produktion, Beschaffung, Logistik, Absatz, Marketing, Rechnungswesen, Finanzierung, Investition, Controlling, Personal, Organisation usw. Es wird unterschieden zwischen:

- **primäre Aufgaben** = sind *direkt* am Wertschöpfungsprozess beteiligt (bspw. Beschaffung, Produktion, Logistik, Absatz)
- **sekundäre Aufgaben** = sind *indirekt* am Wertschöpfungsprozess beteiligt (bspw. Controlling, Finanzierung, Rechnungswesen)
- **Wertschöpfung** = Leistungen d. Unternehmens – Vorleistungen

1.2.1.1 Produktion

Zu den **Zielen der Produktion** zählen bspw.:

- höchstmögliche Qualität sichern
- Durchlaufzeiten zu minimieren (um Kosten zu senken)
- Auslastung der Kapazitäten (zwecks Fixkostendegression)

Hieraus ergeben sich **Zielkonflikte**: Eine Reduzierung der Durchlaufzeiten ist schwer mit einer höchstmöglichen Qualität vereinbar.

Die Produktionswirtschaft beschäftigt sich dabei u. a. mit der Art des **Fertigungsverfahrens** (Einzel-, Massen-, Sorten- oder Serienfertigung), den dabei entstehenden Kosten sowie der Produktionsplanung und den hierfür notwendigen Produktionsfaktoren.

Zu den **Aufgabenbereichen der Produktion** zählen:

- Entwicklung neuer Produkte
- Planung des Produktionsprogramms

- Planung der Produktionsprozesse
- Steuerungssysteme der Produktion einführen
- Kontrolle der Produktionsergebnisse

In der BWL werden ähnlich wie in der VWL die zur Produktion notwendigen Produktionsfaktoren unterschieden:

Produktionsfaktoren

Elementarfaktoren

- **ausführende Arbeit**
- **Betriebsmittel**
  - Maschinen
  - Patente, Lizenzen
  - Kapital
- **Werkstoffe**
  - Roh-, Hilfs-, Betriebsstoffe

dispositiver Faktor

- **die Unternehmensleitung**
  - Personalführung
  - Lenkung/Steuerung
  - Planung
  - Organisation
  - Kontrolle

1.2.1.2 Logistik

F 2009: A5a-c, 18 Pt.

Die Logistik beschäftigt sich mit der optimalen Gestaltung des Material-, Waren- und Informationsflusses im und außerhalb des Unternehmens. Demnach müssen die richtigen Güter, Waren und Informationen, in der richtigen Menge und Qualität, am richtigen Ort zur richtigen Zeit sein.

Die Logistik wird in die folgenden Teilbereiche eingeteilt:

- **Beschaffungslogistik**: Hier geht es um den Fluss des Materials und der Waren vom Lieferanten hin zum Lager.
- **Lagerlogistik**: Sie beschäftigt sich mit dem Material- und Warenfluss innerhalb der Lager und zwischen den Lagern.

- **Fertigungslogistik**: Das Material und die Waren müssen den einzelnen Produktionsschritten zugewiesen werden sowie zwischen diesen transportiert werden.
- **Distributionslogistik (Absatzlogistik)**: Die Fertigprodukte müssen zum Kunden gebracht werden.
- **Entsorgungslogistik**: In Zeiten zunehmender Umweltverantwortung wird auch die Frage nach der optimalen Entsorgung von Abfällen immer bedeutsamer.
- **Transportlogistik**: Die verschiedenen Bereiche der Logistik benötigen Transportkapazitäten, die durch die Transportlogistik bereitgestellt werden müssen.
- **Informationslogistik**: Der Informationsfluss muss mithilfe der EDV gestaltet werden.

1.2.1.3 Absatz/Marketing

F 2010: A4b, 5 Pt.
H 2012: A3b-c, 11 Pt.
F 2013: A5a, 4 Pt.

Die **Absatzwirtschaft** beschäftigt sich mit der optimalen Gestaltung des Absatzes. Hier sind neben der oben erwähnten Absatzlogistik vor allem Methoden relevant, die den Absatz durch bspw. Werbung ankurbeln.

Zunächst bedarf es jedoch einer genauen **Marktforschung**, um überhaupt die Kundenwünsche beurteilen zu können:

- **Primärforschung**: Feldforschung durch erstmalige Ermittlung von Daten durch Befragungen, Beobachtungen etc. Vorteil: genau an den Wünschen des Unternehmens ausgerichtet. Nachteil: teuer.
- **Sekundärforschung**: Verarbeitung vorhandener Daten (Statistisches Bundesamt, Verbände usw.). Vorteil: günstig, Nachteil: häufig nicht spezifisch genug für die Erfordernisse des Unternehmens.

Das **Marketing** betrachtet demgegenüber nicht nur Absatzmärkte, sondern auch Beschaffungsmärkte für Material, Waren, Personal, Maschinen und Kapital. Der **moderne Marketing-Gedanke** richtet alle betrieblichen Funktionen am Endziel des Absatzes der Produkte aus.

Verkäufermärkte sind durch eine Überschussnachfrage gekennzeichnet. In der Realität finden sich heutzutage häufiger **Käufermärkte**. Merkmale des Käufermarktes: (1) zu viele Anbieter, (2) Angebot > Nachfrage, (3) die Verkäufer müssen ständig neue Produkte und Dienstleistungen entwickeln und anbieten, (4) es besteht ein intensiver Wettbewerb mit großem Marketingaufwand.

Zudem werden folgende Bereiche des Marketings unterschieden:

- **Konsumgütermarketing**: Hier geht es um den Absatz von Konsumgütern für den Endverbraucher.
- **Dienstleistungsmarketing**: Beim Absatz von Dienstleistungen herrscht oft wesentlich weniger Markttransparenz vor, wodurch die direkten Kundenbeziehungen noch wichtiger werden.
- **Investitionsgütermarketing**: Der Absatz von Investitionsgütern findet gegenüber einer wesentlich besser informierten Käuferschaft statt und bedarf daher anderer Instrumente.

Marketing-Mix

H 2009: A3a-c, 20 Pt.
H 2012: A3a, 4 Pt.
F **2016: A6a-b**, 19 Pt.

Die Instrumente des Marketings werden mit Hilfe des Marketing-Mix zusammengefasst (**4P-Prinzip**: Product, Price, Place und Promote):

- Die **Produktpolitik** (Product) beschäftigt sich mit der Gestaltung des Produktes, der Schaffung eines Produktionsprogrammes/Sortiments sowie der Art des zu gewährenden Kundendienstes.
- Bei der **Kontrahierungspolitik** (Price) geht es um die Geschäftsabschlüsse. Diese Geschäfte hängen von den Preisen und der Preisdifferenzierung sowie der Gestaltung von Rabatten, sonstigen Konditionen und ggf. Ratenzahlungskonditionen ab.
- Die **Distributionspolitik** (Place) betrachtet den Weg der Ware hin zum Kunden (Direktvertrieb vs. Handel).
- Ziel der **Kommunikationspolitik** (Promote) ist, den Kunden auf das Unternehmen und seine Produkte aufmerksam zu machen.

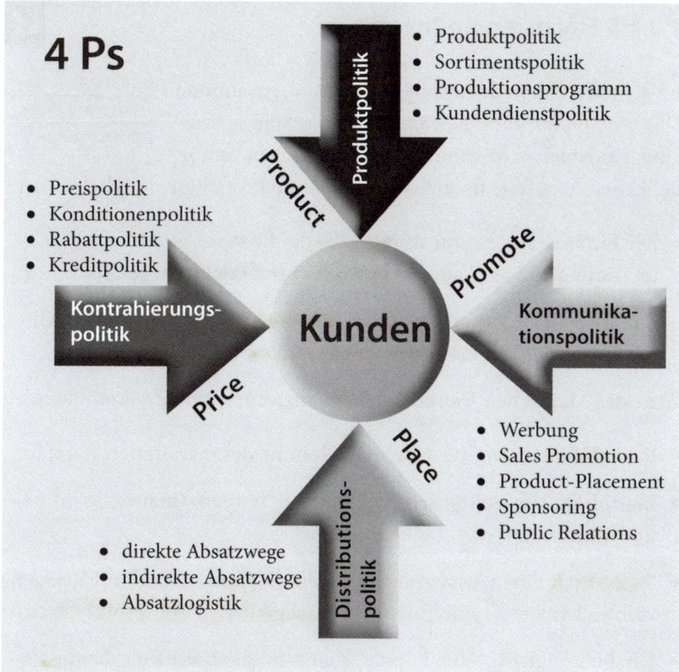

1.2.1.4 Rechnungswesen

H 2009: A4a-b, 14 Pt.

Es handelt sich hier um einen Überblick zum Rechnungswesen, der im Prüfungsfach Rechnungswesen ausführlich geprüft wird. Daher werden hier nur kurz die relevanten Themenbereiche angegeben: (1) Teilbereiche des Rechnungswesens, (2) Jahresabschluss – insbesondere Aufbau von Bilanz und GuV, (3) Kostenrechnungssysteme im Überblick, (4) Teilbereiche der Kostenrechnung, (5) Ziele der Kostenrechnung. Im Fach **VWL & BWL** werden allenfalls oberflächliche, einfache Aufgaben gestellt, die sich mit dem Wissen aus dem Fach **Rechnungswesen** locker lösen lassen (vgl. *Kapitel 2*).

1

1.2.1.5 Finanzierung/Investition

F 2011: A5b, 5 Pt.
H 2011: A4a-b, 8 Pt.
F 2013: A5a, 8 Pt.

Investition und Finanzierung gehören eng zusammen. Das eine ergibt ohne das andere wenig Sinn – bspw. eine sinnvolle Investition ohne Finanzierungsmöglichkeiten bzw. freie finanzielle Mittel ohne Investitionsmöglichkeiten.

- Die **Finanzierung** kann als *Herkunft* der finanziellen Mittel betrachtet werden. Sie wird auf der Passivseite der Bilanz dargestellt.
- Die **Investitionen** stehen für die *Verwendung* der finanziellen Mittel. Sie werden auf der Aktivseite der Bilanz ausgewiesen.

Ziele des **Magischen Vierecks der Finanzierung** (mit Zielkonflikten):

- **Rentabilität**: Zuvorderst steht die Rendite des investierten Kapitals.
- **Liquidität**: Investitionsentscheidungen binden finanzielle Mittel und vermindern damit die Liquidität.
- **Sicherheit**: Finanzwirtschaftliche Entscheidungen sind mit Risiken verbunden, die zu minimieren sind (Zielkonflikt zur Rentabilität).
- **Unabhängigkeit**: Neue Kapitalgeber schränken die Entscheidungsfreiheit bzw. Unabhängigkeit ein.

Finanzierungsanlässe bzw. Investitionsgründe

H 2011: A4b, 4 Pt.
F 2014: A5c, 6 Pt.
H 2015: A2a, 9 Pt.

- **Gründungsinvestitionen** werden bei der Gründung eines Unternehmens durchgeführt.
- **Ersatzinvestitionen** werden dann fällig, wenn Anlagegüter ersetzt werden müssen.
- **Erweiterungsinvestitionen** dienen zur Ausdehnung des Geschäftsfeldes (bspw. ein Handelsunternehmen eröffnet neue Filialen).
- **Diversifikationsinvestitionen** dienen zur Ausdehnung (Diversifikation) der Geschäftsfelder; Ziel: geringere Krisenanfälligkeit.
- **Rationalisierungsinvestitionen** dienen zur rationelleren Erzeugung (Maschinen ersetzen Menschen).

Finanzierungsarten

H 2011: A4a,c, 8 Pt.
F 2013: A5b, 8 Pt.
H 2014: A5a-c, 16 Pt.
H 2015: A2b, 12 Pt.
H 2016: A6a-b, 15 Pt.
H 2017: A4a-b, 22 Pt.

Es gibt unzählige **Finanzierungsarten**, die den folgenden **Gruppen** zugeordnet werden können:

- Die **Eigenfinanzierung** steht für alle Mittel, die dem Unternehmen von den Gesellschaftern als haftendes Eigenkapital zur Verfügung gestellt werden.
- Die **Fremdfinanzierung** steht für alle Mittel, die dem Unternehmen von Dritten zur Verfügung gestellt werden. Neben Bankdarlehen, Lieferantenschulden und Umsatzsteuerschulden zählen dazu auch bspw. Pensionsrückstellungen.

Kriterium	Eigenkapital	Fremdkapital
Rechtsstellung des Kapitalgebers	Eigentümer oder Gesellschafter	Gläubiger
Geschäftsführung	als Gesellschafter direkt (bspw. OHG) oder indirekt (bspw. AG)	kein Stimmrecht
Verzinsung des Kapitals	Gewinnausschüttung (wenn es gut läuft!)	feste Zinsen auf Fremdkapital
Laufzeit	unbegrenzt	zeitlich befristet
Haftung	mit Einlage und/oder Privatvermögen	keine Haftung, evtl. Kreditausfall

- Die **Außenfinanzierung** steht für alle Finanzierungsarten, bei denen dem Unternehmen zusätzliche Mittel von außen zugeführt werden. Dazu zählt die Kreditfinanzierung durch Banken, aber auch die Beteiligungsfinanzierung durch Gesellschafter in Form von (neuem) Eigenkapital.
- Die **Innenfinanzierung** beschreibt alle Finanzierungsarten, bei denen die Mittel im Unternehmen selbst erwirtschaftet werden. Dazu zählen die Selbstfinanzierung durch die Nicht-Ausschüttung von Gewinnen, die Finanzierung durch langfristige Rückstellungen (bspw. Pensionsrückstellungen) sowie Vermögensumschichtungen.

1

- Sie sollten erkennen, dass Außenfinanzierung nicht gleich Fremdfinanzierung und Innenfinanzierung nicht gleich Eigenfinanzierung ist. Es handelt sich jeweils um eigene Einteilungsmerkmale. Die folgende Abbildung hebt den Unterschied nochmals hervor.

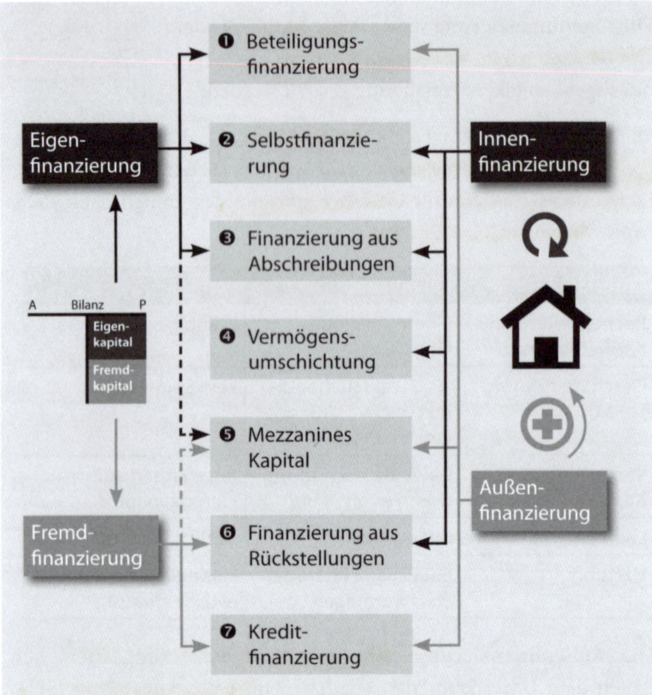

Zu den fünf grundlegenden **Finanzierungsarten** zählen:

❶ Die **Beteiligungsfinanzierung** steht für die Zuführung von Eigenkapital der Unternehmer bzw. Gesellschafter von außen.

❷ Bei der **Selbstfinanzierung** werden erzielte Gewinne nicht an die Gesellschafter ausgeschüttet, sondern im Unternehmen belassen und dienen damit der Finanzierung von Investitionen.

❸ **Finanzierung aus Abschreibungen:** Abschreibungen werden in die Preise einkalkuliert und dienen bis zur Wiederbeschaffung als Form der Finanzierung. Tipp: Konjunkturankurbelung durch höhere AfA-Sätze.

❹ **Vermögensumschichtung:** sofern bestimmte Vermögensbestandteile veräußert werden, um damit andere zu erwerben (Aktivtausch).

❺ **Mezzanines-Kapital:** Mischformen aus Eigen-/Fremdfinanzierung (bspw. Genussscheine mit fester Verzinsung und variabler Gewinnbeteiligung).

❻ Die **Finanzierung aus Rückstellungen** resultiert aus der Tatsache, dass Rückstellungen zukünftige, voraussichtliche Auszahlungen darstellen, die aber bis dahin als Finanzierungsquelle dienen können.

❼ Die klassische **Kreditfinanzierung** erfolgt mittel-/langfristig bspw. in Form von Darlehen und kurzfristig in Form von Kontokorrentkrediten.

1.2.1.6 Controlling

F 2012: A6a, 8 Pt.
F 2014: A6c, 8 Pt.
F 2015: A4a-b, 20 Pt.

Das Management bzw. die Geschäftsleitung eines Unternehmens haben folgende Aufgaben: (1) Personalführung, (2) wichtige Entscheidungen treffen, (3) grundlegende Ziele festlegen, (4) Repräsentation des Unternehmens nach außen, (5) Kontrolle, (6) Planung sowie (7) Lenkung und Steuerung. Das Controlling übernimmt davon die folgenden Teile:

- **Planung**
- **Lenkung/Steuerung/Koordination und**
- **Kontrolle im Unternehmen**
- Zur Erfüllung dieser Aufgaben benötigt das Controlling **Informationen**, die es beschafft, aufbereitet, analysiert, weiterreicht.

In die **Aufbauorganisation** von kleineren Unternehmen kann das Controlling durch einen oder mehrere Mitarbeiter in Form einer bzw. mehrerer Stabsstellen integriert werden. In größeren Unternehmen kann es auch eigene Abteilungen geben. Controlling kann in unterschiedlichen **Funktionsbereichen** stattfinden: bspw. Finanz-, Personalcontrolling.

Es wird zwischen dem strategischen und operativen Controlling unterschieden (vgl. Kap. 4.1.2):

- Das **strategische Controlling** beschäftigt sich mit der grundlegenden, langfristigen Richtung der Entwicklung, also der Frage, wo das Unternehmen in fünf oder zehn Jahren stehen möchte.
- Das zahlenlastige **operative Controlling** versucht diese vorgegebene Zielrichtung im Detail umzusetzen. Dazu werden für die einzelnen Bereiche konkrete kurzfristige Pläne (bspw. Budgets) erstellt.
- Die **Kontrolle** erfolgt dabei mit Soll-Ist-Vergleichen (am Ende), Soll-Wird-Vergleichen (zwischendurch), Branchenvergleichen (mit den stärksten Konkurrenten), Zeitvergleichen (letztes Jahr vs. dieses Jahr) und bei größeren Unternehmen mit Vergleichen zwischen einzelnen Betriebsstätten oder zwischen einzelnen Filialen.

1.2.1.7 Personal

H 2010: A4a,c, 16 Pt.
F 2017: A1a-b, 18 Pt.

Das Personalwesen ist ebenfalls ein umfangreicher Teilbereich der BWL dem ein eigenes Prüfungsfach (vgl. Kap. 4.2 und 4.3) gewidmet ist. Zu den **Teilbereichen** des Personalwesens zählen:

- **Personalbedarfsermittlung**: Zunächst muss ermittelt werden, welcher Personalbedarf überhaupt besteht.
- **Personalbeschaffung**: Sollten die Personalbestände von der Menge oder dem Ausbildungsstand nicht dem Personalbedarf entsprechen, muss zusätzliches Personal beschafft werden.
- **Personaleinsatz**: Das vorhandene Personal muss so eingesetzt werden, dass sich die Unternehmensziele verwirklichen lassen.
- **Personalentwicklung**: Die Mitarbeiter müssen u. a. durch Schulungen und Einsätze an verschiedenen Betriebsstätten und Stellen (evtl. Auslandseinsätze) gefördert werden.
- **Personalfreisetzung**: In bestimmten Situationen muss überflüssiges Personal möglichst sozialverträglich abgebaut werden.
- **Personalentlohnung**: Es müssen geeignete, gerechte und motivationsfördernde Entlohnungssysteme geschaffen werden. Allerdings wird Motivation nicht nur durch Entlohnung geschaffen, sondern auch durch Anerkennung, Integration in die Gruppe usw.
- **Personalführung**: Die Personalführung bedarf geeigneter Instrumente und Führungsstile, um die maximale Leistung der Mitarbeiter abzurufen (u. a. kooperativer vs. autoritärer Führungsstil).
- **Personalverwaltung**: Die Verwaltungsaufgaben im Zusammenhang mit dem Personalwesen müssen ebenfalls effizient gestaltet werden.

Gerade im Dienstleistungssektor ist der Personalbereich ein wesentlicher **Wettbewerbsfaktor**, da viele Mitarbeiter direkten Kontakt zum Kunden besitzen. Die Mitarbeiter sollten dabei gegenüber den Kunden freundlich, hilfsbereit, kundenorientiert und kompetent auftreten.

1

1.2.2 Zusammenwirken der betriebl. Funktionen

Wie hängen die einzelnen Funktionsbereiche nun zusammen?

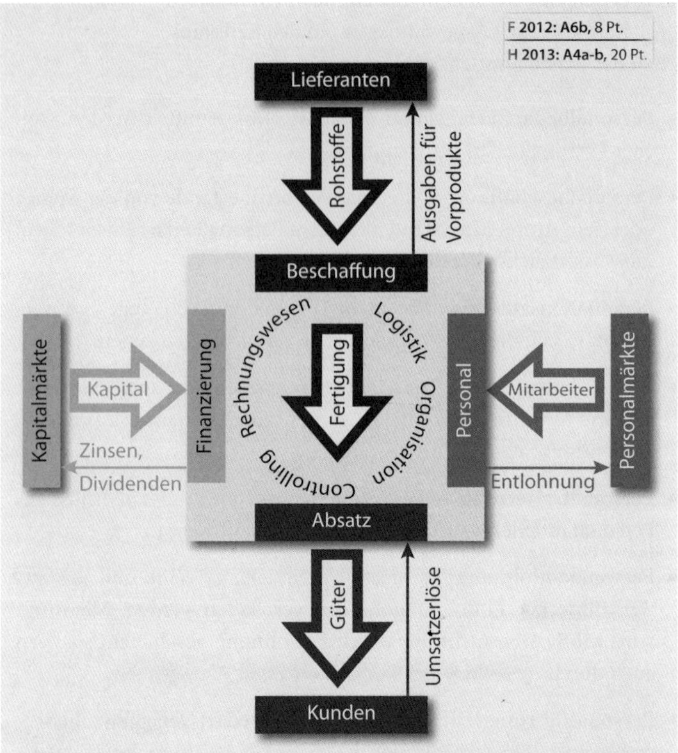

Zur Produktion der Waren bzw. der Erstellung der Dienstleistungen müssen zunächst an den Beschaffungsmärkten Kapital und Personal sowie Rohstoffe, Waren und Vorprodukte erworben werden. Diese werden intern zur Erstellung der Produkte bzw. zur Bereitstellung der Dienstleistungen genutzt, um sie anschließend den Kunden anzubieten. Um diese komplexen Zusammenhänge technisch, organisatorisch, rechtlich und finanziell zu bewältigen, bedarf es zusätzlicher Abteilungen, die sich u. a. mit dem Rechnungswesen, der Organisation sowie dem Controlling beschäftigen.

1.3 Existenzgründung und Unternehmensrechtsformen

1.3.1 Gründungsphasen

H 2012: A1a, 8 Pt.
H 2015: A1b, 8 Pt.

- **Orientierungsphase**: Zu Beginn sollten Sie sich Gedanken über die Geschäftsidee machen.
- Im nächsten Schritt sollten Sie eine grobe **Analyse** des Marktes, der Konkurrenten, der Branche, der örtlichen Gegebenheiten, der technischen, organisatorischen, finanziellen, rechtlichen und personellen Voraussetzungen usw. durchführen.
- Sobald Sie die Situation analysiert haben, sollten Sie sich **Ziele setzen**.
- **Planungsphase**: Es gilt nun Pläne für die konkrete Umsetzung zu erstellen. Dazu gehört auch ein *Businessplan*.
- **Umsetzungsphase**: (1) Personalbeschaffung, (2) Anschaffung der Betriebs- und Geschäftsausstattung, (3) Anmietung von Geschäftsräumen, (4) Organisationspläne (Aufbau- und Ablauforganisation) erstellen und (5) Beschaffung von Waren/Materialien.
- Sie benötigen letztlich eine ständige **Kontrolle** der Ergebnisse und damit zumeist Soll-Ist-Vergleiche der anvisierten Ziele.
- **Wachstumsphase**: Es gilt den Erfolg auszubauen/zu konsolidieren.

1.3.2 Voraussetzungen der Existenzgründung

H 2009: A5a, 8 Pt.
H 2013: A1a, 8 Pt.
F 2017: A2a, 8 Pt.

Zunächst ist die **persönliche Ausgangslage** zu betrachten. Die Aussicht auf eine selbstständige Existenz ist verlockend; Vorteile: Freiheit und Gewinn. Jedoch sind damit zahlreiche Probleme/Nachteile verbunden (Verantwortung, Zeit und Verlustrisiko). Daher müssen einige Fragen geklärt werden:

- Wie sieht es mit der **fachlichen Kompetenz** aus?
- Welche **unternehmerische** und **rechtliche Kompetenz** liegt vor?

- Wie steht es um die **persönliche** und **kommunikative Kompetenz?**
- Wie sieht es mit der **zeitlichen Vereinbarkeit** von Existenzgründung, Familie und ggf. Hauptberuf aus?
- **rechtliche Voraussetzungen:** Zwar gilt per Grundgesetz die Gewerbefreiheit (GG Art. 12, Abs. 1). Bestimmte Produkte oder Berufe dürfen nicht, nur eingeschränkt oder nur unter bestimmten Voraussetzungen betrieben oder ausgeübt werden.
- **finanzielle Basis:** Das größte Problem zahlreicher Unternehmen ist die zu geringe finanzielle Basis. Ist genügend Kapital vorhanden – auch für eine längere Durststrecke, die zu Beginn typisch ist?

Businessplan

H 2009: A5b, 8 Pt.
H 2012: A1b-c, 12 Pt.
H 2013: A1b, 8 Pt.
H 2016: A5b, 5 Pt.

Zumindest die folgenden Ziele werden mit einem Businessplan verfolgt: (1) Er dient intern zur Konkretisierung der Idee. (2) Erfolgsbeurteilung anhand objektiver Betrachtung. (3) Planungsdokument zur Umsetzung der Idee. (4) Zudem erwarten Banken und staatliche Förderstellen einen durchdachten **Businessplan**. Er beinhaltet:

- Die **Geschäftsidee** sollte klar dargelegt werden.
- Sie sollten eine **Markt-, Branchen-, Konkurrenz- und Standortanalyse** durchführen (mit realistischen/glaubwürdigen Zahlen).
- Sie müssen sich für eine **Rechtsform** entscheiden, um bspw. den Kreditgebern zu zeigen, ob Sie bereit sind, auch mit eigenen Mitteln als Vollhafter für mögliche Verluste einzustehen.
- Darlegung der notwendigen **Prozesse** (Fertigung, Vertrieb etc.)
- Dazu bedarf es einer Darlegung, welche maschinellen, organisatorischen, personellen und finanziellen **Ressourcen** Sie benötigen.
- Sie sollten eine klare **Finanzplanung** und damit auch eine Planung der geschätzten Kosten, Umsätze und Gewinne erstellen.
- Schließlich sollten Sie klar auf mögliche **Risiken**, aber auch auf mögliche Chancen **eingehen**.

Formalitäten bei der Neugründung

- **Anmelden**: Finanzamt, Stadtverwaltung, Berufsgenossenschaft, IHK, Gewerbeaufsichtsamt usw. H 2015: A1a, 6 Pt.
- **Gesellschaftervertrag** aufsetzen
- je nach Rechtsform: **Eintragung ins Handelsregister**
- **Sondergenehmigungen** beantragen (je nach Betätigungsfeld): Gastronomie, Personenbeförderung usw.

1.3.3 Rechtsformen

1.3.3.1 Rechtsformen und deren Kombination

Es gibt nationale und europäische Rechtsformen. Allgemein kann bei Rechtsformen zwischen Einzelunternehmen und Gesellschaften unterschieden werden. Letztere gliedern sich wiederum auf in Personen- und Kapitalgesellschaften sowie Sonder- und Mischformen. Personengesellschaften sind zumindest durch einen persönlich mit Einlage und Privatvermögen haftenden Gesellschafter gekennzeichnet. Bei Kapitalgesellschaften haftet keine natürliche Person mit ihrem Privatvermögen.

- **Einzelunternehmung**: Diese Rechtsform kann ins Handelsregister eingetragen werden (e. Kfm.). Der Einzelunternehmer haftet voll und führt und vertritt sein Unternehmen vollverantwortlich. Vorteil: Er kann schnell entscheiden. F 2014: A6a-b, 12 Pt. H 2016: A5a, 5 Pt.
- Die **Gesellschaft bürgerlichen Rechts** (**GbR**) bzw. **BGB-Gesellschaft** hat ihre Rechtsbasis im BGB und damit nicht im HGB. Die Gesellschafter haften alle persönlich und führen gemeinschaftlich die Geschäfte. Es erfolgt keine Eintragung ins Handelsregister und keine Firmierung. F 2011: A6, 9 Pt. F 2012: A1b, 8 Pt.
- Bei der **offenen Handelsgesellschaft** (OHG) haften ebenfalls alle Gesellschafter persönlich und führen die Geschäfte auf Rechtsbasis des HGB gemeinschaftlich. Diese Gesellschaftsform muss ins Handelsregister eingetragen werden und führt eine Firma (= rechtlicher Name des Unternehmens). H 2016: A5a, 5 Pt.

1

- Die **Partnergesellschaft** (PartG) ist für Angehörige freier Berufe (Ärzte, Rechtsanwälte, Steuerberater usw.) eine mögliche Form der Zusammenarbeit. Sie übt kein Handelsgewerbe im Sinne des HGB aus. Daher sind auch keine Eintragung ins Handelsregister und keine Firma vorgesehen. Haftung und Geschäftsführung entsprechen weitgehend der BGB-Gesellschaft. Im Detail ergeben sich interessante Unterschiede:

F 2012: A1a, 3 Pt.

  - Sofern einzelne Partner mit einem Auftrag alleine befasst sind (Patient oder Mandant), haftet nur der beauftragte Partner persönlich. Die Partner haften nur im Rahmen der Partnerschaft aber nicht mit ihrem persönlichen Vermögen.
  - Partnergesellschaften besitzen einen geschützten, im öffentlichen Register geführten Namen.

- Die **Kommanditgesellschaft** (KG) ist eine zweigeteilte Gesellschaft: (1) Sie hat zumindest einen Vollhafter (Komplementär, der persönlich haftet), der den Gesellschaftern der OHG gleicht. (2) Daneben gibt es einige Teilhafter (Kommanditisten, die nur mit ihrer Kapitaleinlage haften). Diese entsprechen den Gesellschaftern der GmbH. Diese Rechtsform ist besonders für Familienunternehmen geeignet.

H 2008: A5a-b, 18 Pt.
F 2009: A6, 8 Pt.
F 2013: A2a-d, 15 Pt.
F 2015: A5a-c, 15 Pt.
F 2016: A5, 8 Pt.

- Die **Aktiengesellschaft** (AG) ist als juristische Person wie die GmbH eine Kapitalgesellschaft – folglich haftet niemand persönlich. Sie ermöglicht aber eine breitere Gesellschafterbasis und damit ein größeres Grundkapital (insbesondere die börsennotierte Aktiengesellschaft). Gründungsvoraussetzungen: (1) mindestens 1 Person, (2) Grundkapital ≥ 50.000 €, (3) Eintragung ins Handelsregister Abteilung B, (4) Satzung mit notarieller Beurkundung. Zudem besitzt die Aktiengesellschaft drei Organe:

H 2011: A1a-c, 13 Pt.

  - In der **Hauptversammlung** sitzen die Gesellschafter (Aktionäre), die sich zumindest einmal jährlich treffen und grundlegende Entscheidungen fällen. Die Hauptversammlung wählt einen (Groß-) Teil der Mitglieder des Aufsichtsrats.

1

- Der **Aufsichtsrat** setzt sich aus den von der Hauptversammlung gewählten Gesellschaftervertretern und den von den Arbeitnehmern gewählten Mitgliedern zusammen. Er beruft und kontrolliert den Vorstand, prüft den Jahresabschluss und berichtet der Hauptversammlung. Zudem besteht er aus mind. drei Mitglieder und tagt mind. einmal pro Quartal.

- Der **Vorstand** wird durch den Aufsichtsrat bestellt, führt die Geschäfte des Unternehmens und vertritt das Unternehmen nach außen. Er berichtet an den Aufsichtsrat.

- Die **Unternehmergesellschaft (UG) haftungsbeschränkt** wird manchmal Mini-GmbH genannt: (1) Die Vorteile einer beschränkten Haftung können mit einem geringen Startkapital von 1 € kombiniert werden. (2) Es müssen vom erzielten Gewinn jährlich 25 % dem haftenden Eigenkapital zugeführt werden, bis das Stammkapital von 25.000 € (wie bei der GmbH) erreicht wird. (3) Die UG kann in eine GmbH umgewandelt werden (>= 25 T€). (4) Geringere Gründungskosten als GmbH.

  F 2010: A5b, 8 Pt.
  F 2017: A2b, 4 Pt.

- Die **Gesellschaft mit beschränkter Haftung (GmbH)** besteht nur aus beschränkt haftenden Gesellschaftern. Dafür müssen die Gesellschafter nicht die Geschäfte führen. Hierfür sind auch angestellte Geschäftsführer (ohne Beteiligung) gebräuchlich.

  F 2009: A6, 8 Pt.
  F 2010: A5a, 12 Pt.
  H 2010: A5a, 8 Pt.
  F 2011: A6, 9 Pt.
  F 2012: A1b, 8 Pt.
  H 2014: A2b, 8 Pt.
  F 2016: A5, 8 Pt.
  H 2016: A5a, 5 Pt.
  F 2017: A2b, 4 Pt.

Zu den Sonder- und Mischformen zählen u. a.:

- Die **Kommanditgesellschaft auf Aktien (KGaA)** ist eine KG, bei der das Kapital in Form von Aktien gehalten wird.

- Die **GmbH & Co. KG** ist eine Mischform aus KG und GmbH. Die eigentliche Grundform ist die KG, deren Vollhafter die GmbH ist. Es gibt keine natürliche Person, die voll haftet (auch kein Gesellschafter der KG). Zwar gibt es durch die doppelte Rechtsform höhere Verwaltungskosten, dem stehen u. U. steuerliche Vorteile gegenüber.

  H 2010: A5b, 7 Pt.
  H 2014: A2a, 4 Pt.
  H 2017: A5a-b, 6 Pt.

- **Genossenschaften** und eingetragene Vereine müssen den Zusatz »e. G.« bzw. »e. V.« haben.

1

1.3.3.2 Ansprüche an Haftung, Geschäftsführung und Vertretung

bei den meisten Prüfungsaufgaben zu 1.3.3 relevant!

H 2017: A5c, 4 Pt.

Bei der Wahl einer Rechtsform sind u. a. die folgenden Kriterien zu berücksichtigen:

- **Haftung**: Sollen bestimmte oder alle Gesellschafter nur mit ihrer Einlage (Teilhafter) oder zudem mit ihrem Privatvermögen haften?
- **Geschäftsführungsbefugnisse**: Wer soll die Geschäfte führen? Gesellschafter, angestellte Geschäftsführer oder Vorstände?
- **Vertretungsbefugnisse**: Wer vertritt die Gesellschaft nach außen und kann im Namen des Unternehmens Rechtsgeschäfte tätigen?
- **Anzahl der Gründungsmitglieder**: Welche Gesellschafterzahl ist nötig, um das Unternehmen gründen zu können?
- **Startkapital**: Welches Startkapital ist notwendig?
- **Firma**: Unter welchem Namen kann das Unternehmen firmieren?
- **Handelsregister**: Inwiefern kann oder muss das Unternehmen ins Handelsregister eingetragen werden?
- **Gewinn- und Verlustverteilung**: Gibt es Vorschriften hinsichtlich der Gewinn- und Verlustverteilung?
- **Formale Voraussetzungen**: Welche formalen Voraussetzungen der Gründung sind notwendig – Schriftform, notarielle Beurkundung?
- **Buchführungspflicht**: Inwiefern besteht Buchführungspflicht oder ist auch eine vereinfachte und damit günstigere Einnahmen-Ausgaben-Rechnung möglich?
- **Rechtsquellen**: Auf welchen Gesetzen basiert die Rechtsform (BGB, HGB, GmbHG, AktG usw.)?
- **Gründungskosten**: Welche Kosten sind mit der Gründung einer Gesellschaft verbunden?
- **Steuerliche Aspekte**: Inwiefern sprechen steuerliche Aspekte für einzelne Rechtsformen?

Kriterium	Einzelunternehmen	GbR	OHG	KG
Haftung	mit Geschäftseinlage und Privatvermögen	mit Geschäftseinlage und Privatvermögen	mit Geschäftseinlage und Privatvermögen	Komplementäre voll; Kommanditisten nur mit Geschäftseinlage
Geschäftsführungsbefugnisse	der Eigentümer	alle Gesellschafter	alle Gesellschafter	alle Komplementäre
Vertretungsbefugnisse nach außen	der Eigentümer	jeder Gesellschafter	jeder Gesellschafter	nur die Komplementäre
Anzahl der Gründer	mind. 1	mind. 2	mind. 2	jew. mind. 1 = mind. 2
Startkapital	keine Vorschriften	keine Vorschriften	keine Vorschriften	keine Vorschriften
Firma	Name + *e. K.*	keine Firma	Name + *OHG*	Name + *KG*
Handelsregister	Eintragung (Ausnahmen)	keine Eintragung	Eintragung Abt. A	Eintragung Abt. A

Kriterium	GmbH	UG haftungsbeschränkt	AG	GmbH & Co. KG
Haftung	nur mit Geschäftseinlage	nur mit Geschäftseinlage	nur mit Aktienanteil	GmbH haftet voll; alle Gesellschafter haften nur mit ihrer Einlage
Geschäftsführungsbefugnisse	Geschäftsführer	Geschäftsführer	Vorstand	Geschäftsführer d. GmbH
Vertretungsbefugnisse nach außen	Geschäftsführer	Geschäftsführer	Vorstand	Geschäftsführer d. GmbH
Anzahl der Gründer	mind. 1	mind. 1	mind. 1	jew. mind. 1; identische Person denkbar
Startkapital	mind. 25.000 €	mind. 1 €	mind. 50.000 €	für GmbH >= 25.000 €
Firma	Name + *GmbH*	Name + *UG (haftungsbeschränkt)*	Name + *AG*	Name + *GmbH & Co. KG*
Handelsregister	Eintragung Abt. B	Eintragung Abt. B	Eintragung Abt. B	Eintragung Abt. A (GmbH Abt. B)

1

1.4 Unternehmenszusammenschlüsse

Einleitung

F 2011: A3a, 8 Pt.

Wettbewerb ist ein zweischneidiges Schwert. Zwar mag er aus Sicht von uns Konsumenten positiv sein, aber aus Sicht der im Wettbewerb stehenden Unternehmen ist er eine ständige Herausforderung. Daher sind Unternehmen bestrebt, den Wettbewerb zu beschränken. Dies kann u. a. durch verschiedene Formen der Zusammenarbeit (**Kooperation**) und des Zusammengehens (**Konzentration**) erfolgen. Beide Formen können unter dem Oberbegriff **Unternehmenszusammenschlüsse** zusammengefasst werden. Dabei muss **zwischen der rechtlichen und der wirtschaftlichen Selbstständigkeit unterschieden werden**. Rechtlich selbstständig ist ein Unternehmen, wenn es eine eigene Rechtspersönlichkeit – eine eigene Rechtsform – darstellt, also bspw. eine eigene GmbH ist. Wirtschaftlich selbstständige Unternehmen können eigenständige Entscheidungen treffen, ohne Genehmigung durch eine übergeordnete Instanz.

1.4.1 Formen der Kooperation

1.4.1.1 Unterscheidung der Kooperationsformen

F 2009: A7a-c, 16 Pt.
F 2010: A6a-b, 10 Pt.
H 2010: A6a, 6 Pt.
F 2011: A3b, 2 Pt.
H 2011: A5a, 6 Pt.
H 2014: A1a, 8 Pt.
F 2015: A6a-b, 11 Pt.
F 2016: A2a-b, 6 Pt.
H 2016: A4a, 3 Pt.
F 2017: A3a-b, 15 Pt.
H 2017: A6b, 4 Pt.

Kooperationen sind Formen der Zusammenarbeit im Bereich Beschaffung, Forschung & Entwicklung, Absatz, Logistik, Produktion usw. Davon wird die *rechtliche Selbstständigkeit* nicht berührt und bleibt erhalten. Die *wirtschaftliche Selbstständigkeit* wird nur im Bereich der Zusammenarbeit aufgegeben/eingeschränkt.

Zu den Formen der Kooperation zählen:

- **Kartelle** stellen Vereinbarungen zwischen Unternehmen dar. So werden bei einem Preiskartell einheitliche Preise der Kartellmitglieder vereinbart. Eine eigenständige Preispolitik ist nicht mehr möglich. Folgende Formen von Kartellen sind u. a. denkbar:

- Preiskartelle – Absprachen über Preise
- Mengenkartelle/Quotenkartelle – Absprachen über Mengen
- Gebietskartelle – Absprachen über Gebiete/Regionen
- Konditionenkartelle – Absprachen bspw. über Rabattstaffeln
- Normenkartelle – Absprachen über bestimmte technische Normen (Größen von Anschlüssen, Schrauben etc.)
- Strukturkrisenkartelle – Absprachen von Unternehmern, bei denen die ganze Branche in einer Strukturkrise steckt (bspw. Stahl)

- **Joint Ventures** (= gemeinsames Wagnis) sind gemeinsam gegründete Tochterunternehmen von zwei unabhängig bleibenden Unternehmen. Dies ist sehr geläufig im Bereich der Rohstoffexploration. Dabei kommt das Know-how zweier Unternehmen zusammen und das Risiko wird gemeinsam getragen.
- **Konsortien** sind sehr weit verbreitet bei Banken, wenn bspw. neue Wertpapiere (Aktien) am Markt platziert (emittiert) werden. Dies übernehmen für gewöhnlich mehrere Banken gemeinsam.
- **Arbeitsgemeinschaften** (Arge) sind eine zeitweilige Form der Kooperation und dienen zur gemeinsamen Durchführung eines bestimmten Projektes bzw. Auftrages – bspw. bei größeren Bauprojekten. Vorteile: klare Aufgabenverteilung, unterschiedliche Kompetenzen nutzen, Nachteil: Uneinigkeit/Streit.
- **Interessengemeinschaften (Zweckverbände)** dienen hingegen einer längerfristigen Zusammenarbeit, bspw. durch gemeinsame Werbung, Rechtsberatung und durch gemeinsame Verbände.

1.4.1.2 Ziele der Kooperation

H 2010: A6b, 4 Pt.
F 2013: A3a, 6 Pt.
H 2015: A3a, 8 Pt.
H 2016: A4b, 4 Pt.

Die **Ziele der Kooperation** können sehr unterschiedlicher Natur sein: (1) größere Marktmacht im Verkauf und in der Beschaffung, (2) Technologietransfer, (3) Risikoaufteilung, (4) Erschließung neuer Märkte und (5) Erhöhung der Wettbewerbsfähigkeit.

1.4.2 Formen der Konzentration

1.4.2.1 Unterscheidung der Konzentrationsformen

H 2008: A6, 15 Pt.
F 2010: A6c, 9 Pt.
F 2011: A3b, 2 Pt.
H 2011: A5b, 6 Pt.
F 2012: A4a-b, 12 Pt.
H 2012: A2a-b, 13 Pt.
F 2013: A3b, 4 Pt.
H 2013: A5a-b, 9 Pt.
F 2014: A1a-b, 12 Pt.
H 2014: A1b, 8 Pt.
F 2015: A6a, 4 Pt.
F 2016: A2c-d, 6 Pt.
H 2016: A4a, 3 Pt.

Die **Fusion** stellt den *Prozess* des Zusammengehens zweier oder mehrerer Unternehmen dar. Die *wirtschaftliche Selbstständigkeit* geht dabei großteils verloren. Dabei werden zwei Formen unterschieden:

- Bei einer **Fusion durch Übernahme** wird ein Unternehmen in ein anderes integriert. Als die Commerzbank die Dresdner Bank von der Allianz erwarb, blieb nur der Name Commerzbank erhalten. Die Dresdner Bank wird somit in die Commerzbank integriert. Die *rechtliche und wirtschaftliche Selbstständigkeit* bleibt nur für das übernehmende Unternehmen erhalten.
- Die **Fusion durch Neugründung** stellt eine Verschmelzung der Unternehmen dar, wobei ein neues Unternehmen mit neuem Namen entsteht. Als die Daimler Benz AG und die Chrysler AG fusionierten, entstand die DaimlerChrysler AG. Die *rechtliche Selbstständigkeit* geht für die ursprünglich beteiligten Unternehmen verloren.

Der **Konzern** stellt das Ergebnis einer Fusion dar (oder aber von internem Wachstum). Dabei bleibt die *rechtliche* Selbstständigkeit der Tochtergesellschaften erhalten. Die *wirtschaftliche* Selbstständigkeit geht weitgehend verloren, da die wirtschaftliche Entscheidungsmacht bei der Konzernmutter liegt. Auch hier gibt es zahlreiche Formen; bei einer Finanzholding betreibt die Muttergesellschaft gar kein operatives Geschäft mehr, sondern verwaltet nur die Beteiligungen an den einzelnen Tochtergesellschaften. Dabei interessiert weniger deren Geschäft, sondern nur deren Rendite.

Bisweilen taucht im Bereich der Konzentration auch der Begriff **Trust** auf. Damit sollte man aber vorsichtig sein, da es sich um einen US-amerikanischen Begriff handelt, der ursprünglich für Treuhandschaft stand und heute recht unterschiedlich verwendet wird. In den USA steht er für alle Formen von Zusammenschlüssen wirtschaftlich abhängiger Unternehmen. Manchmal wird er bei uns für große Zusammenschlüsse mit Monopolcharakter verwendet.

Sowohl bei der Kooperation als auch der Konzentration kann zwischen drei Formen/**Richtungen des Zusammenschlusses** unterschieden werden:

- Ein **horizontaler** Zusammenschluss liegt vor, wenn zwei oder mehr Unternehmen derselben Branche kooperieren oder fusionieren. Dazu zählt bspw. die Fusion zweier Banken.
- Der **vertikale** Zusammenschluss steht für eine Kooperation oder Konzentration aufeinanderfolgender Wirtschaftsstufen (Lieferant und Abnehmer).
- Von einem **diagonalen, anorganischen, konglomeraten** oder **lateralen** Zusammenschluss spricht man genau dann, wenn die Kooperation oder Konzentration zwischen Unternehmen stattfindet, die aus fremden Branchen kommen, die nichts miteinander zu tun haben – bspw. die Fusion einer Bank mit einem Spielwarenhersteller.

1.4.2.2 Ziele der Konzentration

F 2012: A4c, 3 Pt.
H 2012: A2c, 4 Pt.
H 2013: A5c, 3 Pt.

- Die **Ziele bei horizontalen Zusammenschlüssen** liegen in (1) der Kostenersparnis durch Zusammenlegungen bspw. in der Verwaltung (= Synergieeffekte), (2) einem größeren Forschungsbudget, (3) einer größeren Marktmacht im Einkauf, (4) gebündelte Finanzkraft und (5) einer Erhöhung des Marktanteils.
- Ein **Ziel der vertikalen Konzentration** kann die Sicherung der Lieferungen und eine bessere Abstimmung sein.
- Das **Ziel des diagonalen Zusammenschlusses** liegt vor allem in der *Risikostreuung* durch Diversifikation. Sollte eine Branche weniger erfolgreich sein, kann dies vorübergehend durch ein zweites Standbein ausgeglichen werden.

Zur Prüfung in Rechnungswesen

Bei diesem Fach steht die Anwendung des Wissens im Vordergrund:

- **Zeit**: 90 Minuten.
- **Hilfsmittel**: Taschenrechner, IHK-Formelsammlung für Fachwirte (die Ihnen in der Prüfung ausgehändigt wird), keine Gesetzestexte!
- **Einteilung** der Punkte (ca.): 1. Grundlagen des Rechnungswesens u. 2. Finanzbuchhaltung zusammen: 20 Punkte, 3. Kosten- und Leistungsrechnung: 60 Punkte, 4. Auswertung betriebswirtschaftlicher Zahlen und 5. Planungsrechnung zusammen: 20 Punkte.
- **Probleme**: 1. Die trockene Materie der Buchführung und der Grundbegriffe der Kostenrechnung werden anwendungsorientiert oftmals in Form von Zuordnungsaufgaben gelöst (verschiedene Fälle, die einzelnen Begriffen zugeordnet werden müssen). 2. Die Rechnungsaufgaben wiederholen sich häufig. Trotzdem bereiten gerade Aufgaben zur Deckungsbeitragsrechnung häufig Kopfschmerzen. 3. Viele Prüflinge haben Schwierigkeiten leicht umformulierte Aufgaben zu verstehen und zu lösen.
- **Lösungsstrategien**: 1. Konzentrieren Sie sich auf die Aufgaben und Ihr vorhandenes Wissen. Nutzen Sie insbesondere bekannte Lösungsschemen, die in den folgenden Seiten geboten werden. Dazu sollte natürlich entsprechendes Wissen vorhanden sein. Denn eine nicht verstandene Formel der Formelsammlung hilft nicht weiter. Das erforderliche Wissen können Sie in diesem Kapitel nochmals kurz wiederholen.
  2. Üben Sie anhand von alten Prüfungen die Lösung von anwendungsorientierten Aufgaben.

2 Rechnungswesen

2.1 Grundlagen des Rechnungswesens

2.1.1 Teilbereiche des Rechnungswesens

H 2008: A1a-b, 10 Pt.
F 2011: A1, 9 Pt.
F 2015: A1, 9 Pt.

Zunächst ist aufgrund gesetzlicher Vorgaben eine ordentliche **Buchführung** notwendig. Dieser Teil des Rechnungswesens ermöglicht **externen** Interessenten, wie bspw. dem Staat, Banken, Lieferanten und Aktionären einen Einblick in die Zahlen des Unternehmens.

Kriterium	Buchführung	Kostenrechnung	Planungsrechnung	Betriebsstatistik
Adressaten	intern + extern: Finanzamt, Banken, Staat, Aktionäre usw.	intern	intern	intern
Ziele	Rechenschaftslegung, Dokumentation, Vermögens- und Kapitalstruktur offenlegen, Ergebniskontrolle	Preiskalkulation, Kosten- und Ergebniskontrolle, Entscheidungsgrundlage	Prognosen, Vorgaben für zukünftiges Handeln inkl. Kontrolle	Zeit- und Branchenvergleiche, Soll-/Ist-Vergleiche
gesetzliche Vorgaben	umfangreiche gesetzliche Vorgaben: HGB usw.	keine; Zweckmäßigkeit; Gepflogenheiten	keine gesetzlichen Vorgaben	überwiegend ohne
Ergebnis	Unternehmensergebnis = Erträge – Aufwendungen	Betriebsergebnis = Leistungen – Kosten	–	–
Zeitbezug	Vergangenheit	Vergangenheit und Zukunft	Zukunft	Vergangenheit
Erfassung	jährlich; Quartalsberichte	i. d. R. monatlich	diverse	diverse

Zum **internen** Rechnungswesen zählen die **Kosten- und Leistungsrechnung**, die **Betriebsstatistik** sowie die **Planungsrechnung**.

2

2.1.2 Grundsätze ordnungsgemäßer Buchführung

F 2009: A1a-b, 12 Pt.
H 2010: A1a-c, 9 Pt.
F 2015: A1, 9 Pt.

Schon § 238 (1) HGB beinhaltet die Forderung nach **ordnungsmäßiger Buchführung**. Allgemein muss die Buchführung so beschaffen sein, dass sie sachverständigen Dritten (Betriebsprüfern des Finanzamtes oder Steuerberatern) innerhalb angemessener Zeit einen Überblick über die Geschäftsvorfälle und die Lage des Unternehmens vermitteln kann. Die hierfür notwendigen Voraussetzungen werden als **Grundsätze ordnungsmäßiger Buchführung (GoB)** bezeichnet. Die Quellen der GoB sind Gesetze, Verordnungen, die Rechtsprechung, die Wissenschaft sowie die Praxis. Die GoB werden in Grundsätze ordnungsmäßiger Buchführung im engeren Sinne, Grundsätze ordnungsmäßiger Inventur und Grundsätze ordnungsmäßiger Bilanzierung unterteilt.

Zum *Zweck der Dokumentation und Rechenschaftslegung der Geschäftsvorfälle* müssen die folgenden **Grundsätze ordnungsmäßiger Buchführung** (im engeren Sinne) befolgt werden:

- **Prinzip des systematischen Aufbaus der Buchführung:** Die Organisation und die Art der Buchführung (Bücher, Kontenrahmen) müssen systematisch und übersichtlich sein.
- **Prinzip der vollständigen und verständlichen Aufzeichnung:** Alle Geschäftsvorfälle müssen fortlaufend und vollständig, richtig, in ihrer zeitlichen Reihenfolge (chronologisch) sowie sachlich zugeordnet gebucht werden.
- **Belegprinzip:** keine Buchung ohne Beleg!
- **Aufbewahrung:** Alle Buchungsbelege etc. müssen zehn Jahre geordnet aufbewahrt werden.
- **Grundsatz der Klarheit:** Es sind gemäß § 243 (2) HGB bestimmte formale Gliederungs- und Gestaltungskriterien einzuhalten. Dazu zählt eine eindeutige Bezeichnung der Posten.
- **Grundsatz der Wahrheit:** Der Jahresabschluss ist inhaltlich und wertmäßig wahr und fachgerecht zu erstellen.

2.1.3 Buchführungspflicht nach HGB/Steuerrecht

H 2011: A1, 12 Pt.

Zur Ermittlung der Steuern u. zum Schutz der Gläubiger sind Personen- u. Kapitalgesellschaften sowie eingetragene Kaufleute grundsätzlich zur Buchführung verpflichtet. Die **Rechtsgrundlagen** sind das **Handelsgesetzbuch** (HGB) u. im Steuerrecht die **Abgabenordnung** (AO).

»Jeder Kaufmann ist verpflichtet Bücher zu führen und in diesen seine Handelsgeschäfte und die Lage seines Vermögens nach den Grundsätzen ordnungsmäßiger Buchführung ersichtlich zu machen.« § 238 (1) HGB

Buchführungspflicht

Handelsrecht

- Handelsgesellschaften (OHG, KG, GmbH, AG usw.) sind als Formkaufleute grundsätzlich buchführungspflichtig.
- In das Handelsregister eingetragene Einzelkaufleute sind zur Buchführung verpflichtet.
- Eingetragene Einzelkaufleute sind dann **nicht** buchführungspflichtig, wenn sie in zwei aufeinanderfolgenden Geschäftsjahren weniger als 600 T€ (500 T€ bis 31.12.2015) Umsatz und weniger als 60 T€ (50 T€ bis 31.12.2015) Gewinn erzielten. Sofern eine Zahl in einem der beiden Jahre überschritten wurde, gilt die Ausnahmeregelung nicht.
- Land- und Forstwirte sowie Freiberufler sind nicht buchführungspflichtig.

Steuerrecht

- Wer nach Handelsrecht zur Buchführung verpflichtet ist, ist dies auch nach Steuerrecht (§ 140 AO).
- Zusätzlich ist zur Buchführung verpflichtet, wer einen Umsatz von mindestens 600 T€ (500 T€ bis 31.12.2015) oder einen Gewinn von mindestens 60 T€ (50 T€ bis 31.12.2015) im letzten Geschäftsjahr ausweist. Land- und Forstwirte sind zudem dann buchführungspflichtig, wenn der Wirtschaftswert der selbst bewirtschafteten Flächen größer als 25 T€ war (§ 141 AO).
- Freiberufler sind grundsätzlich nicht buchführungspflichtig.

2

2.1.4 Bilanzierungs- und Bewertungsgrundsätze

Bewertungsvorschriften/-richtlinien

Das größte Problem der Buchführung stellen die **Wertansätze** für manche Vermögensgegenstände dar. Zur Vereinheitlichung der Vorgehensweise gibt es grundlegende **Bewertungsvorschriften** (bzw. Grundsätze ordnungsgemäßer Bilanzierung).

Die Bewertungsrichtlinien nach § 252 HGB

F 2012: A1, 9 Pt.
F 2014: A2a-d, 8 Pt.

Die folgenden Prinzipien sind für alle Kaufleute verbindlich:

- **Grundsatz der Bilanzidentität:** Die Werte der Eröffnungsbilanz eines Jahres müssen mit denjenigen der Schlussbilanz des Vorjahres übereinstimmen, um zu verhindern, dass unterschiedliche Wertansätze verwendet werden.
- **Grundsatz der Unternehmensfortführung:** Dieses sogenannte Going-concern-Prinzip sieht vor, dass von der Fortführung des Unternehmens auszugehen ist.
- **Stichtagsprinzip:** Die Bewertung bezieht sich auf die am Bilanzstichtag objektiv bestehenden Tatsachen.
- **Grundsatz der Einzelbewertung:** Alle Vermögensgegenstände und Schulden sind grundsätzlich einzeln zu bewerten. Nur bei Werkstoffen sind Bewertungsvereinfachungsverfahren zugelassen.
- **Vorsichtsprinzip:** Gewinne dürfen nur ausgewiesen werden, wenn sie tatsächlich realisiert wurden. Drohende Verluste müssen hingegen ausgewiesen werden. Diese Ungleichbehandlung wird auch **Imparitätsprinzip** genannt.
- **Prinzip der Periodenbezogenheit:** Alle Aufwendungen und Erträge müssen dem Geschäftsjahr zugeordnet werden, in dem sie wirtschaftlich verursacht wurden.
- **Prinzip der Bewertungsstetigkeit:** Einmal gewählte Bewertungsmethoden müssen grundsätzlich beibehalten werden.

Bewertungsgrundsätze: Vorsichtsprinzip

H 2009: A1a-b, 10 Pt.
H 2012: A4a-b, 8 Pt.
F 2013: A1, 6 Pt.
H 2013: A1a-b, 10 Pt.
H 2014: A2a-b, 8 Pt.
F 2018: A2a-c, 9 Pt.

- **Anschaffungswertprinzip:** Nach dem Anschaffungswertprinzip dürfen Vermögensgegenstände nur maximal mit den Anschaffungs- und Herstellungskosten (AHK) bewertet werden. Zum Anschaffungspreis werden die Nebenkosten (wie bspw. Zölle oder die Montage) sowie nachträgliche Anschaffungskosten (wie bspw. Ausbau einer Anlage) hinzugerechnet und Anschaffungskostenminderungen (bspw. Rabatte u. Skonti) abgezogen.
- **strenges Niederstwertprinzip:** Für Vermögensgegenstände ist für den Bilanzstichtag von verschiedenen möglichen Wertansätzen (Tageswert oder Anschaffungskosten) jeweils der niedrigere Wertansatz zu wählen.
- **Höchstwertprinzip:** Schulden sind mit dem jeweiligen Höchstwert zu bewerten.
- **Realisationsprinzip:** Nicht realisierte Gewinne dürfen nicht ausgewiesen werden, nicht realisierte Verluste müssen ausgewiesen werden. Zwangsläufig ergibt sich aus den letzten beiden Prinzipien eine ungleichgewichtige Behandlung des Vermögens und der Schulden. Diese ungleiche Behandlung wird auch als **Imparitätsprinzip** bezeichnet.

Abschreibungen

F 2017: A2a-b, 7 Pt.

Das Vermögen unterliegt dem **Wertverlust**. So erleiden Maschinen durch Abnutzung, natürlichen Verschleiß und technische Veralterung einen Wertverlust. Dieser Wertverlust wird *buchungstechnisch* durch **Abschreibungen** berücksichtigt (Restbuchwert des Vermögens sinkt). Abschreibungen entsprechen somit dem Wertverlust und werden als Aufwendungen verbucht und vermindern damit den zu versteuernden Gewinn. Die **Abschreibungsbeträge** eines Anlagegegenstandes hängen von der geplanten Nutzungsdauer, den Anschaffungs- oder Herstellungskosten sowie der Abschreibungsart ab. Die *Nutzungsdauer* wird dabei vom Gesetzgeber in sogenannten **AfA-Tabellen** vorgegeben. Es wird zwischen linearer und degressiver Abschreibung sowie Abschreibung nach Leistungsverbrauch unterschieden.

2

Inventurverfahren

H 2016: A1, 12 Pt.

Der Vorgang der körperlichen Bestandsaufnahme der Vermögensgegenstände und der Schulden wird als **Inventur** bezeichnet. Sie ist eine Voraussetzung für den Jahresabschluss (vgl. Kap. 2.2.2). Bei den Vorräten ist die Inventur oft mit einem großen Arbeitsaufwand verbunden. Daher sind hier verschiedene Verfahren erlaubt:

- **Stichtagsinventur:** Die Inventur wird zum Stichtag durchgeführt. Dies ist jedoch bei größeren Beständen oft gar nicht machbar.
- **Ausgeweitete bzw. zeitnahe Stichtagsinventur:** Es ist hier eine zeitnahe Inventur innerhalb von 10 Tagen vor oder nach dem Bilanzstichtag durchzuführen. Voraussetzung: Zu- und Abgänge müssen mengen- und wertmäßig zum Bilanzstichtag hin fortgeschrieben bzw. zurückgerechnet werden.
- **Verlegte Inventur:** Die körperliche Bestandsaufnahme bei Vermögensgegenständen kann an einem beliebigen Tag innerhalb der letzten drei Monate vor bzw. zwei Monate nach dem Stichtag erfolgen. Voraussetzung: Zu- und Abgänge müssen wertmäßig zum Bilanzstichtag hin fortgeschrieben bzw. zurückgerechnet werden.
- **Permanente Inventur:** Bei der permanenten Inventur werden buchmäßig andauernd Zu- und Abgänge und daraus folgende Bestände festgehalten. Um Abweichungen auszuschließen, muss zumindest einmal im Jahr eine körperliche Inventur durchgeführt werden. Voraussetzung: Es muss eine (zumeist EDV-basierte) Bestandskartei geführt werden.
- **Stichprobeninventur:** Sie bezieht sich nicht auf den Zeitpunkt der Bestandsaufnahme, sondern die Art der Bestandsaufnahme. Sie ist bei großen Mengen unterschiedlicher Güter (bspw. Schrauben) denkbar, um den Arbeitsaufwand zu senken. Mit Hilfe von mathematisch-statistischen Verfahren werden hier die Bestände ausgehend von Stichproben hochgerechnet.

2

2.2 Finanzbuchhaltung

2.2.1 Grundlagen

2.2.1.1 Adressaten der Finanzbuchhaltung

H 2009: A8a-b, 9 Pt.
F 2016: A2a, 9 Pt.

Zu den Adressaten der Finanzbuchhaltung zählen extern:

- Finanzamt zwecks Besteuerung
- Banken als Fremdkapitalgeber
- Lieferanten als Gewährende von Lieferantenkrediten
- Aktionäre als Eigenkapitalgeber
- Mitarbeiter
- Öffentlichkeit

Daneben besteht auch intern durch die Unternehmensführung ein Interesse an den Zahlen der Finanzbuchhaltung.

2.2.1.2 Bereiche der Finanzbuchhaltung

H 2013: A2a-b, 12 Pt.

Es werden folgende **Hauptbücher** unterschieden:

- In das **Grundbuch** werden alle Geschäftsvorfälle fortlaufend ohne sachliche Sortierung (chronologisch) eingetragen.
- In das **Hauptbuch** werden die Geschäftsvorfälle sachlich geordnet in die verschiedenen Konten übertragen.

Zu den ergänzenden und erläuternden **Nebenbüchern** zählen:

- Im **Kontokorrentbuch** wird der gesamte Geschäftsverkehr mit den Lieferanten (*Kreditoren*) und den Kunden (*Debitoren*) erfasst. Daraus lassen sich die Verbindlichkeiten gegenüber Lieferanten (Liefe-

2

rantenschulden bzw. VLL) sowie die Forderungen aus Lieferungen und Leistungen (FLL) gegenüber Kunden ablesen.

- Das **Lohn- und Gehaltsbuch** erfasst die Löhne und Gehälter.
- Im **Lagerbuch** werden die Bestände mit Zu-/Abgängen für Roh-, Hilfs- und Betriebsstoffe, Fertigbauteile sowie für die fertigen/unfertigen Erzeugnisse und die Handelswaren ausgewiesen.
- Das **Anlagenbuch** erfasst die (bspw. technischen) Anlagen und ihre Abschreibungen.

Kontenrahmen und -plan

Wie Sie schon aus Ihrer Ausbildung wissen, erhalten alle Konten eine bestimmte **Kontonummer**. Die Vergabe dieser Nummern ist indessen nicht willkürlich, sondern orientiert sich an branchenüblichen Standards. Für jede Branche gibt es einen einheitlichen **Kontenrahmen**, an dem sich die jeweiligen **Kontenpläne** der einzelnen Unternehmen ausrichten. In der Industrie wird bspw. der **Industriekontenrahmen** (IKR) verwendet, der in 10 Kontenklassen (0 bis 9) unterteilt ist. Die einzelnen **Kontenklassen** untergliedern sich in **Kontengruppen** (bspw. 28 flüssige Mittel). Diese beinhalten wiederum verschiedene **Kontenarten** (bspw. 280 Guthaben bei Kreditinstituten). Schließlich kann eine Kontenart aus mehreren einzelnen **Konten** bestehen (bspw. 2801 Girokonto Sparkasse Mainfranken).

2.2.1.3 Aufgaben der Finanzbuchhaltung

H 2009: A2a-b, 9 Pt.
F 2010: A1, 9 Pt.
F 2018: A1a, 9 Pt.

- **Informationsfunktion**: Dient zur Information der Adressaten über die wirtschaftliche Lage des Unternehmens.
- **Dokumentationsfunktion**: laufende, lückenlose, sachlich und zeitlich geordnete Aufzeichnung aller Geschäftsvorfälle.
- **Rechenschaftslegung** durch den Jahresabschluss.
- **Beweismittelfunktion** bei Rechtsstreitigkeiten: Die Zahlen der Finanzbuchhaltung belegen die angefallenen Geschäftsvorfälle.

2

2.2.2 Jahresabschluss

F 2013: A2, 9 Pt.

Der Gesetzgeber verpflichtet alle Kaufleute und alle Personen- und Kapitalgesellschaften zur Buchführung und damit auch zur Erstellung eines Jahresabschlusses. Dieser muss in Abhängigkeit von der Unternehmensrechtsform und bei Kapitalgesellschaften von der Unternehmensgröße gestaltet werden. Grundsätzlich kann ein Jahresabschluss die folgenden Elemente beinhalten:

- **Bilanz**
- **Gewinn- und Verlustrechnung (GuV)**
- **Anhang**
- **Lagebericht**

Eingetragene Kaufleute und Personengesellschaften sind dabei nur zur Aufstellung einer (vereinfachten) Bilanz und GuV verpflichtet. Kapitalgesellschaften müssen neben der Bilanz und GuV auch einen erläuternden Anhang sowie einen Lagebericht erstellen. Nur kleine Kapitalgesellschaften sind von der Erstellung eines Lageberichts befreit.

2.2.2.1 Aufbau der Bilanz

F 2009: A2, 12 Pt.
H 2011: A2a-b, 20 Pt.
F 2012: A2, 12 Pt.
H 2014: A1a, 12 Pt.
H 2015: A1, 12 Pt.
F 2016: A2b, 5 Pt.
H 2016: A2, 8 Pt.
H 2017: A1b, 6 Pt.
F 2018: A1b, 4 Pt.

Die **Bilanz** spiegelt wie das Inventar (vgl. S. 74) in einer **Zeitpunktbetrachtung** den Bestand an Vermögensgegenständen und Schulden zu einem bestimmten Zeitpunkt wieder. Die Differenz zwischen Vermögen und Schulden wird als Eigenkapital (bzw. Reinvermögen) bezeichnet. So viel ist das Unternehmen aus Sicht der Buchführung wert. In der Buchführung werden jedem Konto zwei Seiten zugewiesen. Dies gilt auch für die Bilanz. Jeder im Unternehmen befindliche Euro wird daher in der Bilanz zweimal ausgewiesen. Die rechte Seite (Passivseite bzw. **Passiva**) steht für die **Mittelherkunft** bzw. Finanzierung des Unternehmens. Sie legt offen, *woher die zur Verfügung stehenden Mittel stammen.* Dabei wird zwischen dem von den Eignern bzw. Gesellschaftern zur

2

Verfügung gestellten **Eigenkapital** und dem geliehenen **Fremdkapital** (= Schulden) unterschieden. Zum anderen gibt die linke Seite (Aktivseite bzw. **Aktiva**) Auskunft über die **Mittelverwendung**. Hier wird offen gelegt, wie der Euro investiert wurde. Dabei wird zwischen langfristig angelegtem **Anlagevermögen** und kurzfristig stark schwankendem **Umlaufvermögen** unterschieden. In der folgenden Abbildung wird die Gliederung der Bilanz für Kapitalgesellschaften stark vereinfacht gemäß § 266 HGB dargestellt.

Zahlenbeispiel zur Bilanz – Industrie

Eine vereinfachte Bilanz kleiner Kapitalgesellschaften für einen Industriebetrieb:

Bilanz in T€

A			P			
A.	**Anlagevermögen**	**50**	**A.**	**Eigenkapital**	**23**	
I.	Immaterielles Vermögen	5	I.	Gezeichnetes Kapital	14	
II.	Sachanlagen	35	II.	Kapitalrücklage	0	
III.	Finanzanlagen	10	III.	Gewinnrücklage	3	
B.	**Umlaufvermögen**	**95**	IV.	Gewinn-/Verlustvortrag	2	
I	Vorräte	17	V.	Jahresüberschuss	4	
II	Forderungen	35	**B.**	**Rückstellungen**	**12**	Fremdkapital
III	Wertpapiere	40	**C.**	**Verbindlichkeiten**	**110**	Fremdkapital
IV	Kassenbestände, Bankguthaben, Schecks	3				
	Summe	145		Summe	145	

Aktivseite der Bilanz
= Vermögen
= Mittelverwendung
= Investition

Passivseite der Bilanz
= Kapital
= Mittelherkunft
= Finanzierung

Zum **Anlagevermögen** zählen alle Vermögensgegenstände, die für den langfristigen Verbleib im Unternehmen vorgesehen sind: **immaterielle Vermögensgegenstände**, **Sachanlagen** (bspw. Grundstücke und Gebäude, Maschinen, Fuhrpark sowie die Betriebs- & Geschäftsausstattung) und **Finanzanlagen**. Zum **Umlaufvermögen** zählen alle Vermögensgegenstände, die nur für den vorübergehenden Verbleib im Unternehmen bestimmt sind und ständigen Veränderungen unterliegen: Vorräte (Roh-, Hilfs- und Betriebsstoffe, Fertigerzeugnisse bei Industriebetrieben sowie Warenbestände bei Handelsbetrieben), Forderungen, Wertpapiere, Kassenbestände und Bankguthaben.

Das eigentliche **Fremdkapital** besteht aus den Rückstellungen und Verbindlichkeiten. Die **Rückstellungen** stellen Schulden dar, deren Höhe und Zahlungszeitpunkt noch nicht exakt bekannt sind, aber voraussichtlich anfallen werden. Dazu zählen Rückstellungen für Betriebspensionen, Steuern, unterlassene Instandhaltungen und drohende Verluste aus laufenden Geschäften. Die **Verbindlichkeiten** sind die eigentlichen konkreten Schulden des Unternehmens: bspw. **Darlehen** und **Kontokorrentkredite** gegenüber Kreditinstituten, **Verbindlichkeiten aus Lieferungen und Leistungen** (VLL) gegenüber Lieferanten und sonstige Verbindlichkeiten (bspw. Steuerschulden).

Das **Eigenkapital** ist der Saldo zwischen Vermögen und Schulden. Dazu zählen bei einer Aktiengesellschaft:

- gezeichnetes Kapital: entspricht dem gesamten Nennwert aller Aktien bzw. den Einlagen der Gesellschafter
- **Rücklagen**: Kapital- u. Gewinnrücklagen (bei Selbstfinanzierung)
- Gewinnvortrag/Verlustvortrag = Bilanzgewinn des Vorjahres
- Jahresüberschuss aus der GuV
- Bilanzgewinn = Ergebnis nach Verwendung des Jahresüberschusses und Korrektur um Gewinn-/Verlustvortrag

Tipp:

Rücklagen sind ein Teil des Eigenkapitals und Rückstellungen gehören zum Fremdkapital.

2.2.2.2 Bestandskonten und Erfolgskonten

Bestandskonten

Die vier möglichen Arten von Geschäftsvorfällen

H 2008: A2, 10 Pt.
H 2010: A2a-d, 12 Pt.
F 2011: A3, 10 Pt.
F 2014: A1a-d, 12 Pt.
F 2015: A2a-c, 5 Pt.
H 2015: A2, 12 Pt.
F 2016: A1, 8 Pt.
F 2017: A1, 8 Pt.

Alle Geschäftsvorfälle eines Unternehmens lassen sich den folgenden vier Arten zuordnen:

- **Aktivtausch:** Diese Geschäftsvorfälle berühren nur die Aktivseite der Bilanz. Zumindest eine Position der Aktivseite wird größer, während zumindest eine andere Position der Aktivseite im Gegenzug verringert wird. *Bsp.: Der Barkauf eines neuen PKWs erhöht das Konto Fuhrpark und verringert das Konto Kasse.*

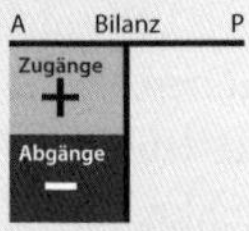

- **Passivtausch:** Diese Geschäftsvorfälle berühren nur die Passivseite der Bilanz. Zumindest eine Position der Passivseite wird größer, während zumindest eine andere Position der Passivseite verringert wird. *Bsp.: Eine kurzfristige Lieferantenschuld wird in ein langfristiges Darlehen umgewandelt.*

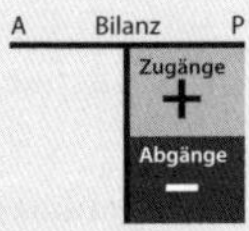

- **Bilanzverlängerung bzw. Aktiv-Passiv-Mehrung:** Bei diesen Geschäftsvorfällen wird sowohl zumindest eine Position der Aktivseite als auch zumindest eine Position der Passivseite **größer**. *Bsp.: Der Kauf von Waren auf Ziel (= auf Rechnung) erhöht auf der Aktivseite die Warenbestände und auf der Passivseite die Lieferantenschulden.*

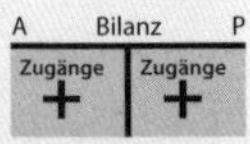

- **Bilanzverkürzung bzw. Aktiv-Passiv-Minderung:** Bei diesen Geschäftsvorfällen wird sowohl zumindest eine Position der Aktivseite als auch zumindest eine Position der Passivseite **kleiner**. *Bsp.: Die Tilgung von Darlehen reduziert auf der Aktivseite unser Bankkonto und auf der Passivseite die Darlehensschulden.*

Die Bilanz ist eine Momentaufnahme für einen bestimmten Zeitpunkt. Im Laufe eines Geschäftsjahres ergeben sich zahlreiche Geschäftsvorfälle, die Einfluss auf die Bilanz haben. In der Buchführung werden alle Geschäftsvorfälle in einzelnen **Konten** verbucht, aus denen jeweils am Ende des Geschäftsjahres eine Bilanz erstellt wird. Dabei wird für jede Position der Bilanz ein eigenes Konto geführt. Dies hat den zusätzlichen Vorteil, dass alle Veränderungen eines Geschäftsjahres, die diese Position betreffen, schnell zusammengefasst und analysiert werden können.

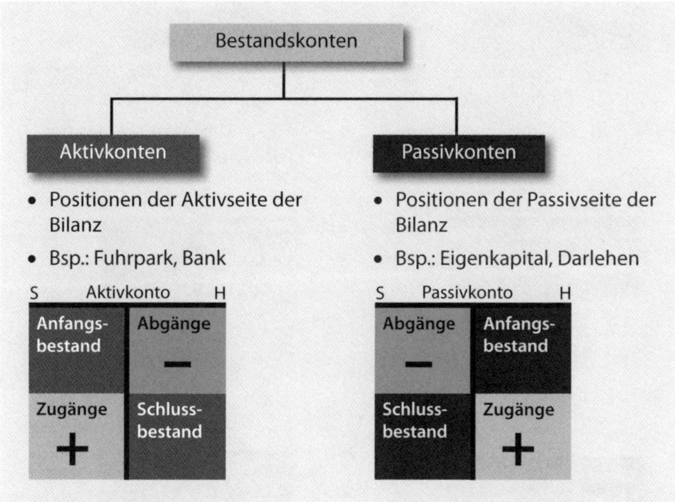

Diese **Bestandskonten**, die sich aus der Bilanz ableiten lassen, werden *aktive und passive Bestandskonten* genannt, je nachdem F 2015: A2a-c, 10 Pt. welcher Seite der Bilanz sie entstammen. Die **Aktivkonten** werden für jede Position der Aktivseite der Bilanz gebildet. Auf der linken Seite werden der **Anfangsbestand** (AB) aus der Schlussbilanz des Vorjahres sowie alle **Zugänge** im Laufe des Geschäftsjahres aufgelistet. Auf der rechten Seite werden alle **Abgänge** des Geschäftsjahres sowie der **Schlussbestand** (SB), der in die Schlussbilanz des Geschäftsjahres übernommen wird, ausgewiesen (SB = AB + Zugänge – Abgänge). Die **Passivkonten** werden für jede Position auf der Passivseite der Bilanz gebildet und sind **spiegelbildlich** zu den Aktivkonten.

2

Erfolgskonten

Die Geschäftsvorfälle, die das **Eigenkapital** berühren, sind immer noch zu vielfältig.

H 2012: A3a-e, 15 Pt.
F 2015: A2a-c, 5 Pt.

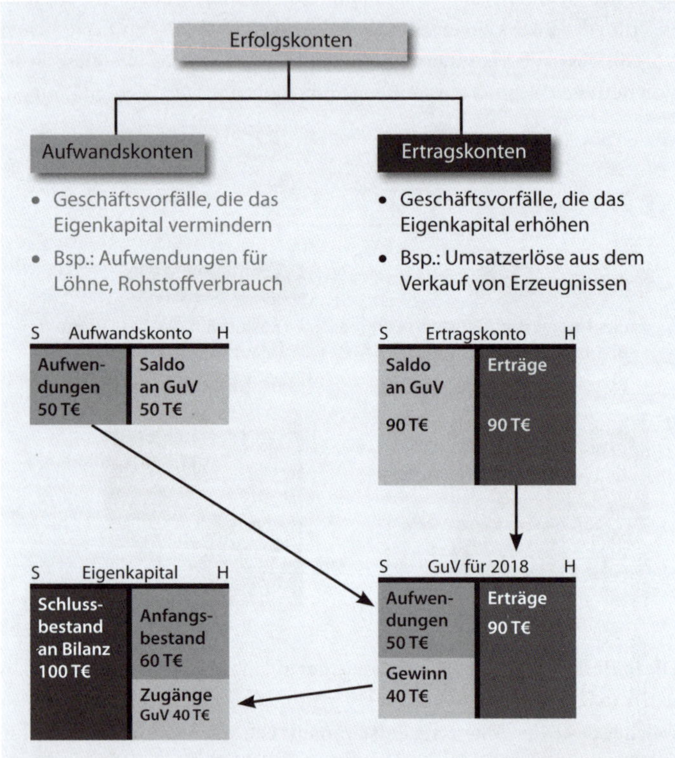

Die GuV als *Unterkonto* des Eigenkapitals setzt sich aus *Aufwendungen* und *Erträgen* zusammen. Für diese werden verschiedene **Aufwandskonten** und **Ertragskonten** als Unterkonten der GuV geführt. Diese Konten gehören zu den **Erfolgskonten** und werden über die GuV abgeschlossen und ergeben den Gewinn oder Verlust eines Geschäftsjahres. Die GuV wird über das Konto Eigenkapital abgeschlossen.

Erfolgsermittlung

Bilanzvergleich

Ermittlung des Erfolgs durch Eigenkapitalvergleich unter Berücksichtigung von Einlagen und Entnahmen

Berechnungsschema:

Eigenkapital aktuelles Jahr	135 T€
– Eigenkapital des Vorjahres	– 60 T€
+ Privatentnahmen	+ 40 T€
– Privateinlagen	– 75 T€
= Gewinn bzw. Verlust 2018	**+ 40 T€**

GuV

Ermittlung in der Gewinn- und Verlustrechnung

Berechnungsschema:

Erträge	90 T€
– Aufwendungen	– 50 T€
= Gewinn bzw. Verlust 2018	**+ 40 T€**

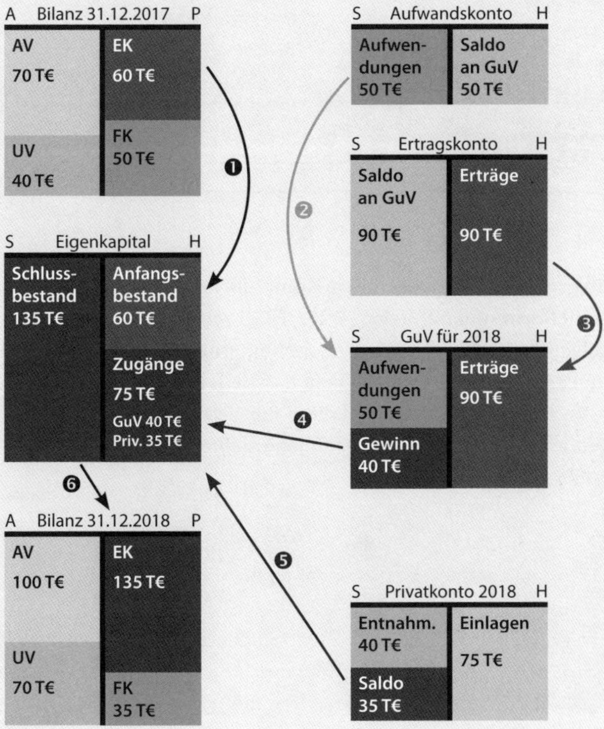

2

2.2.2.3 Gewinn- und Verlustrechnung

H 2015: A1, 12 Pt.
H 2017: A1a, 12 Pt.

Die GuV ist eine **Zeitraumbetrachtung**. In ihr werden die **Erträge** den **Aufwendungen** gegenübergestellt. Sofern die Erträge größer (kleiner) als die Aufwendungen sind, spricht man von einem **Gewinn** (Verlust).

S — GuV 2018 in T€ — H

Aufwendungen	1.500	Erträge	2.000
Fertigungsmaterial	400	Erlöse	1.740
Fertigungslöhne	400	Mehrbestand Fertigerz.	125
Gehälter	285	Mieterträge	135
Betriebsstoffe	60		
Zinsaufwand	10		
Spenden	165		
Abschreibungen	80		
Sonstiger Aufwand	100		
Gewinn	500		
Summe	2.000	Summe	2.000

Es wird zwischen der bekannten **Kontenform** (siehe Abb. oben) und der **Staffelform** unterschieden. § 275 HGB schreibt die Staffelform für Kapitalgesellschaften vor. Für Personenunternehmen (Einzelunternehmen u. Personengesellschaften) sieht das HGB keine bestimmte Gliederung vor. Nach § 242 HGB sind diese nur verpflichtet, in der GuV die Aufwendungen und Erträge gegenüberzustellen.

2.3 Kosten- und Leistungsrechnung

2.3.1 Einführung in die Kostenrechnung

2.3.1.1 Ausrichtung der Kostenrechnung

Zur Erfüllung der Aufgaben der Kostenrechnung sind verschiedene **Kostenrechnungssysteme** im Umlauf. Zunächst unterscheiden sich diese Systeme hinsichtlich des **Zeitbezugs**:

- Die **Istkostenrechnung** basiert auf den ermittelten Zahlen des Abrechnungszeitraums (für gewöhnlich der gerade abgelaufene Monat) und ist damit vergangenheitsorientiert.
- Die **Normalkostenrechnung** vergleicht hiermit Durchschnittswerte vergangener Monate und ist damit auch vergangenheitsbezogen.
- Die **Plankostenrechnung** ist demgegenüber zukunftsbezogen und setzt Planzahlen für den kommenden Betrachtungszeitraum an – für gewöhnlich der folgende Monat.

Zudem werden Kostenrechnungssysteme danach unterschieden, ob sie **alle Kosten** (Vollkostenrechnung) oder nur einen **Teil der Kosten** (Teilkostenrechnung bzw. Deckungsbeitragsrechnung) berücksichtigen:

- In der **Vollkostenrechnung** werden grundsätzlich alle Kosten berücksichtigt. Daraus leitet sich dann der Selbstkostenpreis ab, der die langfristige Preisuntergrenze darstellt.
- In der **Teilkostenrechnung** (Deckungsbeitragsrechnung) werden nur jeweils die **entscheidungsrelevanten Kosten** berücksichtigt. In bestimmten Entscheidungssituationen sind bspw. nur die variablen Kosten relevant, während die Fixkosten nicht betroffen sind. Die variablen Kosten stellen dabei die kurzfristige Preisuntergrenze dar.

Schließlich gibt es gegenüber diesen traditionellen Formen der Kostenrechnung auch moderne **Alternativen** bzw. **Ergänzungen**:

- Die **Zielkostenrechnung** (target costing) stellt eine Form der retrograden Kalkulation dar, bei der von den maximal am Markt erzielbaren Verkaufspreisen auf die allenfalls erlaubten Kosten rückgeschlossen wird.
- Die **Prozesskostenrechnung** stellt eine radikale Neuausrichtung der Kostenrechnung dar, bei der nicht mehr die Kostenstellen, sondern einzelne Abläufe (Prozesse) im Vordergrund stehen.

2.3.1.2 Bereiche der Kostenrechnung

Die Kostenrechnung besteht unabhängig von der Art des Kostenrechnungssystems aus drei grundlegenden **Teilbereichen**:

A. Die **Kostenartenrechnung** (mit der **Abgrenzungsrechnung** ❷ bzw. **A-Maschine**) erfasst zunächst die Kosten und Leistungen ❸. Die Datenbasis für die Kostenartenrechnung ist die Buchführung ❶ mit ihrer GuV. Es wird zwischen Einzel- ❺ und Gemeinkosten ❹ unterschieden.

Frage: Was für Kosten sind entstanden?

B. Die **Kostenstellenrechnung** (mit dem **Betriebsabrechnungsbogen BAB** ❻ bzw. **B-Maschine**) dient zwei Zielen: Es kann damit eine effektive Kontrolle der Kosten erfolgen. Zudem können hier die Zuschlagssätze ❼ für die Kalkulation ermittelt werden. Zu diesem Zweck werden die Gemeinkosten auf die Kostenstellen verteilt ❹.

Frage: Wo sind die Kosten entstanden?

C. Die **Kostenträgerrechnung** dient ebenfalls zwei Zielen:

Frage: Wofür sind die Kosten entstanden?

- In der **Kostenträgerstückrechnung** ❽ wird die Preiskalkulation ❾ (**Kalkulation** bzw. **Calculation** bzw. **C-Maschine**) durchgeführt.
- In der **Kostenträgerzeitrechnung** erfolgt die Ergebniskontrolle. Hier wird das Betriebsergebnis (Gewinn) insgesamt und je Erzeugnisgruppe bzw. je Artikel berechnet.

Zusammenfassung Teilbereiche der Kostenrechnung 1

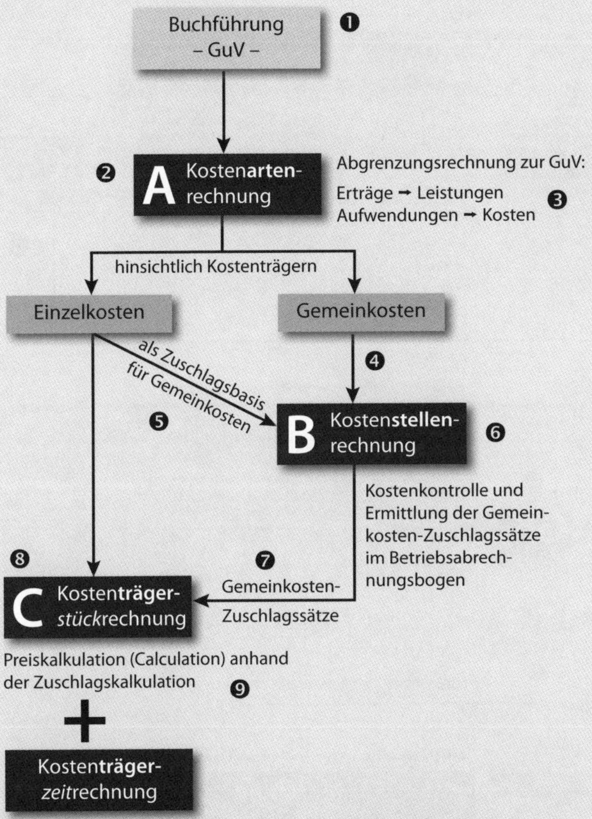

Ermittlung des *Betriebsergebnisses* insgesamt und je Kostenträger (Artikel, Warengruppe). In zwei Schritten werden von den Erlösen zunächst die **Einzelkosten** und dann die **Gemeinkosten** abgezogen.

Hinweis:

Auf der folgenden Seite werden die Zusammenhänge zwischen diesen drei grundlegenden Teilbereichen der Kostenrechnung nochmals verdeutlicht. Dabei verwende ich gerne die Begriffe A-, B- und C-Maschine. Diese Begriffe stellen meine »Erfindung« dar und werden nicht allgemein verwendet.

2

Zusammenfassung Teilbereiche der Kostenrechnung 2

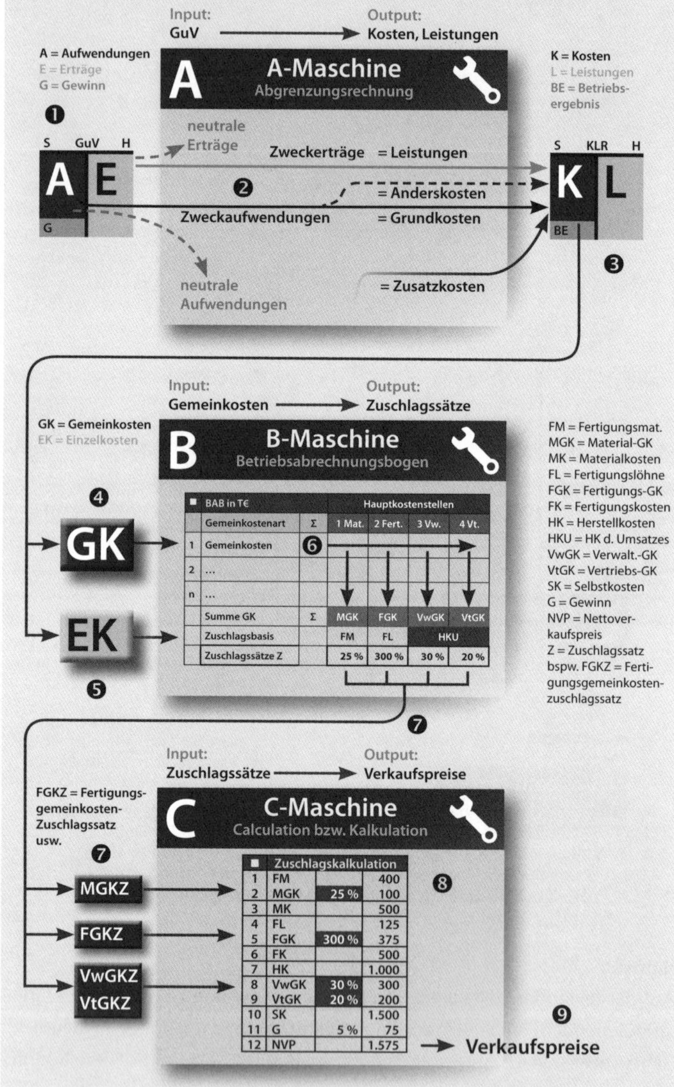

2.3.1.3 Aufgaben und Ziele der Kostenrechnung

Zu den **Zielen/Aufgaben der Kostenrechnung** zählen:

- **Kostenkontrolle:** Die Kostenrechnung muss prüfen, inwiefern die Kosten den Soll-Vorgaben entsprechen.
- **Preiskalkulation:** Grundsätzlich sollte jedes Unternehmen wissen, welcher Preis erzielt werden müsste, um die Kosten zu decken und den gewünschten Gewinn realisieren zu können.
- **Ergebniskontrolle:** Es soll ermittelt werden, inwiefern das Unternehmen insgesamt einen Gewinn erzielt und inwiefern die einzelnen Erzeugnisse bzw. Erzeugnisgruppen dazu beitragen.
- **Bewertungsgrundlage:** Die Kostenrechnung dient der Bewertung der fertigen und unfertigen Erzeugnisse.
- **Entscheidungsgrundlage:** Schließlich dient die Kostenrechnung als Grundlage für zahlreiche Entscheidungen – bzgl. der Preise, der Mengen, des Sortiments oder der Möglichkeit von Sonderaktionen.

2.3.1.4 Abgrenzungsrechnung

Ziele/Aufgaben der Abgrenzungsrechnung

F 2012: A5b, 4 Pt.

In der Abgrenzungsrechnung werden die Aufwendungen und Erträge aus der GuV der Buchführung entnommen und für die Zwecke der Kosten- und Leistungsrechnung angepasst. Dabei entfallen neutrale Aufwendungen und Erträge, während Anderskosten von der Höhe korrigiert werden und Zusatzkosten hinzukommen.

Ergebnisse der Abgrenzungsrechnung

F 2010: A7, 7 Pt.

- **Unternehmensergebnis** = Gewinn oder Verlust der GuV in der Buchhaltung: Gewinn = Erträge – Aufwendungen

2

- **neutrales Ergebnis** = neutrale Erträge abzgl. neutrale Aufwendungen und Abgrenzung durch Anders- und Zusatzkosten
- **Betriebsergebnis** = »Gewinn bzw. Verlust« in der Kosten- und Leistungsrechnung: Betriebsergebnis = Leistungen – Kosten

Begriffe zur Mehrung und Minderung des Vermögens

F 2013: A4, 12 Pt.
F 2016: A6, 12 Pt.

In der folgenden Tabelle werden wichtige Begriffe unterschieden. Die **Kosten** sind eng mit den **Aufwendungen** verwandt, aber nicht identisch. Der Unterschied zwischen den beiden Begriffen wird anschließend ausführlich behandelt.

	Mehrung	Minderung
Barvermögen (Kasse + Bank)	**Einzahlungen** (bspw. Barzahlung eines Kunden)	**Auszahlungen** (bspw. Überweisung an einen Lieferanten)
Geldvermögen (Kasse, Bank, VLL, FLL)	**Einnahmen** (Forderungen gegenüber Kunden = FLL)	**Ausgaben** (Verbindlichkeiten gg. Lieferanten = VLL)
Gesamtvermögen des Unternehmens	**Erträge** (Buchgewinne bei Grundstücken)	**Aufwendungen** (bilanzielle Abschreibungen)
betrieblich genutzter Teil des **Gesamtvermögens**	**Leistungen** (Erlöse)	**Kosten** (kalkulatorische Abschreibungen)

Aufwendungen und Kosten

H 2008: A3a, 9 Pt.
F 2009: A3a-b, 12 Pt.
F 2010: A2a, 6 Pt.
H 2010: A3a-e, 10 Pt.
F 2012: A5a, 8 Pt.
H 2012: A1b,d-f, 8 Pt.
H 2014: A3, 10 Pt.
F 2018: A3, 8 Pt.

Neutrale Aufwendungen können zwar in der Buchhaltung gegenüber dem Finanzamt als Aufwendungen verbucht werden und reduzieren damit den zu versteuernden Gewinn. In der Kostenrechnung haben Sie allerdings nichts zu suchen. Dabei werden drei Gruppen von neutralen Aufwendungen unterschieden: (1) Die **betriebsfremden neutralen** Aufwendungen sind nicht für den Betriebszweck entstanden. Sofern wir von einem Industriebetrieb ausgehen, wären Aufwendungen, die im Zusammenhang mit Wertpapiergeschäften stehen, betriebsfremd. (2) Zu den neutralen Aufwendungen zählen aber auch **außerordentliche** Positionen der GuV. Dies könnten Schäden sein, die durch Feuer und Wasser entstanden und nicht genügend versichert wurden. (3) Schließlich sollten noch die **periodenfremden** neutralen Aufwendungen ausgesondert werden (bspw. Steuernachzahlungen).

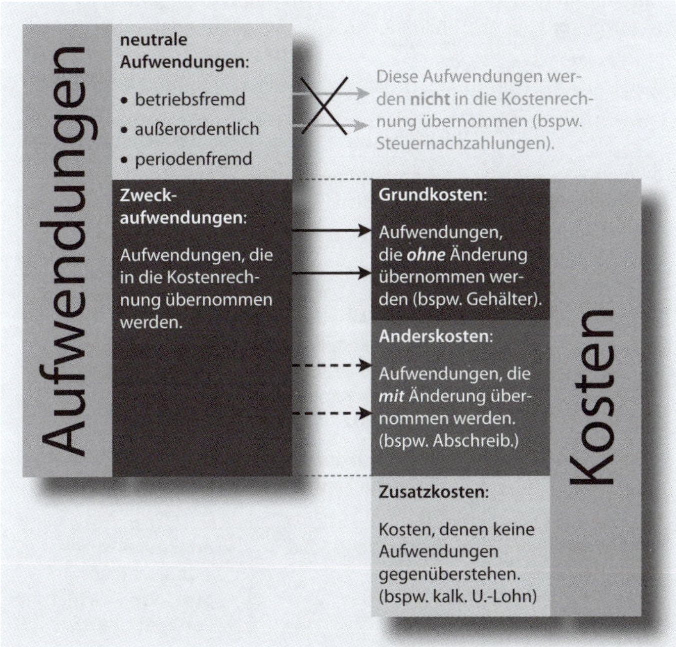

Die verbleibenden **Zweckaufwendungen** werden aus der GuV in die Kostenrechnung übernommen. Dies ist die Mehrzahl der Aufwandsarten. Zumeist werden sie wie Gehälter unverändert in die GuV übernommen. Sie heißen dann **Grundkosten**. Ein Teil wird indessen in der Höhe des Wertes angepasst als **Anderskosten** in die Kostenrechnung übernommen (bspw. Abschreibungen). Den **Zusatzkosten** stehen keine Aufwendungen gegenüber. Sie dürfen gar nicht in der GuV erfasst werden (bspw. kalkulatorischer Unternehmerlohn).

Kalkulatorische Kosten im Überblick

H 2008: A3b, 6 Pt.
F 2010: A2b, 9 Pt.
F 2011: A2, 9 Pt.
H 2013: A4a-b, 16 Pt.
F 2017: A2c, 4 Pt.
H 2017: A2a-b, 13 Pt.

kalkulatorische Kosten

Anderskosten

- kalkulatorische Abschreibungen
- kalkulatorische Zinsen
- kalkulatorische Wagnisse

Zusatzkosten

- kalkulatorischer Unternehmerlohn
- kalkulatorische Miete

	Buchführung	**Kostenrechnung**
kalkulatorische Abschreibungen	• Nutzungsdauer laut AfA-Tabellen • ggf. degressiv • Bemessungsgrundlage: Abschreibung von den Anschaffungs-/Herstellungskosten (Prinzip: nominelle Kapitalerhaltung)	• voraussichtliche Nutzungsdauer • zumeist linear • Bemessungsgrundlage: Abschreibung vom Wiederbeschaffungswert (Prinzip: substanzielle Kapitalerhaltung)
kalkulatorische Zinsen	• tatsächlich gezahlte Zinsen für Fremdkapital	• kalkulierte Zinsen vom betriebsnotwendigen Kapital
kalkulatorische Wagnisse	• entstandene Schäden	• erfassbare Einzelwagnisse (bspw. Bestände-, Vertriebs-, Forderungsausfallwagnis)
kalkulatorischer Unternehmerlohn	• darf nicht verbucht werden (bei Einzelunternehmen/Personengesellschaften)	• die Leistung der geschäftsführenden Unternehmer sollte einkalkuliert werden
kalkulatorische Miete	• Miete für eigene Grundstücke u. Gebäude der Unternehmer darf nicht verbucht werden	• es sollte hierfür eine ortsübliche Miete einkalkuliert werden

Erträge und Leistungen

H 2012: A1a,c, 4 Pt.
F 2013: A4, 12 Pt.
H 2014: A3, 2 Pt.
F 2018: A3, 4 Pt.

Zu den **neutralen Erträgen** zählen alle **betriebsfremden** (bspw. Gewinne aus spekulativen Wertpapiergeschäften), **außerordentlichen** (bspw. Verkauf eines Grundstücks über Buchwert) sowie **periodenfremden** Erträge (bspw. Steuererstattungen). Die **Zweckerträge** (Umsatzerlöse, Mehrbestände von fertigen oder unfertigen Erzeugnissen) werden in die Kostenrechnung als Leistungen übernommen.

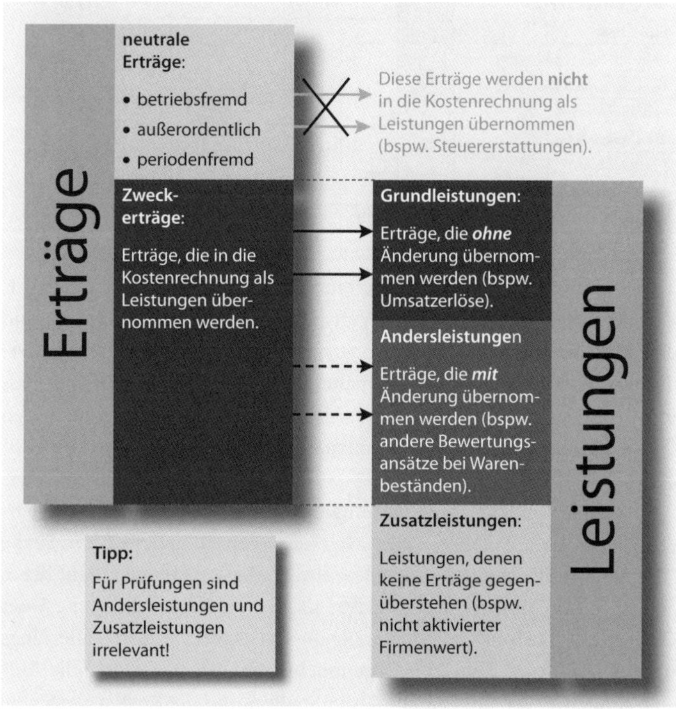

Den Zweckerträgen stehen die **Grundleistungen**, die unverändert übernommen werden (bspw. Umsatzerlöse) und die **Andersleistungen** gegenüber, die verändert übernommen werden.

Abgrenzungsrechnung

Abgrenzungsrechnung	Rechn.-kreis I		Rechnungskreis II					
in T€	GuV		neutral		Korrektur		KLR	
	Aufw.	Ertr.	Aufw.	Ertr.	Aufw.	Ertr.	Kost.	Leist.
	S 1	H 2	S 3	H 4	S 5	H 6	S 7	H 8
Zweckerträge (bspw. Umsatzerlöse)		1.000						1.000
Neutrale Erträge (bspw. Spekulationsgewinne)		100		100				
Zweckaufwendungen (bspw. Löhne)	700						700	
Neutrale Aufwendungen (bspw. Steuernachzahlungen)	50		50					
Anderskosten (bspw. Abschreibungen)	150				150	100	100	
Zusatzkosten (bspw. kalk. Unternehmerlohn)						25	25	
Summe	900	1.100	50	100	150	125	825	1.000
Saldo	200		50			25	175	

Es werden 6 Fälle in der Abgrenzungsrechnung unterschieden: **1. Zweckerträge** werden in der GuV als Erträge in der Spalte 2 erfasst und direkt als Leistungen in Spalte 8 übernommen. **2. Neutrale Erträge** werden in der GuV als Erträge in Spalte 2 erfasst, stellen aber keine Leistungen in der KLR in Spalte 8 dar. Als Auffangbecken für die neutralen Erträge gilt die 4. Spalte. **3. Zweckaufwendungen** werden in der GuV als Aufwendungen in Spalte 1 erfasst und als Kosten in Spalte 7 übernommen. **4. Neutrale Aufwendungen** werden in der GuV als Aufwendungen in Spalte 1 erfasst, stellen aber keine Kosten in der KLR in Spalte 7 dar. Als Auffangbecken für die neutralen Aufwendungen dient die 3. Spalte. **5.** Die **Anderskosten** werden als Aufwendungen in Spalte 1 der GuV erfasst. Sie werden zudem in Spalte 7 als Kosten erfasst – allerdings mit einer anderen Zahl. Die Gegenbuchungen erfordern, dass die Aufwendungen aus Spalte 1 nochmals in Spalte 5 und die Kosten aus Spalte 7 nochmals in Spalte 6 als kostenrechnerische Korrekturen erfasst werden. **6.** Die **Zusatzkosten** haben in der GuV nichts zu suchen, sondern werden als Kosten in Spalte 7 erfasst. Zum notwendigen Ausgleich wird als Korrektur eine Gegenbuchung in Spalte 6 vorgenommen.

2.3.2 Kostenartenrechnung

2.3.2.1 Erfassung der Kosten

H 2009: A6, 12 Pt.

Die Problematik soll am Beispiel der Materialkosten aufgezeigt werden. Materialkosten fallen für Roh-, Hilfs-, und Betriebsstoffe sowie Fertigbauteile an:

- **Rohstoffe** stellen den Hauptbestandteil eines Produkts dar.
- **Hilfsstoffe** gehen in das Produkt ein, sind aber kein Hauptbestandteil (bspw. Schrauben).
- **Betriebsstoffe** gehen nicht in das Produkt ein, sondern dienen nur der Herstellung (bspw. Strom).
- **Fertigbauteile** werden von einem Lieferanten komplett montierbar zugekauft.

(1) Bei der **Ermittlung der Verbrauchsmengen** werden drei Verfahren unterschieden.

- **Inventurmethode:** Zählt man zum jeweiligen Anfangsbestand eines Monats die Zugänge hinzu und zieht hiervon den durch Inventur erfassten Endbestand ab, erhält man die Verbrauchsmengen. Diese Methode erfordert aber eine regelmäßige Bestandserfassung (Inventur). Zudem ist nicht ersichtlich, wofür das Material verbraucht wurde (bspw. auch Verderb, Schwund oder Diebstahl).
- **Fortschreibungsmethode** (Skontrationsmethode): Sie basiert auf einer ausgebauten Lagerbuchhaltung. Zugänge werden anhand von Lieferscheinen und Abgänge anhand von Materialentnahmescheinen erfasst. Somit lässt sich jederzeit ein rechnerischer Sollbestand ermitteln: Soll-Endbestand = Anfangsbestand + Zugänge – Abgänge. Der große Nachteil liegt in nicht oder falsch erfassten Zu- und Abgängen durch Fehlbuchungen, Verderb, Schwund und Diebstahl. Erst die jährliche Inventur erfasst diesen Abstand zwischen Soll- und Istbeständen.

- **Rückrechnungsmethode** (retrograde Methode): Diese Methode berechnet anhand von Stücklisten die notwendigen Mengen an Material für die Produktion eines Kostenträgers.

Zur Erfassung der Verbrauchsmengen sind je nach Verfahren unterschiedliche **Belege** erforderlich:

- **Materialentnahmescheine** bei der Fortschreibungsmethode zur exakten Erfassung der für die Fertigung entnommenen Materialien mit Angabe von Zeit, Kostenstelle und möglichst Kostenträger.
- **Stücklisten** bei der retrograden Methode, auf denen genau erfasst wird, welche Mengen von welchen Materialien für die Herstellung eines bestimmten Kostenträgers notwendig sind.
- **Lieferscheine** über die Zugänge an Material.

(2) Zur **Bewertung des Materialverbrauchs** werden insbesondere die folgenden **Verbrauchsfolgeverfahren** verwendet:

- **Last-in-first-out** (LIFO): Hier wird bei der Bewertung davon ausgegangen, dass die zuletzt eingelieferten Zugänge zuerst verbraucht werden. Dies hätten wir im Lager bspw. dann, wenn Neuzugänge zuvorderst gelagert werden und zuerst entnommen werden.
- **First-in-first-out** (FIFO): Hier wird bei der Bewertung davon ausgegangen, dass die zuerst angelieferten Zugänge zuerst verbraucht werden. Hier würden wie im Supermarkt die Neuzugänge hinten eingelagert und daher die Altbestände vorne zuerst entnommen.
- **Highest-in-first-out** (HIFO): Es werden die am teuersten eingekauften Zugänge zuerst verbraucht.

2.3.2.2 Gliederung der Kosten

Wie lassen sich Kosten in Kategorien pressen? Kosten lassen sich bspw. nach den **betrieblichen Produktionsfaktoren** unterscheiden: Personalkosten, Materialeinsatz, Dienstleistungskosten, Zinsen und Mieten. Daneben ist eine Einteilung nach den **betrieblichen Funktionsbereichen**

Beschaffung, Fertigung, Lagerung, Verwaltung und Vertrieb denkbar. Zudem könnte auch die **Kostenherkunft** eine Rolle spielen: Zu den **Primärkosten** zählen alle von außen verursachten Kosten. Das sind bspw. Löhne u. Gehälter und Strom. Die **Sekundärkosten** fallen bei einer innerbetrieblichen Leistungsverrechnung an. Darüber hinaus sind noch die folgenden Formen der Einteilung von Kosten geläufig:

Kosteneinteilung nach der Erfassung

- Als **aufwandsgleiche Kosten** werden diejenigen Kosten bezeichnet, denen identische Aufwendungen gegenüber stehen. Dazu zählen bspw. Löhne/Gehälter. Sofern auch Auszahlungen zugrunde liegen, spricht man von **pagatorischen Kosten**.
- Zu den **kalkulatorischen Kosten** (Anders- und Zusatzkosten) zählen diejenigen Kosten, die sich nicht direkt aus der GuV eines Unternehmens ablesen lassen, sondern zusätzlicher Rechenschritte (Kalkulationen) bedürfen.

Kosteneinteilung bzgl. Beschäftigungsschwankungen

- Die **variablen Kosten** sind vom Beschäftigungsgrad abhängig. So nimmt der Rohstoffverbrauch im Industriebetrieb zu, wenn die Produktionsmenge steigt.

H 2010: A4, 4 Pt.

- Die **Fixkosten** sind hingegen die Kosten, die unabhängig vom Beschäftigungsgrad sind. Mieten fallen bspw. unabhängig davon an, wie viel produziert oder verkauft wird.

Kosteneinteilung nach der Zurechenbarkeit

- Direkt den Kostenträgern oder -stellen zurechenbare Kosten werden als **Einzelkosten** bezeichnet.
- Die **Gemeinkosten** fallen hingegen für mehrere oder alle Produkte an, und sind nicht nur einem einzelnen Kostenträger bzw. einer einzelnen Kostenstelle zurechenbar. Zu den Gemeinkosten zählen ebenfalls Mieten.

H 2008: A5c, 4 Pt.
H 2009: A3c, 4 Pt.
H 2010: A4, 4 Pt.

Die entscheidende Frage ist dabei, worauf es bezogen werden soll. Es könnte eine Zuordnung zu den **Kostenträgern** (Kt.; d. h. Artikeln oder Aufträgen) oder zu den **Kostenstellen** (Kst.; d. h. Abteilungen bzw. Orten der Kostenentstehung) erfolgen.

- **Kostenträger-Einzelkosten** sind Kosten, die *direkt* einem Kostenträger zugerechnet werden können. In der Industrie wäre dies bspw. das Fertigungsmaterial, das sich anhand von Stücklisten recht genau dem einzelnen Werkstück (= Kostenträger) zurechnen lässt.
- **Kostenträger-Gemeinkosten** sind Kosten, die sich hingegen *nicht direkt* einem Artikel zuordnen lassen. Sie entstehen für alle oder mehrere Artikel oder Aufträge gemeinsam. Dazu zählen bspw. die Miete, Gehälter (in der Verwaltung), Büromaterial, Werbekosten.

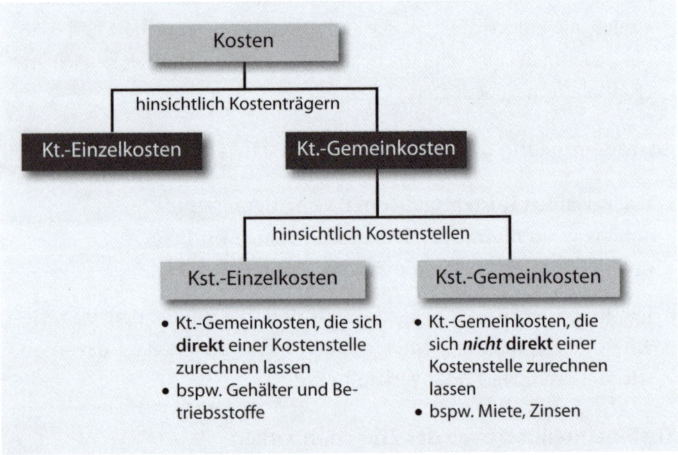

Folglich bereiten, sofern es sich um ein Mehrproduktunternehmen handelt, die (Kostenträger-) **Gemeinkosten** das eigentliche **Problem**. Zur Lösung des Problems wird nun ein kleiner Umweg gemacht. Wenn die Gemeinkosten schon nicht einzelnen Kostenträgern zurechenbar sind, so lassen Sie sich aber einzelnen Orten der Kostenentstehung (**Kostenstellen**) direkt oder indirekt zuordnen.

2.3.3 Kostenstellenrechnung

2.3.3.1 Kostenzurechnung im BAB

Zu den Zielen/Aufgaben des **Betriebsabrechnungsbogens** (BAB) zählen: (1) verursachungsgerechte Verteilung der Gemeinkosten, (2) innerbetriebliche Leistungsverrechnung, (3) Ermittlung von Gemeinkostenzuschlagssätzen und (4) die Kostenkontrolle.

H **2008: A5a,** 4 Pt.
F **2009: A5a-b,** 6 Pt.
H **2010: A5a,** 18 Pt.
F **2012: A3a,** 8 Pt.
H **2014: A4a,** 12 Pt.
H **2017: A3a,** 9 Pt.

Kostenstellen sind einfach Orte oder Bereiche in denen Kosten entstehen. Für gewöhnlich wird der Betrieb nach funktionaler Gliederung anhand von Abteilungen in Kostenstellen eingeteilt. Grundsätzlich ist es wichtig, dass es für jede Kostenstelle auch einen *Kostenverantwortlichen* gibt, da ein Ziel der Kostenstellenrechnung auch die Kostenkontrolle ist.

Zudem wird zwischen Hauptkostenstellen und Hilfskostenstellen unterschieden. Allerdings wird dies nicht in jedem Betrieb gleich gehandhabt. Für die **Hauptkostenstellen** werden Zuschlagssätze ermittelt, die dann in der Preiskalkulation unentbehrlich sind. Die **Hilfskostenstellen** haben eine eher unterstützende Funktion und können für alle anderen Kostenstellen von Bedeutung sein (bspw. die Energieversorgung).

Die Gemeinkosten aus der Kostenartenrechnung werden im Betriebsabrechnungsbogen (BAB) auf die einzelnen Kostenstellen verteilt:

❶ Der Betriebsabrechnungsbogen (BAB) wird mit den Daten aus der Abgrenzungsrechnung gefüttert. Dabei werden zunächst die (Kostenträger-) **Gemeinkosten** übernommen.

❷ Die Gemeinkosten werden im nächsten Schritt auf die verschiedenen **Kostenstellen** verteilt. Kostenstellen-Einzelkosten können dabei *direkt*, sofern die entsprechenden Informationen vorliegen, zugeordnet werden. Die Kostenstellen-Gemeinkosten müssen hingegen anhand von *Schlüsseln* zugewiesen werden.

■	BAB in T€			Hilfskostenst.		Hauptkostenstellen			
	Gemeinkosten	Verteil.	Σ	1 AK	2 F & E	3 Mat.	4 Fert.	5 Vw.	6 Vt.
1 → ❶	Gemeinkosten		...T€	→	→	→	→	→	→ ❷
2	...		...T€				↓		
n	...		...T€				↓		
	Summe prim. GK		Σ	Σ	Σ	Σ	❸ Σ	Σ	Σ
	Umlagen - sek. GK			→	→	❹		↓ ❺	
	Summe GK		Σ			MGK	FGK	VwGK	VtGK
	Zuschlagsbasis			→	❻	FM	FL	❼ HKU	
	Zuschlagssätze				❽ →	... %	... %	... %	... %

❸ Wenn alle Gemeinkosten auf die Kostenstellen verteilt sind, wird die **Summe der primären Gemeinkosten je Kostenstelle** (prim. GK) berechnet. ❹ Sofern **Hilfskostenstellen** vorhanden sind, müssen deren Summen als **sekundäre Gemeinkosten** (sek. GK) entweder direkt oder per Schlüssel auf die anderen Kostenstellen verteilt werden. Gerade diese Aufteilung bereitet in der Praxis erhebliche Probleme. Da sich hierbei die grundsätzliche Frage stellt, wie die Kostenstellen untereinander abhängig sind und voneinander Leistungen beziehen. Diese wechselseitige Abhängigkeit könnte auch bei Hauptkostenstellen bestehen. Als Primärkosten werden alle den einzelnen Kostenstellen durch die Verteilung zufallenden Kosten bezeichnet. Da zwischen Kostenstellen wechselseitige Beziehungen bestehen, müssten die Kosten untereinander verrechnet werden. Diese untereinander verrechneten Kosten werden als Sekundärkosten bezeichnet. Zur Vereinfachung gehen wir davon aus, dass nur Hilfskostenstellen Sekundärkosten abgeben. ❺ Nachdem die sekundären Gemeinkosten auf die verbleibenden Hauptkostenstellen aufgeteilt wurden, ergibt sich die eigentliche **Summe der Gemeinkosten.**

Abkürzungen:

FM = Fertigungsmaterial
FL = Fertigungslöhne
GK = Gemeinkosten
MGK = Material-GK
FGK = Fertigungs-GK
VwGK = Verwaltungs-GK
VtGK = Vertriebs-GK
HKU = Herstellkosten des Umsatzes
prim. GK = primäre GK
sek. GK = sekundäre GK
AK = Allgemeine Kostenstelle
F & E = Forschung & Entwicklung
Mat. = Material
Fert. = Fertigung
Vw = Verwaltung
Vt = Vertrieb
T€ = 1.000 €
Σ = Summe

2.3.3.2 Ermittlung der Zuschlagssätze

H 2008: A5b, 8 Pt.
H 2009: A3a-b, 11 Pt.
F 2010: A3a, 9 Pt.
H 2010: A5a-b, 20 Pt.
F 2011: A7a, 9 Pt.
F 2012: A3b, 7 Pt.
F 2013: A5a, 7 Pt.
H 2014: A4a-b, 8 Pt.
F 2016: A3a, 8 Pt.
H 2016: A3b, 5 Pt.
F 2017: A3a, 5 Pt.
H 2017: A3a-b, 11 Pt.

❻ Zur Ermittlung von Zuschlagssätzen wird eine **Zuschlagsbasis** benötigt. Diese muss im engen Zusammenhang zu den Gemeinkosten der Kostenstelle stehen. In der Kostenstelle Material wird das **Fertigungsmaterial** und im Bereich der Fertigung werden die **Fertigungslöhne** als Zuschlagsgrundlage verwendet.

❼ Die **Zuschlagsbasis** für den Bereich **Verwaltung** und **Vertrieb** ist nicht so offensichtlich. Allgemein werden hierfür jeweils die **Herstellkosten** verwendet; im Bereich der Verwaltung die Herstellkosten der hergestellten Mengen und in der Kostenstelle Vertrieb die **Herstellkosten der umgesetzten Mengen (HKU).** Aus Vereinfachungsgründen wird im Lehrbetrieb häufig bei beiden Kostenstellen von den HKU ausgegangen – so auch in unserem Fachbuch. Die HKU berechnen sich als Summe der Einzel- und Gemeinkosten der Kostenstellen Material und Fertigung. Somit sind die HKU gleich der Summe aus Fertigungsmaterial (FM), Materialgemeinkosten (MGK), Fertigungslöhnen (FL) und Fertigungsgemeinkosten (FGK) – evtl. korrigiert um Bestandsveränderungen bei Fertigerzeugnissen und unfertigen Erzeugnissen. Zudem müssen Sondereinzelkosten der Fertigung (SEKF) hinzugerechnet werden. Zu den HKU werden die Verwaltungs- und die Vertriebsgemeinkosten addiert. Als Ergebnis erhält man die **Selbstkosten des Umsatzes (SKU).** Zieht man diese von den Umsatzerlösen ab, erhält man das **Betriebsergebnis** (BE).

❽ Wenn die Gemeinkostensummen je Kostenstelle berechnet und die Zuschlagsgrundlagen ermittelt wurden, können recht unproblematisch für jede

Hinweis:
Im Steuerrecht wird von *Herstellungskosten*, in der Kostenrechnung von *Herstellkosten* gesprochen.

Abkürzungen:
FM = Fertigungsmaterial
MGK = Material-GK
FL = Fertigungslöhne
FGK = Fertigungs-GK
SEKF = Sondereinzelkosten der Fertigung
SEKV = Sondereinzelkosten des Vertriebs
GK = Gemeinkosten
HKU = Herstellkosten des Umsatzes
SKU = Selbstkosten des Umsatzes

Schema:
FM
+ MGK
+ FL
+ FGK
+ SEKF
= HK d. Produktion
+ Bestandsminderung
– Bestandsmehrung
= HKU
+ VwGK
+ VtGK
+ SEKV
= SKU

BE = Erlöse – SKU

2

Kostenstelle die **Gemeinkosten-Zuschlagssätze (GKZ)** berechnet werden. Sie ergeben sich jeweils aus dem Quotienten der Gemeinkostensumme und der Zuschlagsbasis multipliziert mit 100 %. Zur Berechnung der jeweiligen Zuschlagssätze werden die folgenden Formeln verwendet:

(1) $$\text{Zuschlagssatz} = \frac{\text{Summe GK}}{\text{Zuschlagsbasis}} \times 100\,\%$$

(2) $$\text{MGKZ} = \frac{\text{MGK}}{\text{Fertigungsmaterial}} \times 100\,\%$$

(3) $$\text{FGKZ} = \frac{\text{FGK}}{\text{Fertigungslöhne}} \times 100\,\%$$

(4) $$\text{VwGKZ} = \frac{\text{VwGK}}{\text{HKU}} \times 100\,\%$$

(5) $$\text{VtGKZ} = \frac{\text{VtGK}}{\text{HKU}} \times 100\,\%$$

Abkürzungen:

FM = Fertigungsmaterial
FL = Fertigungslöhne
GK = Gemeinkosten
MGK = Material-GK
FGK = Fertigungs-GK
HKU = Herstellkosten des Umsatzes
VwGK = Verwaltungs-GK
VtGK = Vertriebs-GK
GKZ = Gemeinkostenzuschlagssatz

F 2009: A5c, 5 Pt.

Verteilungsschlüssel für Gemeinkosten

Zur Verteilung der primären und sekundären Gemeinkosten auf die Kostenstellen bieten sich grundsätzlich mengen- und wertbezogene Verteilungsschlüssel an. Hierzu einige Beispiele:

Kostenstellen-Gemeinkosten	Schlüssel
Mieten, Raumkosten	m^2, m^3
Fuhrparkkosten	gefahrene km
Versandkosten	Anzahl der Versandstücke
Wasserverbrauch	Zähler: m^3
Soziale Einrichtungen, Kantine	Anzahl der Mitarbeiter
Betriebsrat	Anzahl der Mitarbeiter
Lehrwerkstatt	Anzahl der Auszubildenden
Technische Betriebsleitung	Verhältnis der Lohnsummen

2

Zahlenbeispiel zum BAB

Zunächst gehen wir von dem folgenden Verteilungsschlüssel aus:

■	Verteilungsschlüssel		HKSt.	Hauptkostenstelle			
	Gemeinkosten	Verteil.	1 HKSt.	2 Mat.	3 Fert.	4 Vw.	5 Vt.
1	Gehälter ❶	direkt	120 €	–	40 €	–	50 €
2	Betriebsstoffe	direkt	30 €	–	20 €	10 €	–
3	Sonstiges ❷	Schlüssel	–	–	3 T.	7 T.	–
4	Abschreibungen	direkt	–	–	30 €	30 €	–
5	Zinsen	direkt	–	–	10 €	10 €	–
6	Miete	Schlüssel	–	2 qm	4 qm	4 qm	–
7	Unternehmerlohn	Schlüssel	–	1 T.	–	4 T.	–
8	Hilfskostenstelle ❹	Schlüssel	–	1 T.	1 T.	–	1 T.

Mit Hilfe dieser Angaben kann der BAB gelöst werden:

■	BAB in €	07/18	Kostenstellen				
	Gemeinkosten	Σ	1 HKSt.	2 Mat.	3 Fert.	4 Vw.	5 Vt.
1	Gehälter ❶	210	120	–	40	–	50
2	Betriebsstoffe	60	30	–	20	10	–
3	Sonstiges ❷	100	–	–	30	70	–
4	Abschreibungen	60	–	–	30	30	–
5	Zinsen	20	–	–	10	10	–
6	Miete	50	–	10	20	20	–
7	Unternehmerlohn	200	–	40	–	160	–
8	Summe prim. GK	❸ 700	150	50	150	300	50
9	Umlage: HKSt.		→	❹ 50	50	–	50
10	Summe GK	❺ 700		100	200	300	100
11	Zuschlagsbasis ❻			FM	Fert. L.	HKU ❼	HKU
				400	400	1.000	1.000
12	Zuschlagssätze ❽			25,0 %	50,0 %	30,0 %	10,0 %

Die eingekreisten Ziffern beziehen sich auf die Erläuterungen der vorherigen vier Seiten. In diesem Fallbeispiel gibt es Bestandsmehrungen von 100 €.

2

Innerbetriebliche Leistungsverrechnung im BAB

Für Hilfskostenstellen werden keine Zuschlagssätze ermittelt. Damit die zugehörigen **primären Gemeinkosten** trotzdem bei der Preiskalkulation berücksichtigt werden, muss die Gemeinkostensumme der Hilfskostenstellen anhand von Verteilungsschlüsseln auf die Hauptkostenstellen umgelegt werden (**sekundäre Gemeinkosten**). Existieren jedoch **zwei oder mehr Hilfskostenstellen**, stellt sich die Frage, in welcher Reihenfolge und wie deren Gemeinkosten auf die anderen Kostenstellen umgelegt werden. Hierbei sind verschiedene **Verfahren** geläufig.

Zur Veranschaulichung gehen wir nun in einem fiktiven Fallbeispiel von zwei in der Praxis sehr geläufigen Hilfskostenstellen aus – der *Energieversorgung* und der *Kantine*, die folgende Leistungen für die anderen Kostenstellen erbrachten:

■	Leistungsabgaben d. HKSt		Hilfskostenstellen		Hauptkostenstelle		
		Σ	Energie	Kantine	1 Mat.	2 Fert.	3 VwVt
1.	intern: kWh	300.000		50.000	50.000	150.000	50.000
2.	intern: Mahlzeiten	10.500	500		2.500	5.000	2.500

Aus Platzgründen wird eine zusammengefasste Verwaltungs- und Vertriebsgemeinkostenstelle verwendet. Zudem sind weder Bestandsveränderungen noch Sondereinzelkosten zu berücksichtigen.

Anbauverfahren

Betrachten wir zunächst mit dem **Anbauverfahren** die einfachste Variante. In diesem Fall werden die Gemeinkostensummen der Hilfskostenstellen schrittweise ausschließlich den Hauptkostenstellen zugeteilt.

❶ Zunächst wird die Summe der **primären Gemeinkosten** der Hilfskostenstelle *Energie* auf die drei Hauptkostenstellen verteilt. Als Verteilungsschlüssel dient dabei lediglich der Stromverbrauch der drei Hauptkostenstellen. Der Energieverbrauch der Hilfskostenstelle Kantine wird unterschlagen. ❷ Im zweiten Schritt wird auf die gleiche Art und Weise die Hilfskostenstelle *Kantine* auf die drei Hauptkostenstellen verteilt. Auch hier werden nur die Mahlzeiten der Hauptkostenstellen berücksichtigt. ❸ Schließlich werden im letzten Schritt die entsprechenden Summen der primären und sekundären Gemeinkosten je Hauptkostenstelle gebildet. Damit lassen sich dann wie gewohnt die Zuschlagssätze berechnen.

■	BAB - Anbauverfahren		Hilfskostenstellen		Hauptkostenstelle		
	in T€	Σ	Energie	Kantine	1 Mat.	2 Fert.	3 VwVt
10	Summe prim. GK	1.730	150	80	250	500	750
11	1. Umlage: Energie		❶ →		30	90	30
12	2. Umlage: Kantine			❷ →	20	40	20
13	Summe GK	1.730		❸	300	630	800
					Fert.Mat.	Fert. L.	HKU
14	Zuschlagsbasis				500	600	2.030
15	Zuschlagssätze				60,00 %	105,00 %	39,41 %
	Schlüssel: kWh	250.000	❶		50.000	150.000	50.000
	Schlüssel: Mahlzeiten	10.000	❷		2.500	5.000	2.500

Diese Vorgehensweise ist indessen nur dann korrekt, wenn die Hilfskostenstellen untereinander keine Leistungen beziehen und damit voneinander vollständig unabhängig sind. Das ist nicht nur in unserem Fallbeispiel vollkommen unrealistisch. So verbraucht die Kantine Strom (50.000 kWh), und zudem gehen die Mitarbeiter der Hilfskostenstelle Energie in die Kantine (500 Mahlzeiten).

Stufenleiterverfahren

H 2016: A3a, 13 Pt.

Das **Stufenleiterverfahren** berücksichtigt zumindest eine einseitige Abhängigkeit der Hilfskostenstellen voneinander. Dabei werden die Gemeinkostensummen der Hilfskostenstellen Schritt für Schritt auf die verbleibenden Kostenstellen aufgeteilt.

❶ Zunächst wird dabei diejenige Hilfskostenstelle verteilt, die den geringstmöglichen Anteil von Leistungen anderer Kostenstellen erhält. In unserer Fallstudie ist das die *Energieversorgung*. Sicherlich gehen auch

2

deren Mitarbeiter in die Kantine. Aber der Energieverbrauch der Kantine ist bedeutsamer. Somit wird bei der Hilfskostenstelle Energie der gesamte Stromverbrauch bei der Verteilung berücksichtigt.

■	BAB – Stufenleiterverfahren		Hilfskostenstellen		Hauptkostenstelle		
	in T€	Σ	Energie	Kantine	1 Mat.	2 Fert.	3 VwVt
10	Summe prim. GK	1.730	150	80	250	500	750
11	1. Umlage: Energie		❶ →	25	25	75	25
12	Zwischensumme			❷ 105	275	575	775
13	2. Umlage: Kantine			❸ →	26,25	52,50	26,25
14	Summe GK	1.730		❹	301,25	627,50	801,25
					Fert.Mat.	Fert. L.	HKU
15	Zuschlagsbasis				500,00	600,00	2.028,75
16	Zuschlagssätze				60,25 %	104,58 %	39,49 %
	Schlüssel: kWh	300.000	❶	50.000	50.000	150.000	50.000
	Schlüssel: Mahlzeiten	10.000	❸		2.500	5.000	2.500

❷ Hier muss auf jeden Fall eine Zwischensumme nach der Umlage der ersten Hilfskostenstelle berechnet werden. ❸ Anschließend wird als zweite Hilfskostenstelle die *Kantine* auf die Hauptkostenstellen verteilt. Dabei werden nur die Mahlzeiten der Hauptkostenstellen berücksichtigt. Die Leistungsabgabe der Kantine an die Energieversorgung bleibt unberücksichtigt. ❹ Schließlich wird die endgültige Summe der Gemeinkosten je Hauptkostenstelle ermittelt. Damit können wie gewohnt die Zuschlagssätze berechnet werden.

Zwar sind die Ergebnisse der beiden Verfahren ähnlich, doch ist das Stufenleiterverfahren für gewöhnlich genauer – nicht exakt. Die wechselseitige Abhängigkeit der Hilfskostenstellen wird nicht berücksichtigt.

Gleichungsverfahren

Zunächst werden beim **Gleichungsverfahren** (mathematisches Verfahren) die genauen gegenseitigen Leistungsabgaben mit Hilfe von mathematischen Gleichungen berücksichtigt und dann berechnet. **Tipp**: In Prüfungen ist dieses Verfahren extrem unwahrscheinlich.

2.3.4 Kostenträgerrechnung

Zunächst stellt sich die Frage, was **Kostenträger** überhaupt sind? Als Kostenträger gelten die in einem Industriebetrieb hergestellten **Produkte** bzw. geleisteten **Aufträge**, die in einem Handelsbetrieb angebotenen **Fertigwaren** und die in einem Dienstleistungsbetrieb angebotenen **Dienstleistungen** (bspw. einzelne Versicherungen). Zudem werden Kostenträger danach unterschieden, wofür die Leistungen eines Unternehmens erbracht werden:

- Zu den **Absatzleistungen** zählen alle verkauften Produkte, Waren und Dienstleistungen.
- Die **Lagerleistungen** beinhalten die auf Vorrat hergestellten Erzeugnisse und die auf Lager eingekauften Fertigwaren.
- Daneben werden auch **innerbetriebliche Leistungen (Eigenleistungen)** erbracht, indem bspw. die Schreinerei eines Industriebetriebs Möbel für den innerbetrieblichen Gebrauch herstellt.

Die Kostenträgerrechnung wird grundsätzlich in zwei wichtige Teilbereiche eingeteilt:

- Die **Kostenträgerstückrechnung** stellt die eigentliche Preiskalkulation dar und ermittelt die notwendigen Preise.
- Die **Kostenträgerzeitrechnung** dient der Kosten- und Erfolgskontrolle und ermittelt das Betriebsergebnis insgesamt und auch je Kostenträger (-gruppe). Sie wird auch als kurzfristige Erfolgsrechnung bezeichnet.

Zusammenhang Fertigungs- und Kalkulationsverfahren

Es werden in der Praxis verschiedene **Kalkulationsverfahren** angewandt, die alle spezifische Vor- und Nachteile besitzen und je nach vorherrschendem **Fertigungsverfahren** verwendet werden:

Fertigungsverfahren	Kalkulationsverfahren
❶ **Massenfertigung** • bspw. Wasserwerk	**Divisionskalkulation** • ein-, zwei- und mehrstufig
❷ **Sortenfertigung** • bspw. Schokolade, Joghurt	**Äquivalenzziffernkalkulation** • ein-, zwei- und mehrstufig
❸ **Serienfertigung** • bspw. Fenster ❹ **Auftragsfertigung** ❺ **Einzelfertigung** • bspw. Luxusjachten	**Zuschlagskalkulation** • summarisch (= einheitlich) • differenziert (= verschiedene) • Sonderform: Maschinenstundensatzrechnung

In den folgenden Abschnitten werden die verschiedenen Formen der Kalkulation ausführlich vorgestellt. Dabei kann zwischen den verschiedenen **Zeitpunkten der Kalkulation** unterschieden werden:

- Die **Vorkalkulation** zielt im Vorhinein auf die Ermittlung der Verkaufspreise ab (bspw. zur Angebotserstellung). Sie basiert auf Erfahrungswerten der Vergangenheit (Normalkosten) oder auf angestrebten/erwarteten zukünftigen Werten (Plankosten).
- Die **Zwischenkalkulation** ist insbesondere bei länger dauernden Aufträgen (bspw. im Anlagenbau) notwendig um die Vorkalkulation an die aktuellen Entwicklungen anzupassen.
- Die **Nachkalkulation** wird im Nachhinein durchgeführt und vergleicht die Daten der Vor- und Zwischenkalkulation mit den tatsächlich angefallen Werten (Istkosten). Dabei können Abweichungen in Form von Über- und Unterdeckungen festgestellt werden, die uns in Zukunft eine bessere Kalkulation ermöglichen.

2.3.4.1 Kostenträgerzeitrechnung

Neben der Preiskalkulation verfolgt die Kostenträgerrechnung mit der **Kostenträgerzeitrechnung** eine **kurzfristige Erfolgsrechnung.** Diese zielt auf die Ermittlung des Erfolgs für die einzelnen Produkte ab. Dazu wird das Kostenträgerblatt (BAB 2) verwendet. Es werden zwei Formen unterschieden, die vom Grundaufbau identisch aussehen und sich nur in der Wahl der Zuschlagssätze (Ist vs. Normal) unterscheiden:

■	Kostenträgerzeitrechnung – IST		Kostenträger		Gesamt
	in € / Juli 2018	Ist-GKZ	Prod. 1	Prod. 2	Σ
1	Fertigungsmaterial (FM)		200,00	200,00	400,00
2	+ Materialgemeinkosten (MGK)	25,00 %	50,00	50,00	100,00
3	= Materialkosten (MK)		250,00	250,00	500,00
4	Fertigungslöhne (FL)		150,00	250,00	400,00
5	+ Fertigungsgemeink. (FGK)	50,00 %	75,00	125,00	200,00
6	+ Sondereinzelkosten d. F. (SEKF)		25,00		25,00
7	= Fertigungskosten (FK)		250,00	375,00	625,00
8	3. + 7. = Herstellk. der Prod. (HKP)		500,00	625,00	1.125,00
9	- Mehrbestand FE / UE			125,00	125,00
10	+ Minderbestand FE / UE				
11	= Herstellk. des Umsatzes (HKU)		500,00	500,00	1.000,00
12	+ Verwaltungsgemeink. (VwGK)	30,00 %	150,00	150,00	300,00
13	+ Vetriebsgemeink. (VtGK)	10,00 %	50,00	50,00	100,00
14	+ Sondereinzelkosten d. V. (SEKV)		50,00		50,00
15	= Selbstkosten des Umsatzes (SKU)		750,00	700,00	1.450,00
16	Erlöse		900,00	840,00	1.740,00
17	16. - 15. = Betriebsergebnis		150,00	140,00	290,00

- In der Kostenträgerzeitrechnung auf **Istkostenbasis** wird das ***Betriebsergebnis*** berechnet (siehe Tabelle unten mit fiktiven Zahlen).
- In der Kostenträgerzeitrechnung auf **Normalkostenbasis** wird das ***Umsatzergebnis*** berechnet.

2

2.3.4.2 Zuschlagskalkulation der Industrie

H 2008: A4a-b, 15 Pt.
H 2009: A4, 16 Pt.
F 2010: A3b, 13 Pt.
H 2010: A6, 9 Pt.
F 2011: A7b, 11 Pt.
H 2011: A4, 18 Pt.
F 2012: A4a-b, 17 Pt.
H 2012: A6, 14 Pt.
F 2013: A5b, 13 Pt.
H 2013: A5, 14 Pt.
F 2014: A3a-c, 20 Pt.
H 2015: A3, 12 Pt.
F 2016: A3b, 13 Pt.
F 2017: A3b, 13 Pt.
F 2017: A6, 15 Pt.
H 2017: A4, 18 Pt.
F 2018: A4, 15 Pt.

Die **differenzierte Zuschlagskalkulation** wird für gewöhnlich bei **Einzel**- und **Auftragsfertigung** sowie bei **Serienfertigung** angewandt. Das größte Problem bereitet erfahrungsgemäß die Frage, welche Größe nun eigentlich jeweils der **Grundwert** (= 100 %) sein soll. Zu jedem Prozentsatz zeigt ein Pfeil in der folgenden Tabelle den dazugehörigen Grundwert.

Zahlenbeispiel mit fiktiven Werten

■	Zuschlagskalkulation - Logik			
	in EUR	Abk.	%	€
1	Fertigungsmaterial	FM		400
2	+ Materialgemeinkosten	MGK	25,00 %	100
3	= Materialkosten	MK		500
4	Fertigungslöhne	FL		300
5	+ Fertigungsgemeinkosten	FGK	50,00 %	150
6	+ Sondereinzelkosten d. F.	SEKF		50
7	= Fertigungskosten	FK		500
8	3. + 7. = Herstellkosten	HK		1.000
9	+ Verwaltungsgemeinkost.	VwGK	30,00 %	300
10	+ Vertriebsgemeinkosten	VtGK	10,00 %	100
11	+ Sondereinzelkosten d. V.	SEKV		100
12	= Selbstkosten	SK		1.500
13	+ Gewinn	G	20,00 %	300
14	= Barverkaufspreis	BarVP		1.800
15	+ Vertreterprovision	V.Pr.	7,50 %	150
16	+ Kundenskonto	Kd.Sk.	2,50 %	50
17	= Zielverkaufspreis	ZVP		2.000
18	+ Kundenrabatt	Kd.R.	20,00 %	500
19	= Listenverkaufspreis	LVP		2.500
20	+ Umsatzsteuer	USt	19,00 %	475
21	= Bruttoverkaufspreis	BVP		2.975

FM ≙ 100 %
MGK ≙ 25 %
MK ≙ 125 %

FL ≙ 100 %
FGK ≙ 50 %
FK ≙ 150 % + SEKF

HK ≙ 100 %
VwGK ≙ 30 %
VtGK ≙ 10 %
SK ≙ 140 % + SEKV

SK ≙ 100 %
G ≙ 20 %
BarVP ≙ 120 %

BarVP ≙ 90 %
V.Pr. ≙ 7,5 %
Kd.Sk. ≙ 2,5 %
ZVP ≙ 100 %

ZVP ≙ 80 %
Kd.R. ≙ 20 %
LVP ≙ 100 %

LVP ≙ 100 %
USt ≙ 19 %
BVP ≙ 119 %

Zudem wird zwischen drei Richtungen der Kalkulation unterschieden:

- In der **Vorwärtskalkulation** wird von oben nach unten kalkuliert.
- Die **Rückwärtskalkulation** kalkuliert ausgehend vom gegebenen Bruttoverkaufspreis von unten nach oben und ermittelt die allenfalls erlaubten Material-, Fertigungs- oder Herstellkosten.
- In der **Differenzkalkulation** wird einerseits von oben bis zu den Selbstkosten und andererseits von unten hoch bis zum Barverkaufspreis gerechnet. Die Differenz ergibt den verbleibenden Gewinn.

2.3.4.3 Zuschlagskalk. mit Maschinenstundensätzen

In stark automatisierten Unternehmen ist die Kalkulation mit Fertigungsgemeinkostenzuschlagssätzen problematisch, daher werden die maschinenabhängigen Gemeinkosten (bspw. Abschreibungen und Zinsen) im BAB herausgenommen und daraus die Kosten für die Beanspruchung der Maschinen je Stunde bzw. Minute berechnet. Die nicht maschinenabhängigen Fertigungsgemeinkosten werden dann wie gewohnt auf die Fertigungslöhne bezogen und daraus die **Rest-Fertigungsgemeinkostenzuschlagssätze** berechnet. Die **Maschinenstundensätze** werden dann denkbar unproblematisch in das Kalkulationsschema einbezogen: Es werden die Maschinenstundensätze einfach mit der Anzahl der notwendigen Maschinenstunden multipliziert.

Zuschlagskalkulation mit Maschinenstundensätzen

	in EUR	Abk.	%	1. Rechnung	2. Rechnung
	...	...	...	...	...
4	Fertigungslöhne	FL			≙ 100 %
5	Rest-Fertigungsgemeinkosten	RFGK	25,00 %		≙ 25 %
6	Maschinenabhängige Kosten (MaStK)	MaStK		= Maschstundensatz × Zeit	
7	Sondereinzelkosten d. Fert.	SEKF			
8	Fertigungskosten	FK			≙ 125 % + SEKF + MaStK
9	Herstellkosten	HK			
	...	...	...	...	...

Hier sehen Sie, wie maschinenabhängigen Kosten in das Kalkulationsschema der Industrie eingebaut werden können.

2

2.3.4.4 Divisionskalkulation

F 2014: A4a-b, 11 Pt.
F 2016: A5a-b, 15 Pt.

Sofern ein Industriebetrieb nur ein Produkt herstellt, spricht man von **Massenproduktion**. Durch die enorme Spezialisierung können die Fertigungskosten relativ gering gehalten werden, Rüstzeiten entfallen vollständig, zudem sind die Bezugskosten für Rohstoffe und Fertigbauteile relativ niedrig, da immer in großen Mengen geordert werden kann. Es hat zudem den Vorteil, mit der **Divisionskalkulation** ein einfaches Kalkulationsverfahren wählen zu können. Dabei wird zwischen der *ein-*, *zwei-* und *mehrstufigen* Divisionskalkulation unterschieden.

Zur Anwendung der **einstufigen Divisionskalkulation** sind drei Voraussetzungen notwendig:

- 1-Produkt-Fertigung,
- kein Mehr- oder Minderbestand an Fertigerzeugnissen und
- kein Mehr- oder Minderbestand an unfertigen Erzeugnissen.

Die Stückkosten können nun durch eine Division der Gesamtkosten durch die gesamte produzierte und verkaufte Menge ermittelt werden.

■	Mehrstufige Divisionskalk.		07/18	Kostenträger: Kirschtorte		
	in EUR	Abk.	%	Menge	Kosten	pro St.
1	Herstellkosten UE			600 St.	450 €	0,75
2	Herstellkosten FE			500 St.	250 €	0,50
3	Verw./Vertriebskost.			400 St.	200 €	0,50
4	Selbstkosten	SK			900 €	1,75

In der zwei-/mehrstufigen Divisionskalkulation werden die Kosten je Stufe durch die jeweilige Produktionsmenge geteilt und dann addiert. Eine **mehrstufige Divisionskalkulation** ist dann anzuwenden, wenn der Fertigungsprozess Zwischenschritte mit unfertigen/fertigen Erzeugnissen durchläuft und hier jeweils unterschiedliche Bestandsveränderungen stattfinden (siehe Tabelle oben).

2.3.4.5 Äquivalenzziffernkalkulation

H 2011: A3, 13 Pt.
F 2015: A3, 11 Pt.
F 2017: A4, 13 Pt.
F 2018: A5a-b, 15 Pt.

Zunächst sind für die Kalkulation mit Äquivalenzziffern die **festen Kostenrelationen** der einzelnen **Sorten** wichtig (= **Äquivalenzziffern**). Dabei geht man von einem Basisartikel aus, dessen Gewicht bspw. 5 kg beträgt und dessen Kosten bei 1,00 liegen. Wenn bspw. ein anderer Artikel 7 kg schwer wäre (die Kosten 40 % größer wären), erhalten wir 1,40.

Tipp: In Prüfungsaufgaben werden oft andere Werte (bspw. Gewicht, Größe) angegeben. Daraus lassen sich dann leicht die Äquivalenzziffern berechnen.

■	Äquivalenzziffernkalkulation für 5 Kuchensorten					in EUR
Nr.	Sorte	ÄZ	Menge	UZ = ÄZ × M.	k = 1,20 € × ÄZ	K = k × M.
1	Kirschtorte	2,00	200 St.	❶ 400	2,40 €	❹ 480 €
2	Donauwelle	1,75	200 St.	350	2,10 €	420 €
3	Käsekuchen	1,50	500 St.	750	1,80 €	900 €
4	Schokokuchen	1,25	400 St.	500	1,50 €	600 €
5	Apfelkuchen	1,00	500 St.	500	1,20 €	❸ 600 €
Σ	–	–	1.800 St.	2.500	❷	3.000 € ❺

❶ Aus den Äquivalenzziffern (ÄZ) und den gegebenen Herstellungsmengen lassen sich die **Umrechnungszahlen** (UZ) berechnen. Die Umrechnungszahl 400 bei Kirschtorten ist bspw. so zu interpretieren, als 200 St. Kirschtorten so viel kosten wie 400 Einheiten der Standardsorte Apfelkuchen. ❷ Wenn wir nun die gegebenen Gesamtkosten in Höhe von 3.000 € durch die Summe der Umrechnungszahlen in Höhe von 2.500 teilen, erhalten wir 1,20 € **Selbstkosten pro Stück** für die Sorte Apfelkuchen. ❸ Die **Selbstkosten pro Stück** für die anderen Sorten erhalten wir, indem wir die Selbstkosten/St. der Standardsorte Apfelkuchen mit den jeweiligen Äquivalenzziffern multiplizieren. ❹ Die **Kosten** für die gesamte Menge einer Sorte ergeben sich aus der Multiplikation von Stückkosten und Menge. ❺ Die Summe der Kosten muss mit der Vorgabe von 3.000 € übereinstimmen.

Tipp: In Prüfungsaufgaben wird die Äquivalenzziffernmethode häufig nur für die Ermittlung der Gemeinkosten pro Stück verwendet (+ Einzelkosten/St.).

2

2.3.4.6 Handelswarenkalkulation

F 2009: A6, 14 Pt.
F 2010: A5a, 8 Pt.
F 2011: A6a, 12 Pt.
H 2012: A7, 15 Pt.
H 2013: A3a, 12 Pt.
H 2014: A5a, 9 Pt.
F 2015: A4a, 14 Pt.
H 2015: A5a-b, 16 Pt.
H 2016: A6a, 12 Pt.

Die Zuschlagskalkulation eines Handelsbetrieb unterscheidet sich nur im oberen Teil des Schemas von derjenigen des Industriebetriebs. Ein Handelsbetrieb kauft Handelswaren und verkauft diese weiter. Hierfür entstehen durch die Lagerung, Präsentation, Verwaltung usw. Gemeinkosten in Form von Handlungskosten, die auf den Bezugspreis aufgeschlagen werden.

■	Zuschlagskalkulation d. Handel – Logik				Grundwert	
	in EUR	Abk.	%	€		
1	Listeneinkaufspreis	LEP		6,00	≙ 100 %	
2	– Lieferantenrabatt		20,00 %	1,20	≙ 20 %	
3	= Zieleinkaufspreis	ZEP		4,80	≙ 80 %	≙ 100 %
4	– Lieferantenskonto		2,50 %	0,12		≙ 2,5 %
5	= Bareinkaufspreis	BEP		4,68		≙ 97,5 %
6	+ Bezugskosten			0,32		
7	= Bezugspreis	BP		5,00	≙ 100 %	
8	+ Handlungskosten		20,00 %	1,00	≙ 20 %	
9	= Selbstkosten	SK		6,00	≙ 120 %	≙ 100 %
10	+ Gewinn		10,00 %	0,60		≙ 10%
11	= Barverkaufspreis	BarVP		6,60	≙ 88 %	≙ 110%
12	+ Vertreterprovision		10,00 %	0,75	≙ 10 %	
13	+ Kundenskonto		2,00 %	0,15	≙ 2 %	
14	= Zielverkaufspreis	ZVP		7,50	≙ 100 %	≙93,75 %
15	+ Kundenrabatt		6,25 %	0,50		≙ 6,25 %
16	= Listenverkaufspreis	LVP		8,00	≙ 100 %	≙ 100 %
17	+ Umsatzsteuer	USt	19,00 %	1,52	≙ 19 %	
18	= Bruttoverkaufspreis	BVP		9,52	≙ 119 %	

Tipp:

Der **Handlungskostenzuschlagssatz** kann auch durch eine Division der Summe der Handlungskosten (= alle Gemeinkosten des Handelsbetriebs) durch den gesamten Wareneinsatz (x 100 %) ermittelt werden.

2

Formeln zur vereinfachten Handelskalkulation

F 2010: A5b, 6 Pt.
F 2011: A6b, 3 Pt.
H 2012: A7, 15 Pt.
H 2013: A3b, 4 Pt.
H 2014: A5b, 7 Pt.
F 2015: A4b, 6 Pt.
H 2016: A6b, 6 Pt.

Die folgenden Formeln zur Handelskalkulation werden für den Großhandel (GH) und den Einzelhandel (EH) unterschieden (fiktives Zahlenbsp.):

1. $KF_{GH} = \frac{LVP}{BP} = \frac{8€}{5€} = 1{,}6$

2. $KAZ_{GH} = \frac{(LVP\text{-}BP)}{BP} \bullet 100\% = \frac{(8€ - 5€)}{5€} \bullet 100\% = 60\%$

3. $HSP_{GH=EH} = \frac{(LVP\text{-}BP)}{LVP} \bullet 100\% = \frac{(8€ - 5€)}{8€} \bullet 100\% = 37{,}5\%$

Für den Einzelhandel gelten neben Formel 3:

4. $KF_{EH} = \frac{BVP}{BP} = \frac{9{,}52€}{5€} = 1{,}904$

5. $KAZ_{EH} = \frac{(BVP\text{-}BP)}{BP} \bullet 100\% = \frac{(9{,}52€ - 5€)}{5€} \bullet 100\% = 90{,}4\%$

Der **Kalkulationsfaktor (KF)** erlaubt das schnellste Rechnen. In der Vorwärtskalkulation führt eine einfache Multiplikation des Bezugspreises mit dem KF zum notwendigen Listenverkaufspreis. In der Rückwärtskalkulation kann man durch eine Division des Listenverkaufspreises mit dem KF sehr schnell zum erlaubten Bezugspreis gelangen. Der **Kalkulationszuschlagssatz (KAZ)** ermittelt, um wie viel Prozent der Listenverkaufspreis höher als der Bezugspreis ist. Damit kann entsprechend einfach kalkuliert werden. Sofern ein Bezugspreis vorliegt, muss der Zuschlagssatz entsprechend nur aufgeschlagen werden. Die **Handelsspanne (HSP)** berechnet den Anteil des Rohertrags am Listenverkaufspreis. Dies ist sehr hilfreich bei der Rückwärtskalkulation. Wenn von einem anvisierten Listenverkaufspreis die Handelsspanne abgezogen wird, erhalten wir den maximal akzeptablen Bezugspreis.

2

2.3.5 Vergleich von Voll- und Teilkostenrechnung

2.3.5.1 Begründung der Teilkostenrechnung

Fehler der traditionellen Vollkostenrechnung

- fehlerhafte, geschätzte **Verteilungsschlüssel** für die Gemeinkosten
- **mangelhaftes Kontrollinstrument** bei ungenauen Schlüsseln
- **Zunahme der Bedeutung der Gemeinkosten** und damit größere Fehler bei der Kalkulation mit ungenauen Zuschlagssätzen.
- **Proportionalisierung der Gemeinkosten**: Darunter versteht man die Annahme, dass sich die Gemeinkosten und die Zuschlagsgrundlage gleichläufig entwickeln. Das ist falsch, da Gemeinkosten zu einem großen Teil fix und damit unabhängig von der Ausbringungsmenge sind (bspw. Miete).
- **ungeeignete Zuschlagsbasis**: Es müsste dabei ein eindeutiger und zudem proportionaler Zusammenhang zwischen Einsatzfaktor und den Gemeinkosten bestehen (bspw. FL für FGK).

Anwendungsmöglichkeiten der Teilkostenrechnung

- Ermittlung der **Gewinnschwelle** H 2011: A6, 6 Pt.
- Ermittlung der **kurzfristigen Preisuntergrenze** für bspw. Sonderangebote
- Entscheidungen hinsichtlich der **Annahme von Zusatzaufträgen**
- Entscheidungen in Bezug auf die Frage, ob **Eigenfertigung oder Fremdbezug** vorzuziehen ist
- Entscheidungen, inwiefern **Werbemaßnahmen** sinnvoll sind
- Entscheidungen hinsichtlich **Sortimentsoptimierungen**

2.3.5.2 Einstufige Deckungsbeitragsrechnung

Gewinnschwellenanalyse (Break-even-Analyse)

H 2008: A6b-d, 12 Pt.
H 2009: A5a-c, 17 Pt.
F 2011: A5b, 5 Pt.
F 2012: A7b-c, 10 Pt.
H 2012: A5b, 3 Pt.
H 2012: A8a-b, 8 Pt.
F 2013: A8b, 4 Pt.
H 2013: A6b, 3 Pt.
F 2014: A7b-d, 12 Pt.
F 2015: A5b, 4 Pt.
H 2015: A4b, 7 Pt.
H 2015: A6c, 3 Pt.
F 2016: A4a, 3 Pt.
H 2016: A4b, 2 Pt.
H 2016: A5b-c, 6 Pt.
F 2017: A5a-c, 15 Pt.
H 2017: A5a-c, 15 Pt.
F 2018: A6a-d, 19 Pt.

❶ Die **Fixkosten** sind unabhängig von der Produktionsmenge. Sofern jenseits der Kapazitätsgrenze produziert werden soll, bedarf es einer Kapazitätserweiterung, deren Investitionen zusätzliche Fixkosten bedeuten. ❷ Die **variablen Kosten** hängen proportional von der produzierten Menge ab.

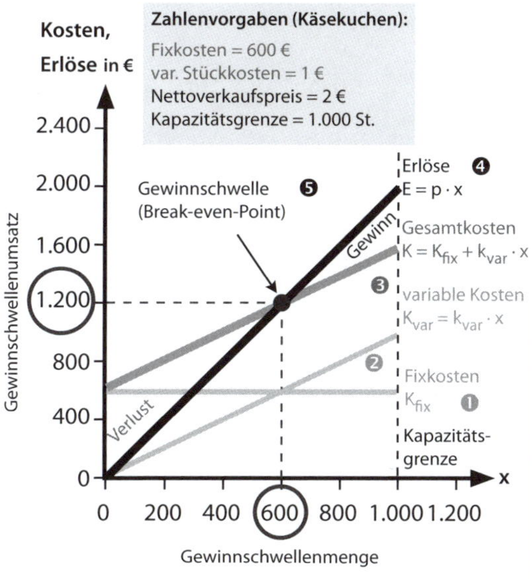

Abkürzungen:
E = Erlöse
x = Stückzahl
p = Nettopreis
K = Gesamtkosten
$K = K_{fix} + K_{var}$
K_{fix} = Fixkosten
K_{var} = variable Kosten
k_{var} = variable Stückkosten
k_{fix} = Fixkosten/St.

Großbuchstaben stehen für Gesamtwerte, Kleinbuchstaben für Stückangaben.

❸ Die **Gesamtkosten** setzen sich aus den Fixkosten und den variablen Kosten zusammen. ❹ Die **Erlöse** (= Nettoverkaufspreises × Stückzahl) steigen ebenfalls proportional an. ❺ Im Schnittpunkt von Erlösen und Gesamtkosten liegt die **Gewinnschwelle**. Sollte weniger/mehr verkauft werden, wären die Gesamtkosten größer/kleiner als die Erlöse (= Verlust/Gewinn).

2

Formeln zur Gewinnschwellenanalyse

1. $E = p \cdot x$ Erlösfunktion (E, U oder UE für Umsatzerlöse)

2. $K = K_{fix} + k_{var} \cdot x$ Kostenfunktion

3. $x_{BEP} = \dfrac{K_{fix}}{(p - k_{var})}$ Gewinnschwellenmenge

$$x_{BEP} = \frac{600\,€}{(2\,€ - 1\,€)} = \frac{600\,€}{1\,€ / St.} = 600\ St.$$

4. $E_{BEP} = x_{BEP} \cdot p$ Gewinnschwellenumsatz

$$E_{BEP} = x_{BEP} \cdot p = 600\ St. \cdot 2\,€ = 1.200\,€$$

5. $x_{Gewinn} = \dfrac{(K_{fix} + Gewinn)}{(p - k_{var})} = \dfrac{(600\,€ + 400\,€)}{1\,€ / St.} = 1.000\ St.$

= notwendige Menge für einen bestimmten Gewinn (bspw. 400 €)

4 Fälle des Verlaufs von fixen und variablen Kosten

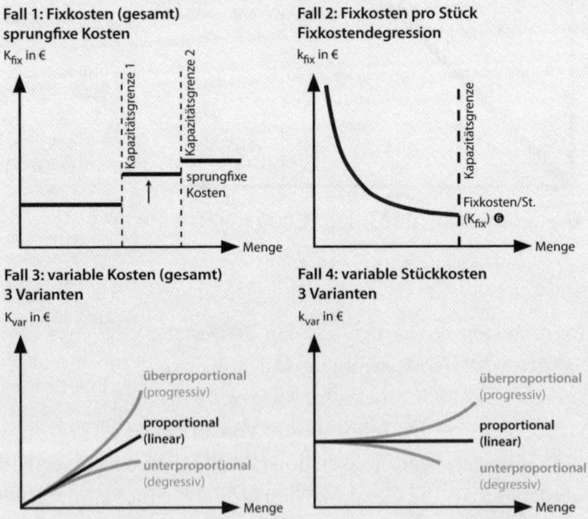

Einstufige Deckungsbeitragsrechnung (1 Produkt)

Der **Deckungsbeitrag pro Stück (db)** ist die Differenz zwischen (Netto-) Verkaufspreis und variablen Stückkosten. Der **gesamte Deckungsbeitrag (DB)** ergibt sich, indem der Stückdeckungsbeitrag mit der Menge multipliziert wird. Der Name Deckungsbeitrag leitet sich davon ab, dass er dazu *beitragen* soll, die Fixkosten *abzudecken*. Wenn möglich, sollte der Deckungsbeitrag sogar zur Erzielung eines Gewinns beitragen.

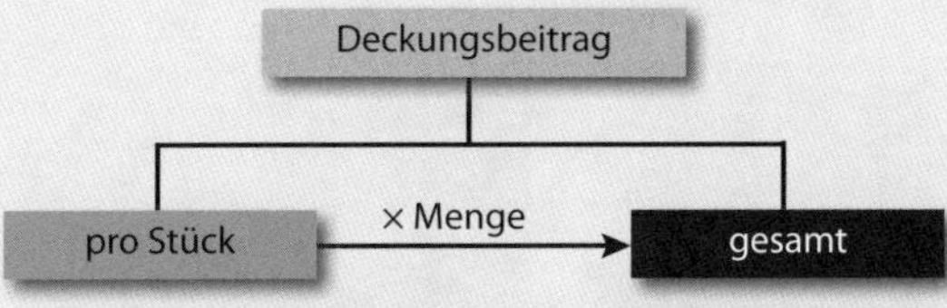

- db = Deckungsbeitrag pro St.
- db = Verkaufspreis (netto) – variable Stückkosten
- $db = p - k_{var}$

- DB = Deckungsbeitrag gesamt
- DB = Erlöse – variable Kosten
- $DB = E - K_{var}$
- $DB = db \cdot Menge$

Für unser Zahlenbeispiel erhalten wir drei mögliche Fälle (vgl. S. 120):

❶ Wenn wir eine Verkaufsmenge von 200 Stück annehmen, dann stehen 400 € Erlösen 200 € variable Kosten gegenüber. Daraus resultiert ein DB von 200 €. Bei 600 € Fixkosten entsteht ein **Verlust** von 400 €.

❷ Die **Gewinnschwelle** liegt bei 600 Stück Käsekuchen. In diesem Fall stehen 1.200 € Erlösen variable Kosten im Umfang von 600 € gegenüber. Daraus resultiert ein DB von 600 €. Bei Fixkosten von 600 € folgert weder Gewinn noch Verlust, d. h. hier befindet sich die Gewinnschwelle.

❸ Wenn wir eine größere Verkaufsmenge von bspw. 1.000 Stück annehmen, dann betragen die Erlöse 2.000 €. Dem stehen variable Kosten in Höhe von 1.000 € gegenüber. Daraus resultiert ein DB von 1.000 €. Bei Fixkosten von 600 € folgert ein **Gewinn** von 400 €.

2

Zusammenhang: Deckungsbeitrag, Fixkosten und Gewinn

1. Fall: 200 Stück Käsekuchen (Verlust ❶)

2. Fall: 600 Stück Käsekuchen (Gewinnschwelle ❷)

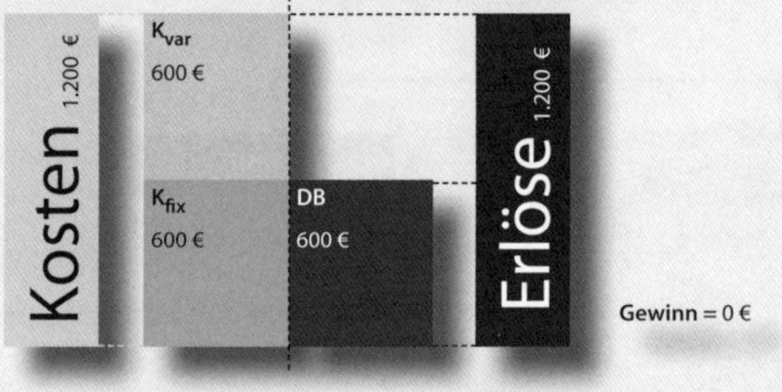

3. Fall: 1.000 Stück Käsekuchen (Gewinn ❸)

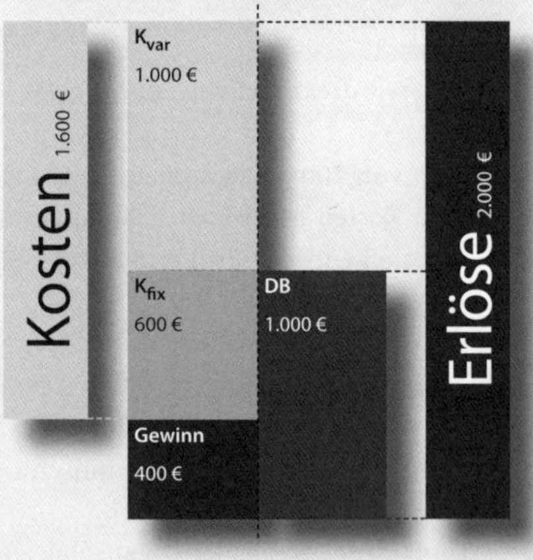

7 Fallbeispiele zur Anwendung der Deckungsbeitragsrechnung

1. Standardschema für die einstufige DBR

■	DBR – 1 Produkt	Auslastung = 80 %	
	in EUR	pro Stück	800 St.
1.	Erlöse	2,00	1.600,00
2.	– variable Kosten	1,00	800,00
3.	= Deckungsbeitrag	1,00	800,00
4.	– Fixkosten	0,75	600,00
5.	= Betriebsergebnis	0,25	200,00
6.	Kosten = 2. + 4.	1,75	1.400,00

H 2008: **A6a**, 3 Pt.
H 2010: **A7**, 10 Pt.
F 2011: **A5c**, 4 Pt.
F 2014: **A7a**, 8 Pt.
H 2014: **A7b-c**, 8 Pt.
H 2015: **A6b**, 3 Pt.
F 2016: **A4a**, 7 Pt.
H 2016: **A4a,c**, 9 Pt.

Tipp: Sofern zwei Werte einer Zeile gegeben sind (bspw. Fixkosten und Fixkosten/Stück) kann durch eine Division dieser die Stückzahl ermittelt werden.

2. Dreisatz bei unterschiedlichen Auslastungsgraden

H 2013: **A6a**, 5 Pt.
F 2014: **A5c**, 5 Pt.
H 2016: **A5a**, 4 Pt.

Sofern unterschiedliche Auslastungsgrade (bzw. Mengen) gegeben sind, kann mit Hilfe eines einfachen Dreisatzes von den Erlösen, den variablen Kosten oder den Deckungsbeiträgen des einen auf die Werte des anderen Auslastungsgrades geschlossen werden (bspw. 1.000 € × 800 St. ÷ 500 St. = 1.600 €). Dies zeigt sich deutlich bei prozentualen Vergleichen.

■	Dreisatz	Auslastung = 50 %		in %	Auslastung = 80 %		in %
	in EUR	pro St.	500 St.	d. Erlöse	pro St.	800 St.	d. Erlöse
1.	Erlöse	2,00	1.000,00	100 %	2,00	1.600,00	100 %
2.	– variable Kosten	1,00	500,00	50 %	1,00	800,00	50 %
3.	= Deckungsbeitrag	1,00	500,00	50 %	1,00	800,00	50 %
4.	– Fixkosten	1,20	600,00	60 %	0,75	600,00	37,5 %
5.	= Betriebsergebnis	–0,20	–100,00	–10 %	0,25	200,00	12,5 %
6.	Kosten = 2. + 4.	2,20	1.100,00	110 %	1,75	1.400,00	87,5 %

Vorsicht: Dies gilt jedoch nicht für Fixkosten, Betriebsergebnis und (Gesamt-) Kosten (Zellen der unteren drei Zeilen).

2

3. »Sudoku-Aufgaben« zur DBR

Zwar ist dieser sudokuartige Aufgabentypus äußerst realitätsfern, in Prüfungen aber äußerst beliebt.

F 2010: A4, 20 Pt.
H 2010: A8a-b, 10 Pt.
H 2011: A5a-b, 20 Pt.
H 2012: A5a, 9 Pt.
H 2013: A6a, 8 Pt.
F 2014: A5a-b, 8 Pt.
F 2015: A5a, 10 Pt.
H 2015: A4a, 10 Pt.
F 2016: A4b, 4 Pt.
H 2016: A5a, 6 Pt.

■	Sudoku-Aufgaben	Auslastung = 60 %		Auslastung = 75 %	
	in EUR	pro St.	600 St.	pro St.	750 St.
1.	Erlöse	2,00	1.200,00	2,00	1.500,00
2.	– variable Kosten	1,00	600,00	1,00	750,00
3.	= Deckungsbeitrag	1,00	600,00	1,00	750,00
4.	– Fixkosten	1,00	600,00	0,80	600,00
5.	= Betriebsergebnis	0,00	0,00	0,20	150,00
6.	Kosten = 2. + 4.	2,00	1.200,00	1,80	1.350,00

Es wird bei unterschiedlichen Auslastungsgraden nur eine möglichst geringe Anzahl von Zahlen gegeben: (1) Übernehmen Sie alle gegebenen Zahlen in die Tabelle oben (Tipp: Das Betriebsergebnis ist bei der Gewinnschwelle = 0). (2) Füllen Sie nun die Tabelle Schritt für Schritt aus. **Wichtig:** Die Fixkosten, der Nettoverkaufspreis (Stück), die variablen Stückkosten sowie der Stückdeckungsbeitrag sind bei allen Auslastungsgraden gleich groß (hellgrau hervorgehoben).

4. Berechnung der Fixkosten

Zunächst werden die variablen Stückkosten ermittelt (= Kostendifferenz ÷ Mengendifferenz). Diese werden mit der Menge multipliziert und von den Gesamtkosten abgezogen, um die Fixkosten zu erhalten:
$K_{fix} = K - k_{var} \cdot x$ (Kostenfunktion: $K = K_{fix} + k_{var} \cdot x$)

F 2009: A4a-b, 13 Pt.
F 2011: A5a, 8 Pt.
F 2012: A7a, 9 Pt.
F 2013: A8a, 7 Pt.
H 2014: A7a, 10 Pt.
H 2015: A6a, 10 Pt.

■	Fixkostenermittlung	gegeben		zu berechnen	
	in EUR	Menge	Kosten	K_{var}	K_{fix}
1.	Mai	600	1.200	600	600
2.	Juni	750	1.350	750	600
3.	Differenz	150	150	150	0
4.	variable Stückkosten	= 150 € ÷ 150 St. = 1 € pro Stück			

5. Mehrproduktunternehmen

F 2009: A7a-d, 16 Pt.
F 2013: A7a-b, 18 Pt.
F 2015: A6a-d, 16 Pt.

Bisher gingen wir bei den Berechnungen zum Deckungsbeitrag von einem Unternehmen mit nur einem Produkt aus (**Einproduktunternehmen**). Was wäre aber, wenn das Unternehmen mehr als ein Produkt verkaufen würde (**Mehrproduktunternehmen**)? In der folgenden Tabelle wird die Berechnung für ein 2-Produkt-Unternehmen durchgeführt.

■	Zwei Produkte	Käsekuchen		Kirschtorte		Summe
	in EUR	pro St.	500 St.	pro St.	400 St.	900 St.
1.	Erlöse	1,80	900,00	2,10	840,00	1.740,00
2.	– variable Kosten	0,80	400,00	0,90	360,00	760,00
3.	= Deckungsbeitrag	1,00	500,00	1,20	480,00	980,00
4.	– Fixkosten					690,00
5.	= Betriebsergebnis					290,00

Häufige **Fehlerquelle**: Hier werden gerne die Fixkosten halbiert den beiden Produkten zugewiesen. Ohne weitere Informationen ist das nicht korrekt. Sie werden von der Summe der Deckungsbeitrage abgezogen.

6. Zusatzaufträge und Preisuntergrenzen

H 2012: A8c, 6 Pt.

Die Deckungsbeitragsrechnung wird für **weitere Entscheidungssituationen** genutzt. Dazu zählen die eng zusammenhängenden Fragen hinsichtlich der Preisuntergrenzen und der Annahme von Zusatzaufträgen.

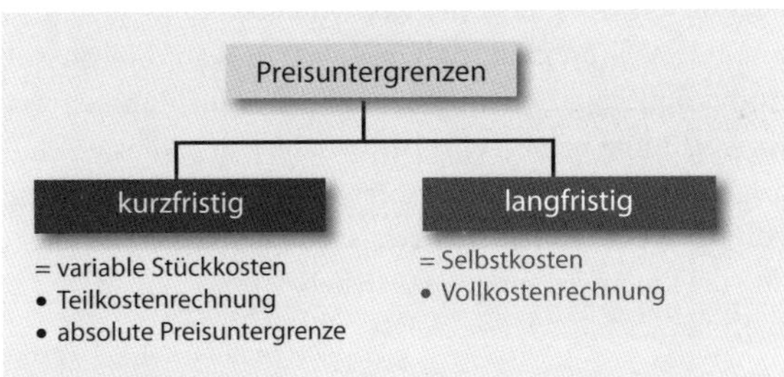

2

Sofern noch genügend **freie Kapazitäten** vorhanden sind, steigen die Fixkosten durch die Annahme des Zusatzauftrags nicht. Das heißt, sie wären aber auch nicht kleiner, wenn wir den Zusatzauftrag nicht annehmen würden. Folglich ist die Entscheidung über den Zusatzauftrag *unabhängig* von den schon bestehenden Fixkosten. **Damit interessieren nur die durch den Zusatzauftrag zusätzlich entstehenden Kosten.** Das sind für gewöhnlich nur die *variablen Kosten*.

7. Eigenfertigung gegenüber Fremdbezug

Zur Beantwortung der Frage, inwiefern bei Käsekuchen Eigenfertigung oder Fremdbezug vorzuziehen ist, gehen wir von den folgenden Daten aus: 1. Nettoverkaufspreis = 2 €/St. 2. Selbstkosten = 1,75 €/St. 3. variable Stückkosten = 1 €/St. Ein Fremdhersteller würde uns die gewünschten 800 Stück eines gleichwertigen Käsekuchens zum Nettopreis von 1,50 €/St. anbieten. Sollten wir das Fremdangebot annehmen?

■	DBR – 1 Produkt	Eigenfertigung		Fremdbezug	
	in EUR	pro Stück	800 St.	pro Stück	800 St.
1.	Erlöse	2,00	1.600,00	2,00	1.600,00
2.	– variable Kosten	1,00	800,00	1,50	1.200,00
3.	= Deckungsbeitrag	1,00	800,00	0,50	400,00
4.	– Fixkosten	0,75	600,00	0,75	600,00
5.	= Betriebsergebnis	0,25	200,00	–0,25	–200,00
6.	Kosten = 2. + 4.	1,75	1.400,00	2,25	1.800,00

Zunächst scheinen unsere Selbstkosten um 0,25 €/St. höher als der Preis des Fremdanbieters. Aus Sicht der Vollkostenrechnung erscheint daher eine Annahme des Fremdbezugs sinnvoll zu sein. Sofern wir jedoch freie Produktionskapazitäten haben, gilt dies im Rahmen der Deckungsbeitragsrechnung nicht mehr. Die variablen Stückkosten sind 0,50 €/St. niedriger als der Fremdbezugspreis. Die Fixkosten in Höhe von 600 € sind ohnehin vorhanden. Folglich ist aus Sicht der Deckungsbeitragsrechnung die Eigenfertigung vorzuziehen.

2.4 Auswertung betriebswirtschaftlicher Zahlen

2.4.1 Aufbereitung und Auswertung der Zahlen

2.4.1.1 Adressaten der Auswertungen

H 2016: A7b, 6 Pt.

Zu den **Adressaten der Auswertungen** zählt zunächst **intern** das Management des Unternehmens, das Informationen für die Führung des Unternehmens benötigt (zur Kontrolle, Planung und Steuerung). Aber auch für **externe Adressaten** sind Kennzahlen von Bedeutung. So müssen Banken vor der Vergabe von Krediten die Kreditwürdigkeit des Unternehmens prüfen (Rating). Hierfür werden u. a. Kennzahlen anhand der Zahlen des öffentlich zugänglichen Rechnungswesens der Bilanz und der Gewinn- und Verlustrechnung berechnet. Dafür interessieren sich auch die Anteilseigner und Lieferanten.

2.4.1.2 Betriebs- und Zeitvergleiche

Die reinen Zahlen des Jahresabschlusses eines bestimmten Jahres sind nicht sonderlich aussagekräftig. Sie bedürfen eines Vergleichswertes:

- Bei einem **Zeitvergleich** werden bspw. die Informationen der Bilanz des Jahres 2017 mit denen vorangegangener Bilanzen verglichen.
- Ein **Branchenvergleich** würde die Zahlen des betrachteten Unternehmens mit anderen Unternehmen der Branche vergleichen.
- Ein **interner Vergleich** würde die Zahlen der einen Konzerntochter mit denjenigen anderer Konzerntöchter vergleichen.

Es werden folgende Formen von Kennzahlen unterschieden:

1. Zunächst die **absoluten Kennzahlen**. Hierbei handelt es sich um die ursprünglichen Zahlen, die ohne Vergleichswert relativ wenig aussagen. Hat ein Unternehmen bspw. 100 Mitarbeiter, so ist das wenig aussagekräftig. Wenn diese Zahl mit dem Vorjahr oder Mitbewerbern verglichen wird, erhält sie Bedeutung.

2. Sofern die absoluten Kennzahlen in Beziehung zu anderen Zahlen gebracht werden, spricht man von **Verhältniszahlen** (= relative Kennzahlen). Dabei werden die folgenden Formen unterschieden (Hinweis: Sowohl Messzahlen als auch Indexzahlen sind dimensionslos – d. h. ohne Euro, Prozent, kg oder dergleichen am Ende.):

- **Messzahlen** sind *Quotienten aus zwei gleichartigen Zahlen*. So könnten bspw. die Anzahl der Mitarbeiter der Fertigung durch die Anzahl der Mitarbeiter in der Verwaltung geteilt werden. Würde hier 1,25 herauskommen, würden in der Fertigung 25 Prozent mehr Mitarbeiter als in der Verwaltung tätig sein.

- Eine Sonderform der Messzahlen sind **Indexzahlen**, bei denen sich der Zähler und der Nenner nur durch die *zeitliche Dimension* unterscheiden. In der VWL wird damit bspw. der Verbraucherpreisindex berechnet, der das Preisniveau eines Monats (Juli 2018) durch das Preisniveau des Vorjahresmonats (Juli 2017) teilt. Ein Ergebnis von 1,022 entspricht dabei einer Inflationsrate von 2,2 %.

- Bei **Gliederungszahlen** wird eine *Teilmenge durch die Gesamtmenge geteilt*. Teil man bspw. das Eigenkapital durch das Gesamtkapital (× 100 %), erhält man die Gliederungszahl Eigenkapitalquote.

- Wird der Quotient zweier verschiedenartiger Zahlen gebildet, die aber in sinnvoller Beziehung zueinander bestehen, erhält man **Beziehungszahlen**. Teil man bspw. den Gewinn durch das Eigenkapital und multipliziert mit 100 % erhält man die Beziehungszahl Eigenkapitalrentabilität (siehe Kapitel 2.4.2 auf der nächsten Seite).

Ermittlung des Gewinns

F 2011: A4a, 10 Pt.
F 2013: A6a, 7 Pt.
H 2015: A7a, 6 Pt.

Zur Ermittlung der Rentabilitätskennzahlen (siehe nächster Abschnitt) muss häufig zunächst der Gewinn ermittelt werden. Hierfür gibt es zwei Möglichkeiten: (1) GuV: Gewinn = Erträge – Aufwendungen, (2) Eigenkapital-Vergleich: Gewinn = Eigenkapital des aktuellen Jahres – Eigenkapital des Vorjahres + Privatentnahmen – Privateinlagen. Bei einem negativen Ergebnis liegt jeweils ein Verlust vor. ► *Siehe Übersicht auf S. 83.*

2

2.4.2 Rentabilitätsrechnungen

2.4.2.1 Eigenkapitalrentabilität

F 2012: A6b, 9 Pt.

Die **Eigenkapitalrentabilität** (EKR; Unternehmerrentabilität) beschreibt die Rendite des eingesetzten Kapitals der Eigentümer des Unternehmens. Die Rendite muss höher als bei sicheren Geldanlagen sein. Zur Steigerung der EKR können bspw. (1) Aufwendungen gesenkt, (2) Umsätze gesteigert, (3) günstigere Zinssätze ausgehandelt und (4) die Eigenkapitalquote (Leverage-Effekt) gesenkt werden.

2.4.2.2 Gesamtkapitalrentabilität

Die **Gesamtkapitalrentabilität** (GKR; Unternehmensrentabilität) beschreibt die Rendite des investierten Kapitals – unabhängig davon, ob es von Eignern (erhalten Gewinne ausgeschüttet) oder Fremdkapitalgebern (erhalten Zinsen) stammt. Tipp: Sofern sich nur das Verhältnis von Eigen- zu Fremdkapital verändert, ändert sich die GKR nicht.

Der **Leverage-Effekt** besagt, dass bei einer Gesamtkapitalrentabilität, die über den Fremdkapitalzinsen liegt, die Eigenkapitalrentabilität durch einen verstärkten Fremdkapitaleinsatz erhöht werden kann. Wenn die Gesamtkapitalrentabilität bspw. bei 5 Prozent liegt, bedeutet dies, dass jeder – egal ob durch Eigen- oder Fremdkapital – investierte Euro in unserem Unternehmen 5 Ct. pro Jahr erwirtschaftet. Liegt der Kreditzins für Fremdkapital bei 4 Prozent, zahlen wir für diesen Euro indessen nur 4 Ct. pro Jahr. Also könnten wir durch eine Fremdkapitalaufnahme zusätzliche Gewinne von 1 Ct. je Euro Kredit erzielen, die damit automatisch die Eigenkapitalrentabilität erhöhen.

2.4.2.3 Umsatzrentabilität

Die **Umsatzrentabilität** (UR) setzt den Gewinn ins Verhältnis zum Umsatz des Unternehmens. Diese Kennzahl kann nur innerhalb einer Branche sinnvoll verglichen werden.

2

Fallbeispiel für einen fiktiven Industriebetrieb

H 2008: A7a-c, 10 Pt.
F 2009: A8a-b, 10 Pt.
H 2009: A7a-c, 12 Pt.
F 2010: A6a-b, 13 Pt.
H 2010: A9a-c, 12 Pt.
F 2011: A4b, 10 Pt.
H 2011: A7a-c, 11 Pt.
F 2012: A6a, 7 Pt.
H 2012: A2a-c, 10 Pt.
F 2013: A6b-c, 7 Pt.
H 2013: A7a-b, 16 Pt.
F 2014: A6a-b, 16 Pt.
H 2014: A1b, 6 Pt.
F 2015: A7a-e, 20 Pt.
H 2015: A7b-c, 9 Pt.
F 2016: A7a-b, 16 Pt.
H 2016: A7a, 11 Pt.
F 2017: A7a-e, 20 Pt.
F 2018: A7a-b, 17 Pt.

A	Bilanz in T€		P
Anlagevermögen	**450**	**Eigenkapital**	**500**
Grundst./Gebäude	240		
BGA	210		
Umlaufvermögen	**350**	**Fremdkapital**	**300**
Vorräte	260	Darlehen	40
Forderungen	25	Rückstellungen	125
Wertpapiere	55	Lieferantenschulden	130
Kasse, Bank	10	Kontokorrentkredit	5
Summe	**800**	**Summe**	**800**

S	GuV in T€		H
Aufwendungen		**Erträge**	
Materialeinsatz	**50**	**Erlöse**	**100**
Personal	**25**	**Zinserträge**	**1**
Mieten	**8**	**Mieterträge**	**14**
Abschreibungen	**10**		
Zinsen	**2**		
Gewinn	**20**		
Summe	**115**	**Summe**	**115**

1. $\text{Eigenkapitalrentabilität} = \frac{\text{Gewinn}}{\text{Eigenkapital}} \times 100\,\% = \frac{20}{500} \times 100\,\% = 4\,\%$

2. $\text{Gesamtkapitalrentabilität} = \frac{(\text{Gewinn} + \text{Zinsaufwendungen})}{\text{Gesamtkapital}} \times 100\,\%$

$$= \frac{(20+2)}{800} \times 100\,\% = \frac{22}{800} \times 100\,\% = 2{,}75\,\%$$

3. $\text{Umsatzrentabilität} = \frac{\text{Gewinn}}{\text{Umsatz}} \times 100\,\% = \frac{20}{100} \times 100\,\% = 20\,\%$

4. $\text{Return on Investment} = \frac{\text{Gewinn}}{\text{Gesamtkapital}} \times 100\,\% = \frac{20}{800} \times 100\,\% = 2{,}5\,\%$

$$\text{Return on Investment} = \text{Umsatzrentabilität} \times \text{Kapitalumschlag}$$

$$\text{Return on Investment} = \frac{\text{Gewinn}}{\text{Umsatz}} \times 100\,\% \times \frac{\text{Umsatz}}{\text{Gesamtkapital}} =$$

$$= \frac{20}{100} \times 100\,\% \times \frac{100}{800} = 0{,}2 \times 100\,\% \times 0{,}125 = 2{,}5\,\%$$

2.5 Planungsrechnung

2.5.1 Inhalt der Planungsrechnung

H 2008: A8, 9 Pt.
F 2013: A3, 10 Pt.
H 2014: A6, 8 Pt.
H 2017: A6, 16 Pt.

Pläne werden zur Realisierung der vorgegebenen Ziele in den unterschiedlichsten Funktionsbereichen eines Unternehmens erstellt:

- **Finanzpläne** für die Entwicklung der Liquidität
- **Investitionspläne** in Bezug auf neue Maschinen, Fuhrpark etc.
- **Beschaffungspläne** zur Planung der zu beschaffenden Roh-, Hilfs- und Betriebsstoffe
- **Produktionspläne** zur Planung des Produktionsprogramms
- **Absatzpläne** zur Planung der abzusetzenden Mengen und Preise
- **Personalpläne** zur Planung des Personalbedarfs, der Personalbeschaffung, des Personaleinsatzes und der Personalfreisetzung
- **Umsatzpläne** der zu erwartenden (Umsatz-) Erlöse
- **Kostenpläne** der zu erwartenden Kosten (= Plankostenrechnung)

Im Controlling werden die Pläne dann mit der Realität verglichen (Soll-Ist-Vergleiche, Zeitvergleiche, Branchenvergleiche).

2.5.2 Zeitliche Ausgestaltung

Es werden folgende zeitliche Dimensionen der Planung unterschieden:

- Die **strategische Planung** ist langfristig ausgerichtet (> 4 oder 5 Jahre) und ist eher qualitativ.
- Die **taktische Planung** stellt eine mittelfristige Konkretisierung der strategischen Planung dar.
- Die **operative Planung** ist kurzfristig ausgerichtet (< 1 oder 2 Jahren) und beschäftigt sich bspw. mit der Budgetierung.

Zur Prüfung in Recht & Steuern

Bei diesem Fach steht die Masse des zu lernenden Wissens und dessen Anwendung in Form von Fällen im Vordergrund:

- **Zeit**: 75 Minuten.
- **Hilfsmittel**: Gesetzestexte bzw. Gesetzessammlungen (BGB, HGB, GWB, UWG, Arbeitsgesetze, Steuergesetze jeweils mit Durchführungsverordnung). Empfehlung: Beck-Texte. Für die Steuergesetze gilt für beide Prüfungszeitpunkte (Frühjahr und Herbst) jeweils der 31.12. des Vorjahres als Rechtsstand. Für die anderen Gesetze gilt als Rechtsstand der 31.12. des Vorjahres für die Frühjahrsprüfung und der 01.01. des aktuellen Jahres für die Herbstprüfung.
- **Einteilung** der Punkte (ca.): 1. Recht: 80 Pkt., 2. Steuern: 20 Pkt.
- **Probleme**: 1. Der Zeitfaktor ist ein enormes Problem. 75 Minuten werden zumeist als zu knapp empfunden. 2. Im Bereich Recht sind einzelne Aufgaben in Form von Fällen zu bearbeiten. Diese Anwendung des gelernten Wissens bereitet vielen Prüflingen Probleme.
- **Lösungsstrategien**: 1. Konzentrieren Sie sich auf die Aufgaben und Ihr vorhandenes Wissen. Es fehlt die Zeit zu umfangreichen Gesetzrecherchen. Dazu sollte natürlich entsprechendes Wissen vorhanden sein. Das erforderliche Wissen können Sie in den folgenden beiden Kapiteln nochmals wiederholen. 2. Üben Sie anhand von alten Prüfungen und dem Übungsband die Lösung von Fällen und versuchen Sie zu verstehen, dass es meist nur die Anwendung des gleichen Wissens ist. 3. Arbeiten Sie schon in der Vorbereitung intensiv mit Gesetzen. 4. Markieren Sie die wichtigen Paragraphen. Dann müssen in der Prüfung nicht so lange suchen. 5. Nutzen Sie das jeweilige Stichwortverzeichnis.

3 Recht & Steuern

3.1 Rechtliche Zusammenhänge

Es wird ein umfangreicher Querschnitt des Rechtswesens abgefragt. Zu den Themenbereichen zählen das BGB, HGB, Arbeitsrecht, Wettbewerbsrecht und Gewerberecht. Der Schwerpunkt liegt dabei auf dem BGB und dem HGB sowie dem Arbeitsrecht.

3.1.1 BGB – Allgemeiner Teil

F 2009: A1, 18 Pt.
H 2009: A3, 18 Pt.

Zurückgehend auf das antike römische Recht wird das Rechtswesen eingeteilt in:

- Das **Zivilrecht** (= **Privatrecht**) regelt die Rechtsverhältnisse der Bürger untereinander.
- Das **öffentliche Recht** regelt die Rechtsverhältnisse der Bürger mit dem Staat (bspw. Verfassungs-, Steuer- oder Strafrecht).

Das **Bürgerliche Gesetzbuch (BGB)**, dessen ursprüngliche Fassung aus dem Jahr 1896 stammt, regelt die Rechtsbeziehungen zwischen Rechtssubjekten und Rechtsobjekten (siehe unten). Es damit die wichtigste Rechtsquelle des Zivilrechts bzw. des Privatrechts. Das BGB ist in 5 Bücher eingeteilt, von denen für uns nur die ersten 3 Teile von Bedeutung sein werden:

Teil I: **Allgemeiner Teil**: Er enthält die allgemeinen Regeln für die folgenden Teile.

Teil II: **Schuldrecht**: Es regelt die Schuldverhältnisse zwischen Gläubigern und Schuldnern. Dabei liegt der Schwerpunkt auf verschiedenen Vertragsbeziehungen.

Teil III: **Sachenrecht**: Es enthält Regelungen zu Eigentum und Besitz.

Teil IV: **Familienrecht**: Regelungen zu Ehe, Familie und Verwandtschaft.

Teil V: **Erbrecht**: Regelungen zu Testamenten und Erbschaften.

3.1.1.1 Rechtssubjekte

F 2009: A1b-c, 7 Pt.
F 2010: A1b-e, 19 Pt.
F 2013: A1a-c, 11 Pt.
H 2014: A1a-d, 20 Pt.

Zunächst stellt sich die Frage, wer oder was überhaupt vom BGB betroffen ist. **Personen** sind Träger von Rechten und Pflichten. **Sachen** sind körperliche Gegenstände, die man anfassen kann. Es wird dabei zwischen beweglichen (**Mobilien**) und unbeweglichen (**Immobilien**) Sachen unterschieden. Sachen setzen sich häufig aus mehreren Bestandteilen/Komponenten zusammen. Von **wesentlichen Bestandteilen** spricht man dann, wenn diese nicht ohne Veränderung oder Zerstörung der Sache getrennt werden können.

Rechtssubjekte	Rechtsobjekte
Natürliche Personen	**Sachen**
• alle Menschen	• körperliche Gegenstände
Juristische Personen	**Rechte**
• Vereinigungen von Personen des privaten (bspw. Kapitalgesellschaften) oder öffentlichen Rechts (bspw. Kommunen)	• bspw. Patente, Lizenzen, Mieten, Pachten

3.1.1.2 Rechts- und Geschäftsfähigkeit

H 2008: A1, 10 Pt.
H 2009: A1a-b, 14 Pt.
F 2010: A1a, 2 Pt.
H 2010: A2, 20 Pt.
F 2012: A1a-b, 15 Pt.
F 2014: A1, 18 Pt.
H 2017: A1, 16 Pt.

Es muss zwischen Rechts- und Geschäftsfähigkeit unterschieden werden. Die Rechtsfähigkeit beschreibt die Fähigkeit von juristischen oder natürlichen Personen, Träger von Rechten und Pflichten zu sein. Die Geschäftsfähigkeit ermöglicht den Abschluss rechtswirksamer Rechtsgeschäfte:

- **Juristische Personen** sind mit der Eintragung in ein entsprechendes Register (bspw. Handelsregister) rechtsfähig. Die Rechtsfähigkeit endet mit der Löschung des Registereintrags.
- Für **natürliche Personen** beginnt die Rechtsfähigkeit mit der Vollendung der Geburt (§ 1 BGB) und endet mit dem Tod. Sonderre-

gelungen bestehen für ungeborene Kinder (bspw. hinsichtlich der Möglichkeit von Abtreibungen in § 218 StGB).

- **Eheschließungen** sind grundsätzlich vor Eintritt der Volljährigkeit möglich, aber dadurch wird der/die Jugendliche nicht volljährig bzw. voll geschäftsfähig (nur die Wohnsitzbegründung ist möglich).

Geschäftsfähigkeit		
geschäftsunfähig (§ 104 BGB)	**beschränkt geschäftsfähig** (§ 106 BGB)	**voll geschäftsfähig**
• Kinder unter 7 Jahren • dauernd Geisteskranke	• Minderjährige ab 7 und unter 18 Jahren	• Erwachsene ab 18 Jahren und nicht dauernd geisteskrank
• Nichtigkeit der Rechtsgeschäfte (§ 105 BGB).	• schwebende Unwirksamkeit der Rechtsgeschäfte	• Rechtsgeschäfte sind voll wirksam.

Schwebend unwirksame Rechtsgeschäfte werden u. a. in den folgenden Fällen gültig (§ 107 ff. BGB):

- nachträgliche Zustimmung der gesetzlichen Vertreter: § 108 /2 BGB
- Zahlung mit Taschengeld: § 110 BGB (nicht bei Ratengeschäften)
- sofern nur ein geschäftlicher Erfolg erzielt werden kann: § 107 BGB (bspw. Erbschaften annehmen)

Zeitstrahl zur Rechts- und Geschäftsfähigkeit natürlicher Personen

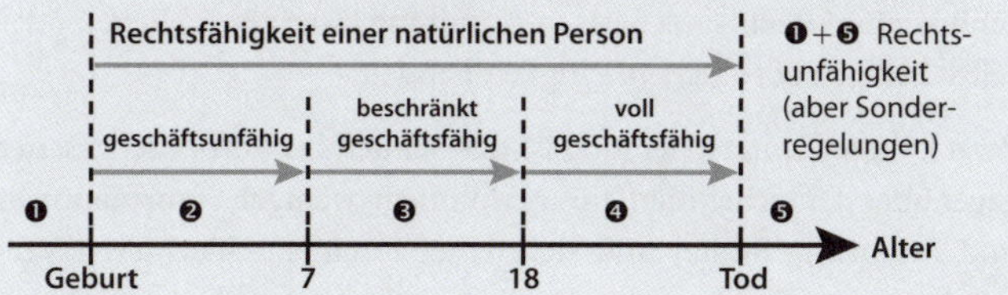

Rechtsgeschäfte sind Willenserklärungen zur Herbeiführung bestimmter Rechtsfolgen. **Willenserklärungen** können wie folgt erfolgen:

(1) ausdrückliche Erklärung, (2) schlüssiges Handeln und (3) u. U. auch durch Schweigen bzw. Nichtstun.

Ein-, zwei- und mehrseitige Rechtsgeschäfte

- Für das Zustandekommen **einseitiger Rechtsgeschäfte** ist nur eine Willenserklärung nötig. Es werden empfangsbedürftige Willenserklärungen (bspw. Kündigung – Rechtsfolge: Beendigung des Mietvertrags) und nicht empfangsbedürftige Willenserklärungen (bspw. Testament) unterschieden. H 2012: A1, 18 Pt.
- Bei **zweiseitigen Rechtsgeschäften** sind zwei Willenserklärungen erforderlich (Kaufvertrag – Rechtsfolge: Zahlung des Kaufpreises und Übergabe der Sache).
- Bei **mehrseitigen Rechtsgeschäften** sind zumindest drei Willenserklärungen erforderlich (bspw. Beschluss der Gesellschafter einer GmbH das Stammkapital zu erhöhen – Rechtsfolge: Verpflichtung zur Zahlung dieser Summe für alle Gesellschafter).

Verbraucher und Unternehmer

H 2011: A1, 13 Pt.

- § 13 BGB: »**Verbraucher** ist jede natürliche Person, die ein Rechtsgeschäft zu Zwecken abschließt, die ... weder ihrer gewerblichen noch ihrer selbständigen Tätigkeit zugerechnet werden können.«
- § 14 (1) BGB: »**Unternehmer** ist eine natürliche oder juristische Person oder eine rechtsfähige Personengesellschaft, die bei Abschluss eines Rechtsgeschäfts in Ausübung ihrer gewerblichen oder selbständigen beruflichen Tätigkeit handelt.«
- **Zweck** dieser Unterscheidung ist der **Schutz des Verbrauchers**, der gegenüber Unternehmen für gewöhnlich weniger Informationen und Erfahrung besitzt und sich daher in einer schlechteren Verhandlungsposition befindet. Der Schutz des Verbrauchers zeigt sich bspw. im BGB in: (1) § 312 Besonderheiten bei Verbraucherverträgen, (2) § 355 Widerrufsrecht bei Verbraucherverträgen, (3) § 474 Verbrauchsgüterkauf.

3.1.2 BGB – Schuldrecht

3.1.2.1 Grundlagen

Schuldverhältnis § 241 (1), BGB: »Kraft des Schuldverhältnisses ist der Gläubiger berechtigt, vom Schuldner eine Leistung zu fordern. Die Leistung kann auch in einem Unterlassen bestehen«.

Abstraktionsprinzip

H 2010: A1a, 6 Pt.

Eine für den Laien nur schwer verständliche Eigenheit des deutschen Schuldrechts ist das **Abstraktionsprinzip**. Dieses trennt das schuldrechtliche vom sachenrechtlichen Geschäft. Im deutschen Privatrecht werden hier nun drei Rechtsgeschäfte unterschieden (bspw. beim Kauf eines Autos):

- **Verpflichtungsgeschäft** des Kaufvertrages
- **Verfügungsgeschäft** der Eigentumsübertragung des Geldes
- **Verfügungsgeschäft** der Eigentumsübertragung der Sache

Sofern das Verpflichtungsgeschäft nicht rechtswirksam ist, gilt dies nicht automatisch für die Verfügungsgeschäfte.

Form von Verträgen

H 2009: A1c-d, 8 Pt.
F 2012: A1c-d, 5 Pt.

Grundsätzlich besteht bei Verträgen Formfreiheit. Zu den Ausnahmen zählen (§ 126 ff. BGB):

- **Schriftform** mit eigenhändiger Unterschrift (bspw. Mietverträge)
- **handschriftliche Form** der gesamten Willenserklärung (bspw. Testament)
- **elektronische Form** (E-Mail, Fax), bspw. beim Widerruf von bestimmten Verbrauchergeschäften

- **notarielle Beglaubigung** der Unterschrift (bspw. bei Eintragung in das Handelsregister)
- **notarielle Beurkundung** des gesamten Vertragsinhalts (bspw. bei Kaufverträgen von Grundstücken oder Schenkungsversprechen).

Grundsatz von Treu und Glauben

§ 242 BGB: »Leistung nach Treu und Glauben: Der Schuldner ist verpflichtet, die Leistung so zu bewirken, wie Treu und Glauben mit Rücksicht auf die Verkehrssitte es erfordern«.

Nichtigkeit von Verträgen

F 2016: A4a-b, 20 Pt.

In den folgenden Fällen ist ein Rechtsgeschäft von **vornherein ungültig**:

- Geschäftsunfähigkeit: § 104 BGB
- Sofern bei beschränkter Geschäftsfähigkeit keine Zustimmung des gesetzlichen Vertreters erfolgt bzw. keine Ausnahme vorliegt (bspw. Taschengeldparagraph in § 110 BGB)
- Formmängel (§ 125 BGB) und nicht übereinstimmende Willenserklärungen
- Scheingeschäfte (nicht wirklich so gemeint): § 117 BGB
- Scherzgeschäfte (»50.000 € für eine Cola!«): § 118 BGB

Anfechtung von Verträgen

H 2009: A2, 16 Pt.
H 2013: A2, 18 Pt.
F 2018: A1a,c, 10 Pt.

Sofern eine Anfechtung wirksam wird, wird das Rechtsgeschäft in den folgenden 7 **Fällen rückwirkend unwirksam** (§ 142 (1) BGB). Zudem wird der Anfechtende in den ersten fünf Fällen **schadensersatzpflichtig** (§ 122 (1) BGB). Die **Anfechtungserklärung** erfolgt gegenüber dem Anfechtungsgegner (§ 143 (1) BGB).

1. Erklärungsirrtum (Versprechen, Verschreiben): § 119 (1) BGB
2. Inhaltsirrtum (jemand hat völlig falsche Vorstellungen hinsichtlich der Sache): § 119 (1) BGB
3. Irrtum über die wesentlichen Eigenschaften einer Person (bspw. Alter): § 119 (2) BGB
4. Irrtum über die wesentlichen Eigenschaften einer Sache: § 119 (2) BGB
5. Übermittlungsirrtum durch einen Boten/Technik: § 120 BGB
6. arglistige Täuschung: § 123 (1) BGB
7. widerrechtliche Drohung: § 123 (1) BGB

Kein Anfechtungsgrund liegt vor, wenn Käufer nach Vertragsabschluss feststellt, dass die Ware doch nicht gefällt (bspw. Farbe).

»Die Anfechtung ist ausgeschlossen, wenn das anfechtbare Rechtsgeschäft von dem Anfechtungsberechtigten bestätigt wird« (§ 144 (1) BGB).

Anfechtungsfristen

F 2018: A1b, 8 Pt.

- In den ersten fünf Fällen hat die Anfechtung **unverzüglich nach Entdeckung des Irrtums** zu erfolgen (§ 121 (1) BGB). Zu bedenken ist, dass »unverzüglich« nicht sofort heißt. Es besteht eine gewisse Überlegefrist, die bspw. eine Rechtsberatung beinhaltet.
- In den Fällen 6 und 7 kann die Anfechtung nur innerhalb eines Jahres erfolgen (§ 124 (1) BGB). Die **Frist beginnt** a) bei einer arglistigen Täuschung mit dem Zeitpunkt der Entdeckung der Täuschung (§ 124 (2) BGB) und b) bei einer widerrechtlichen Drohung mit dem Ende der Zwangslage (§ 124 (2) BGB).
- In allen Fällen ist die Anfechtung ausgeschlossen, wenn seit der Abgabe der Willenserklärung 10 Jahre verstrichen sind (§ 121 (2) BGB und § 124 (3) BGB).

3

Verjährung

H 2016: A1b-d, 13 Pt.

- Grundlegende Regelungen in Bezug auf die Verjährung finden Sie in den §§ 194 ff. BGB.
- Die **regelmäßige Verjährungsfrist** beträgt nach § 195 BGB 3 Jahre. Dies gilt auch für Kaufpreisansprüche.
- Die regelmäßige Verjährungsfrist **beginnt** nach § 199 (1) BGB mit dem Schluss des Jahres, in dem der Anspruch entstanden ist.
- Zu den **besonderen Verjährungsfristen** vgl. bspw. § 438 BGB. Hier wird die Verjährung bei Mängelansprüchen geregelt. Sie beträgt für gewöhnlich 2 Jahre (bspw. bei beweglichen Sachgegenständen) und bei Bauwerken 5 Jahre.
- Für **Werkverträge** ist die Verjährung in § 634a geregelt (bspw. 5 Jahre bei einem Bauwerk).
- Sofern eine Leistung (bspw. Zahlung) nach dem Eintritt der Verjährung erfolgt, kann das Geleistete **nicht zurückgefordert** werden (§ 214 (2) BGB) – auch dann nicht, wenn die Leistung in Unkenntnis der Verjährung erfolgte.

Zudem ist zwischen der Hemmung und Unterbrechung der Verjährung zu unterscheiden (§ 203 ff. BGB):

- **Hemmung**: Die Frist wird bspw. bei schwebenden Verhandlungen unterbrochen und danach fortgeführt (»Die Uhr wird angehalten«).
- **Unterbrechung**: Die Frist beginnt bspw. durch eine Abschlagszahlung neu (»Die Uhr wird neu gestellt«).

3

Gerichtsbarkeit und Gerichtsstand

- Verfassungsgericht, ordentliche Gerichte (Zivilgerichte und Strafgerichte) und besondere Gerichte (Arbeits-, Finanz-, Sozialgerichte)
- Gerichtsstand nach Gesetz: Firmen-/Wohnsitz des Schuldners und nur bei Kaufleuten nach Vertrag
- Amtsgericht bei Streitwert bis 5.000 € und Landgericht (Anwaltszwang) bei Streitwert größer als 5.000 €

3.1.2.2 Produkthaftung

Zunächst muss dabei unterschieden werden, ob die Haftung durch Gesetze oder durch vertragliche Regelungen (bspw. AGB) geregelt ist. Die gesetzlichen Regelungen basieren auf:

- BGB § 437: Gewährleistung
- BGB § 823: Schadensersatzpflicht bei unerlaubten Handlungen
- ProdHaftG: Das Produkthaftungsgesetz greift bei Tod, Gesundheitsschäden oder Sachschäden. Bis zu 500 € muss der Geschädigte selbst tragen.

3

3.1.2.3 Kaufvertrag

Zustandekommen eines Kaufvertrags

H 2010: A1b, 6 Pt.
H 2012: A4a, 3 Pt.
H 2016: A1a, 2 Pt.
H 2016: A2a,c, 11 Pt.
F 2017: A1, 22 Pt.

Ein Kaufvertrag kommt durch **zwei übereinstimmende Willenserklärungen** zustande.

- Dies erfolgt für gewöhnlich in zeitlicher Abfolge durch **Antrag** (bspw. Angebot oder Bestellung) und **Annahme** (bspw. Auftragsannahme) bzw. Gegenantrag und dessen Annahme.

- § 146 BGB: Der Antrag erlischt, wenn er entweder **abgelehnt** oder **nicht rechtzeitig** nach den §§ 147-148 angenommen wird:

  - § 147 (1) BGB: »Der einem **Anwesenden** gemachte Antrag kann nur sofort angenommen werden.« Dies gilt auch bei einem Antrag via Telefon oder ähnlichen technischen Einrichtungen von Person zu Person.

  - § 147 (2) BGB: »Der einem **Abwesenden** gemachte Antrag kann nur bis zu dem Zeitpunkt angenommen werden, in welchem der Antragende den Eingang der Antwort unter regelmäßigen Umständen erwarten darf.«

  - § 148 BGB: Sofern der Antragende eine Frist setzt, kann die Annahme nur innerhalb der Frist erfolgen.

- § 150 BGB: Eine verspätete oder abgeänderte Annahme gilt als **neuer Antrag**. »Ja, aber ...« ist ein neuer Antrag.

- Der Vertrag kommt nach § 311a (1) BGB auch dann zustande, wenn schon bei Vertragsabschluss ein **Leistungshindernis** vorliegt (bspw. ein kaputt gegangener Gegenstand). Nach § 311a (2) Satz 1 BGB kann der Gläubiger in diesem Fall Schadensersatz verlangen. Sofern dem Schuldner die Unmöglichkeit der Vertragserfüllung nicht schon bei Vertragsabschluss bekannt war und er diese Unkenntnis nicht zu vertreten hat, hat der Gläubiger keinen Anspruch auf **Schadensersatz** (§ 311a (2) Satz 2 BGB).

- Eine Willenserklärung ist auch dann wirksam, wenn der Erklärende nach der Abgabe stirbt oder geschäftsunfähig wird (§ 130 (2) BGB).

Rechte und Pflichten für Käufer und Verkäufer

H 2010: A1c, 5 Pt.
H 2012: A4b, 4 Pt.
F 2015: A1a, 4 Pt.
H 2016: A2b, 10 Pt.

- **Pflicht des Verkäufers** = Recht des Käufers: Übergabe der Sache und Übertragung der Eigentumsrechte. Die Sache muss dabei frei von Sach- oder Rechtsmängeln sein (§ 433 (1) BGB).
- **Pflicht des Käufers** = Recht des Verkäufers: Zahlung des vereinbarten Kaufpreises zum vereinbarten Termin/Zeitraum (§ 433 (2) BGB) und Abnahme der Ware.
- **Unmöglichkeit der Leistung**: Der Anspruch auf Leistung ist ausgeschlossen, wenn dies für den Schuldner oder für jedermann unmöglich ist – bspw. einem Bruchschaden (§ 275 (1) BGB). Damit entfällt auch der Anspruch auf Gegenleistung (§ 326 (1) BGB).

Zunächst ist der Kaufvertrag im Sinne des Abstraktionsprinzips (vgl. Kap. 3.1.2.1) ein Verpflichtungsgeschäft. Daraus ergeben sich die beiden Verfügungsgeschäfte der Übertragung von Sache und Geld.

Allgemeine Geschäftsbedingungen (AGB)

H 2013: A1a-d, 19 Pt.
H 2015: A1a-d, 21 Pt.

Bei den *Allgemeinen Geschäftsbedingungen* handelt es sich um in Verträgen vorformulierte, standardisierte Vertragsbedingungen, die eine Vertragspartei der anderen bei Vertragsabschluss vorgibt (§ 305 (1) 1. BGB). Hierzu zählen bspw.: Liefer- und Zahlungsbedingungen, Vereinbarungen über Gerichtsstand und Erfüllungsorte. Für gewöhnlich ist es der Verkäufer, der dem Privatkäufer AGB (»das Kleingedruckte«) vorgibt. Im BGB sind die Regelungen hierzu aber relativ streng (§ 305 (2) BGB):

- Es dürfen keine Individualvereinbarungen sein.
- Hinweis bei Vertragsabschluss erforderlich.

3

- Es muss die Möglichkeit bestehen, in zumutbarer Weise von den AGB Kenntnis zu nehmen.
- Die andere Seite muss ihr Einverständnis zu den AGB geben.

In den folgenden Fällen sind AGB Klauseln unwirksam:

- überraschende Klauseln (Handy-Kauf mit Zeitschriften-Abo)
- Klauseln, die gegen Treu und Glauben verstoßen
- ausdrücklich in den §§ 308, 309 BGB genannte Klauseln

Sofern eine Klausel unwirksam wird, gilt der Vertrag, aber die entsprechende Klausel wird durch die entsprechende gesetzliche Regelung ersetzt. *Grundsätzlich sind Einzelvereinbarungen den AGB vorzuziehen.*

3.1.2.4 Weitere Vertragsarten

Neben dem allgemeinen Kaufvertrag werden weitere Vertragsarten unterschieden (Ziffern 1 bis 7 in Klammer beziehen sich auf die Prüfungsaufgaben rechts):

H 2008: **A3a-d**, 20 Pt. (1)
F 2011: **A1a-b**, 21 Pt. (2)
H 2013: **A2**, 18 Pt. (3)
F 2015: **A1a-b**, 16 Pt. (4)
H 2015: **A2a-b**, 18 Pt. (5)
H 2016: **A1a**, 2 Pt. (6)
H 2017: **A3b**, 10 Pt. (7)

Werkvertrag § 631 ff. BGB: (2), (4), (6)	
Ziel: entgeltliche Lieferung eines Werkes (bspw. Skriptautor)	
Auftragnehmer	**Auftraggeber**
• Lieferung der versprochenen Leistung (mit Erfolgsgarantie)	• Abnahme des Werkes und Bezahlung

Dienstvertrag § 611 ff. BGB: (2), (4)	
Ziel: entgeltliche Leistung eines Dienstes (bspw. Arbeitnehmer)	
Auftragnehmer	**Auftraggeber**
• erbringt die Dienstleistung (ohne Erfolgsgarantie)	• Zahlung der vereinbarten Entlohnung auch bei Nicht-Erfolg

Darlehensvertrag § 488 ff. BGB: (2), (4)	
Ziel: entgeltliche Überlassung einer Sache bzw. einer Geldsumme	
Darlehensgeber (Bank)	**Darlehensnehmer**
• Überlassung der Sache bzw. Geldsumme	• Bezahlung des Zinses • Rückgabe d. Sache/Geldsumme

Mietvertrag § 535 ff. BGB: (1), (2), (3), (4), (7)	
Ziel: entgeltliche Überlassung einer Sache (bspw. Wohnung)	
Vermieter	**Mieter**
• Überlassung des Mietgegenstandes (bspw. Wohnung) • vertragsgemäßen Zustand gewährleisten • Mängelbeseitigung	• Bezahlung des Mietzinses • Sorgfalt beim Umgang mit der Mietsache • Anzeige von Mängeln

Leasingvertrag	
Ziel: spezielle Form des Mietvertrags (Vorsicht: viele Varianten!)	
Leasinggeber	**Leasingnehmer**
• Überlassung des Leasinggegenstands (bspw. PKW, EDV) • ggf. Service	• Bezahlung der Leasingrate • trägt Gefahr des Untergangs • ggf. Kauf nach Leasingzeitraum

Pachtvertrag § 581 ff. BGB: (2), (4), (5)	
Ziel: entgeltliche Überlassung einer Sache (bspw. Obstgarten)	
Verpächter	**Pächter**
• Überlassung des Pachtgegenstandes sowie dessen Ertrag (bspw. Obstgarten) • vertragsgemäßen Zustand gewährleisten	• Bezahlung des Pachtzinses • Nutzungsrecht und Eigentum am erzielten Ertrag (Obst) • Kündigungsfristen flexibel aushandelbar

Sofern auf einem gepachteten Grundstück Gebäude errichtet werden, sind diese nicht wesentlicher Bestandteil des Grundstücks geworden (§§ 93/94 BGB) – es handelt sich nur um einen vorübergehenden Zweck (§ 95 BGB). Nach Ablauf der Pachtzeit sind diese Gebäude abzubauen.

3

3.1.2.5 Leistungsstörungen und Haftung

Der Schuldner hat die Leistung frei von Mängeln, am richtigen Ort und zur richtigen Zeit zu erbringen. Als Schuldner gelten dabei grundsätzlich beide Seiten (der Verkäufer schuldet die Sache, der Käufer den Geldbetrag). Es muss dabei unterschieden werden zwischen:

- **Stückschuld**: Schuld einer individuellen Sache (bspw. Kunstwerk oder bestimmter Gebrauchtwagen)
- **Gattungsschuld**: Schuld einer bestimmten Gattung nach (bspw. Tomaten einer bestimmten Sorte und Qualitätsklasse)

Zudem werden verschiedene Formen von Leistungsstörungen unterschieden.

Lieferung am falschen Ort

Der Schuldner liefert die Sache nicht am vereinbarten Ort ab. Es muss dabei unterschieden werden zwischen:

- **Holschuld**: Der Schuldner muss die Sache/Geldsumme lediglich zur Abholung durch den Gläubiger bereitstellen. Im Zweifel liegt bei Sachen eine Holschuld vor (§ 269 (1) BGB).
- **Bringschuld**: Der Schuldner trägt Verantwortung für die Übergabe der Sache/Geldsumme am Zielort des Gläubigers. Im Zweifel liegt bei Geldschulden eine Bringschuld vor (§ 270 (1) BGB).
- **Schickschuld**: Der Schuldner muss die Sache/Geldsumme lediglich versendet haben.

Sonderfall Versendungskauf

H 2012: A4c, 15 Pt.

Sofern der Verkäufer auf Verlangen des Käufers mittels eines Spediteurs/Frachtführers an einen anderen Ort, als den Erfüllungsort (= Sitz des Verkäufers) liefert, dann geht die Gefahr des Verlusts der Ware beim Transport auf den Käufer über (§ 447 BGB).

Zahlungs- und Lieferungsverzug

F 2014: A4a-c, 18 Pt.
F 2018: A2a-c, 21 Pt.

- »Leistet der Schuldner auf eine **Mahnung** des Gläubigers nicht, die nach dem Eintritt der Fälligkeit erfolgt, so kommt er durch die Mahnung in Verzug« (§ 286 (1) BGB). Dies gilt für den **Zahlungsverzug** *und* den **Lieferungsverzug**. **Wichtig**: Der Verzug beginnt erst ab dem Zeitpunkt der Mahnung!
- Nach § 271 (1) BGB ist die Leistung sofort **fällig**, sofern keine Zeit bestimmt oder den Umständen zu entnehmen ist.
- Sofern ein **fester Leistungstermin** (Zahlung oder Lieferung) vereinbart wird, ist der Schuldner ab diesem Zeitpunkt auch ohne Mahnung in Verzug (§ 286 (2) 1. BGB).
- Wenn die Leistung des Schuldners (Zahlung oder Lieferung) aufgrund eines Umstands unterbleibt, den er **nicht zu vertreten hat**, gerät er nicht in Verzug (§ 286 (4) BGB).
- Der Schuldner einer Entgeltforderung kommt ohne Mahnung automatisch **30 Tage** nach Fälligkeit oder Zugang der Rechnung in Verzug. Unternehmen als Schuldner müssen nicht ausdrücklich auf die 30-Tages-Frist hingewiesen werden (§ 286 (3) 1. BGB).
- Im Falle eines Zahlungsverzugs können Gebühren und Zinsen als Schadensersatz verlangt werden. Die **Verzugszinsen** liegen a) für Privatpersonen bei 5 % über und b) für Unternehmen bei 9 % ebenfalls über dem Basiszinssatz (§ 288 (1) u. (2) BGB). Der **Basiszinssatz** (seit 01.07.2018 = –0,88 %) wird von der Deutschen Bundesbank halbjährlich veröffentlicht (§ 247 (1) BGB).
- Zahlungs-/Lieferungsverzug: **Ohne Nachfrist** kann Erfüllung (§§ 280 ff. BGB) und **mit Nachfrist** kann Rücktritt vom Vertrag (§ 323 (1) BGB) gefordert werden. Zudem jeweils Schadensersatz.

Gläubigerverzug

Auch der Gläubiger kann in Verzug mit der Annahme der Leistung sein (**Annahmeverzug**: §§ 293 ff. BGB).

3

Unmöglichkeit der Leistung

Der Anspruch auf Leistung ist ausgeschlossen, wenn dies für den Schuldner oder für jedermann unmöglich ist – bspw. bei Brand-, Bruch- oder Wasserschaden (§ 275 (1) BGB).

- Dabei ist es unerheblich, ob es objektiv für jedermann, subjektiv nur für den Schuldner oder nur mit einem unverhältnismäßig großen Aufwand unmöglich ist (§ 275 (2) BGB).
- Der Schuldner wird bei Unmöglichkeit der Leistung von der Leistungspflicht frei, verliert aber den Anspruch auf Gegenleistung.
- Hat er die Unmöglichkeit verursacht, kann der Gläubiger Schadensersatz verlangen.

Mängelarten

F 2016: A1a, 4 Pt.
H 2017: A2b, 4 Pt.

Zunächst ist eine Lieferung nach § 434 (1) BGB **frei von Sachmängeln**, wenn sie ...

- die vereinbarte Beschaffenheit hat (Bücherregal aus Massivholz)
- sich für die vertraglich vorausgesetzte Verwendung eignet (Regale für die Lagerung von schweren Metallteilen)
- sich für die gewöhnliche Verwendung eignet, eine übliche Beschaffenheit hat (übliche Eigenschaften von Regalen) und der umworbenen Qualität entspricht (besonders stabile Bücherregale).

Zudem liegt ein **Sachmangel** nach § 434 (2) BGB dann vor, wenn ...

- die Montage fehlerhaft war (falscher Aufbau der Regale)
- die Montageanleitung fehlerhaft ist (»Ikea-Klausel«).

Schließlich liegt auch dann ein **Sachmangel** vor, wenn eine falsche Sache oder eine zu geringe Menge der Sache geliefert wurde (§ 434 (3) BGB).

Rechte des Käufers bei mangelhafter Lieferung

F 2010: A2, 16 Pt.
H 2011: A2a-e, 24 Pt.
F 2013: A4a-c, 20 Pt.
H 2014: A2a, 5 Pt.
H 2015: A3a, 5 Pt.
F 2016: A1b-e,20 Pt.
F 2017: A2a, 10 Pt.
H 2017: A2b, 6 Pt.

Nach § 437 BGB stehen dem Käufer bei Sachmängeln folgende Möglichkeiten offen (2 Schritte):

1. **vorrangiges Recht**: **Nacherfüllung** (§ 439 BGB): Nachbesserung oder Nachlieferung der mangelhaften Ware (der Käufer kann wählen) als vorrangiges Recht ohne Nachfrist. Der Verkäufer kann die Nacherfüllung verweigern, wenn sie mit unverhältnismäßigen Kosten verbunden oder unmöglich ist. Die Nachbesserung ist mit dem 2. erfolglosen Versuch fehlgeschlagen.

2. Danach kann er mit Nachfrist die folgenden **nachrangigen Rechte** in Anspruch nehmen:

   - **Rücktritt** vom Vertrag (§ 440 BGB) ***oder***
   - **Minderung** (= Herabsetzung des Kaufpreises; § 441 BGB),

   zudem ...

   - **Schadensersatz** (§ 440 BGB; neben/anstelle der Leistung) ***oder***
   - **Ersatz vergeblicher Aufwendungen** (§ 284 BGB)

Zusätzliche Regelungen:

- Sofern eine **Garantie** (§ 443 BGB) vorliegt, gelten diese Rechte unabhängig von den Ansprüchen nach § 437.
- **Verjährung**: Die Ansprüche aus Gewährleistung gelten grundsätzlich 2 Jahre.
- Die Sachmängelhaftung kann durch Vertrag ausgeschlossen werden (nicht bei bspw. Verbrauchsgüterkäufen). Geschieht dies nicht, gelten die genannten gesetzlichen Regelungen.

3

Haftung/Schadensersatz

F 2012: **A2,** 20 Pt.
F 2015: **A2a-c,** 20 Pt.
H 2017: **A2a,c,** 8 Pt.

- **Schadensersatz** wegen Pflichtverletzung (§ 280 BGB): Der Gläubiger eines **Vertragsverhältnisses** kann vom Schuldner, der ihm einen Schaden durch Pflichtverletzung zufügt, Schadensersatz verlangen. Dies gilt nicht, wenn er diesen Schaden nicht zu vertreten hat. ***Rechtsanwaltskosten für eine Mahnung stellen keinen Verzugsschaden dar.***
- **Schadensersatzpflicht allgemein** (§ 823 (1)): »Wer vorsätzlich oder fahrlässig das Leben, den Körper, die Gesundheit ... eines anderen widerrechtlich verletzt, ist dem anderen zum Ersatz des daraus entstehenden Schadens verpflichtet.«
- **Kinder** unter 7 Jahren sind nicht, und Minderjährige zwischen 7 u. 18 Jahren sind nur bei Vorsatz schadensersatzpflichtig (§ 828 BGB).

Verbrauchsgüterkauf

F 2017: **A2b-c,** 7 Pt.

Sofern ein (privater) Verbraucher von einem Unternehmer eine bewegliche Sache oder eine Dienstleistung kauft, spricht man von einem Verbrauchsgüterkauf (§ 474 (1) BGB).

- **Beweislastumkehr** beim Verbrauchsgüterkauf (§ 476 BGB): Zeigt sich innerhalb von sechs Monaten ab Übergabe ein Sachmangel, so wird davon ausgegangen, dass die Sache schon bei der Übergabe mangelhaft war. In diesem Fall liegt die Beweislast für die mangelfreie Lieferung beim Unternehmer. Nach Ablauf der 6 Monate liegt die Beweislast beim Käufer.
- Diese Beweislastumkehr gilt dann nicht, wenn sie mit der Art der Sache oder des Mangels unvereinbar ist.

Widerrufsrecht

F 2009: **A2a,** 15 Pt.

Bei bestimmten Geschäften hat der Verbraucher ein Widerrufsrecht (§ 312g BGB u. § 355 BGB): a) Fernabsatzgeschäfte (14-tägig), b) Haustürgeschäften, c) Verbraucherdarlehen.

3.1.3 BGB – Sachenrecht

3.1.3.1 Eigentum und Besitz

F 2013: A2a, 8 Pt.
H 2016: A4a, 6 Pt.
H 2017: A3a,c, 12 Pt.

- **Eigentum** ist die rechtliche Herrschaft über eine Sache (§ 903 BGB).
- **Besitz** ist die tatsächliche Herrschaft über eine Sache.

So ist der Dieb eines Autos der Besitzer, aber nicht Eigentümer. Entsprechend ist der Vermieter Eigentümer und der Mieter Besitzer der Sache. Die **Leihe** von Sachen ist in den §§ 598 ff. BGB geregelt. Der Entleiher darf die Sache nicht ohne Erlaubnis weiterverleihen (§ 603 BGB).

Erwerb von abhanden gekommenen Sachen

F 2013: A2b, 14 Pt.
H 2016: A4b-c, 12 Pt.
F 2017: A4c, 8 Pt.

Zwar kann nach § 932-34 BGB gutgläubiger Erwerb von Nichtberechtigten erfolgen (bspw. bei Besitzkonstitut - siehe unten). Bei abhanden gekommen Sachen (bspw. durch Diebstahl) gilt dies nicht (§ 935 (1) BGB). Der Käufer gestohlener Waren wird zwar Besitzer der Sache, kann aber nicht Eigentümer durch gutgläubigen Erwerb werden. Der Eigentümer hat Anspruch auf Herausgabe der gestohlenen Sache (§ 985 BGB u. § 812 (1) BGB).

Übertragung von Eigentumsrechten

F 2017: A4a-b, 12 Pt.

Nach § 929 Satz 1 BGB sind zur Eigentumsübertragung an einer beweglichen Sache (bspw. PKW) für gewöhnlich **Einigung** und **Übergabe** erforderlich. Zu den Ausnahmen zählen:

- Sofern der Käufer bereits Besitzer ist, ist keine Übergabe notwendig. (§ 929 Satz 2 BGB). Kauft ein Mieter bspw. die betreffende Wohnung, ist er schon Besitzer.
- Sofern der Verkäufer im Besitz der Sache bleiben soll (**Sicherungsübereignung**) ist die Übergabe der Sache nicht notwendig (= **Besitzkonstitut**: § 930 BGB).

3

- § 931 BGB »Ist ein Dritter im Besitz der Sache, so kann die Übergabe dadurch ersetzt werden, dass der Eigentümer dem Erwerber den Anspruch auf Herausgabe der Sache abtritt.«

Eigentumsvorbehalt

- Beim **Eigentumsvorbehalt** bleibt der Lieferant (bspw. einer Maschine) so lange Eigentümer, bis der Käufer den Kaufpreis vollständig beglichen hat (§ 449 (1) BGB). Der Käufer der Maschine wird nur Besitzer und kann daher die Maschine zwischenzeitlich nutzen.

F 2014: A3a-b, 20 Pt.

- Der Verkäufer kann die Sache nur herausverlangen, wenn er vom Vertrag zurückgetreten ist (§ 449 (2) BGB). Gemäß § 323 (1) BGB kann er vom Vertrag zurücktreten, wenn der Käufer nach angemessener Frist nicht zahlt. Der Rücktritt erfolgt durch Erklärung gegenüber dem Käufer (§ 349 BGB). Zu den Wirkungen des Rücktritts nach § 346 (1) BGB zählt in unserem Fall die Möglichkeit, die unter Eigentumsvorbehalt gelieferte Ware zurückzuverlangen.
- Als Sonderfälle gibt es den **erweiterten Eigentumsvorbehalt**, bei dem sich das Eigentum auch auf eine verarbeitete Ware ausdehnt, sowie den **verlängerten Eigentumsvorbehalt**, bei dem sich das Eigentum auch auf Forderungen aus dem Verkauf der Gegenstände erstreckt.

3.1.3.2 Finanzierungssicherheiten

Zur Gewährung eines Kredites erwarten Banken bzw. Lieferanten eine Absicherung im Falle eines Zahlungsausfalls des Kreditnehmers. Es werden dingliche und persönliche Sicherheiten unterschieden.

Hypothek und Grundschuld

Zu den dinglichen Sicherheiten zählen zunächst Grundpfandrechte, die dem Kreditgeber bei Immobilienkrediten und beim Zahlungsausfall des Kreditnehmers den Zugriff auf die Immobilie gewähren. Dabei werden

3

zwei Varianten unterschieden, die beide ins Grundbuch eingetragen werden:

- Bei einer **Hypothek** (§ 1113 ff. BGB) gewährt eine Bank einen Immobilienkredit an einen Grundeigentümer, der diesen Kredit mit dem Grundstück/Gebäude besichert. Sofern der Kredit getilgt ist, erlischt die Hypothek. Diese Bindung der Hypothek an den Kredit wird als **akzessorisch** bezeichnet.
- Die **Grundschuld** (§ 1191 ff. BGB) ist vom Prinzip gleich, nur erlischt sie nicht bei Tilgung des Kredits. Das bedeutet nicht, dass der Kreditnehmer nach vollständiger Tilgung seines Darlehens noch eine Schuld gegenüber einer Bank hat. Aber der große Vorteil liegt darin, dass er relativ unbürokratisch und kostengünstig einen neuen Kredit aufnehmen kann, der durch die bestehende Grundschuld abgedeckt ist. Die Trennung von Kredit und Grundschuld wird als **fiduziarisch** bezeichnet.

Verpfändung und Sicherungsübereignung

H 2011: A4a-b, 16 Pt.
F 2012: A4a, 10 Pt.
F 2015: A3b, 15 Pt.

Zur Absicherung von Krediten bieten sich auch folgende Varianten an:

- **Verpfändung** (§ 1204 ff. BGB): Dabei übergibt der Kreditnehmer den Wertgegenstand (bspw. Wertpapiere) als Sicherheit für den Kredit. Das gleiche Prinzip wird im Pfandhaus angewandt: Sie hinterlegen Ihre Uhr und bekommen einen geringeren Gegenwert als Kredit ausbezahlt. Das ist nur bei nicht betriebsnotwendigen Vermögensgegenständen sinnvoll. Sofern die Maschine zur Produktion von Gütern benötigt wird, entfällt diese Variante.
- **Sicherungsübereignung**: Der Schuldner bleibt im Besitz der Sache, übergibt aber die Eigentumsrechte an den Gläubiger (§ 930 BGB: Besitzkonstitut). Dies ist bspw. bei Maschinen sinnvoll, die zur Besicherung von Bankdarlehen dienen. Die Bank wird Eigentümer, aber der Unternehmer soll natürlich Besitzer der Maschinen bleiben, um damit produzieren zu können.

3

Bürgschaften und Garantien als persönliche Sicherheiten

H 2011: A4c, 4 Pt.
F 2012: A4b-c, 8 Pt.
F 2015: A3a, 4 Pt.

- **Bürgschaften** (§ 765 ff. BGB) sind durch das zusätzliche Versprechen von Personen gekennzeichnet, im Falle eines Zahlungsausfalls des Kreditnehmers für diesen einzuspringen. Bürgschaften sind **akzessorisch** und hängen von einer bestehenden konkreten Forderung ab. Dabei werden zwei Formen unterschieden:
    - Bei der **Ausfallbürgschaft** steht dem Bürgen das Recht auf *Einrede der Vorausklage* (§ 771 BGB) zu. Somit kann er vom Gläubiger (der Bank) verlangen, dass er zuerst eine Zwangsvollstreckung gegenüber dem Hauptschuldner vornimmt.
    - Bei der selbstschuldnerischen Bürgschaft verzichtet der Bürge auf das Recht der *Einrede der Vorausklage*. Diese Form wird von Banken aus ersichtlichem Grunde bevorzugt.
    - Bürgschaften bedürfen gemäß § 766 (1) BGB der **Schriftform**, die vom Aussteller eigenhändig unterschrieben werden muss. Eine elektronische Übermittlung (durch bspw. E-Mail) ist ausgeschlossen (§ 766 (2) BGB).
    - Sofern der Bürge den Kredit der Bank zurückgezahlt hat, geht die Forderung gg. dem Kreditnehmer von der Bank auf den Bürgen über (§ 774 (1) BGB)
- **Garantien** (§ 443 BGB) sind vom Prinzip den Bürgschaften ähnlich, sind aber nicht von einer konkreten Forderungsposition abhängig und damit **fiduziarisch**.

Zession und Factoring

In den §§ 398 ff. BGB ist die **Zession** (= Forderungsabtretung) geregelt. Diese ermöglicht die Forderungsabtretung von einem Unternehmer an einen anderen. Das **Factoring** ist die professionelle Variante der Zession. Hierbei spezialisiert sich ein Unternehmen auf den Aufkauf von Forderungen anderer Unternehmen.

3.1.3.3 Grundlagen Konkursrecht / Insolvenzrecht

Ziel des Insolvenzverfahrens

H 2013: **A4a**, 4 Pt.

Das Ziel des Insolvenzverfahrens ist gemäß § 1 InsO, die Gläubiger eines Schuldners gemeinschaftlich zu befriedigen. Dafür wird das Vermögen des Schuldners verwertet und der Erlös an die Insolvenzgläubiger verteilt.

Insolvenzursachen

F **2011: A3a**, 3 Pt.
H **2012: A2a**, 8 Pt.
H **2013: A4b**, 6 Pt.
H **2015: A4a**, 8 Pt.
F **2017: A3a**, 3 Pt.

Es können die folgenden Ursachen einer Eröffnung des Insolvenzverfahrens unterschieden werden:

- **Zahlungsunfähigkeit** (§ 17 InsO)
- **drohende Zahlungsunfähigkeit** (§ 18 InsO)
- bei juristischen Personen eine **Überschuldung** (Fremdkapital > Vermögen bzw. Eigenkapital < 0; § 19 InsO)

Zuständiges Gericht, Form u. Zeitpunkt des Insolvenzantrags

F **2011: A3b-c**, 10 Pt.
H **2012: A2b-c**, 8 Pt.
H **2013: A4c**, 2 Pt.
H **2015: A4b**, 4 Pt.
F **2017: A3b-c**, 7 Pt.

Für die Durchführung eines Insolvenzverfahrens ist das Amtsgericht des Unternehmenssitzes des Schuldners zuständig (§ 2 InsO). Das Gericht prüft, ob a) das Verfahren eröffnet wird oder b) das Verfahren »mangels Masse« abgelehnt wird (Vermögensmasse < Kosten des Insolvenzverfahrens).

- Nach § 13 (1) Satz 1 InsO ist der Insolvenzantrag durch den Schuldner oder den Gläubiger schriftlich beim zuständigen Amtsgericht zu stellen.
- **Insolvenzverschleppung**: Eine verzögerte Insolvenzanmeldung ist strafbar (Geld- oder Freiheitsstrafe). Die Anmeldung muss innerhalb von 3 Wochen nach Vorliegen der Zahlungsunfähigkeit bzw. Überschuldung erfolgen.

3

Folgen für Schuldner und Gläubiger

H 2015: A4c, 6 Pt.

- Das insolvente Unternehmen hat keine Verfügungsberechtigung mehr über das Vermögen.
- Die Gläubiger des Unternehmens können ihre Forderungen nur noch schriftlich beim Insolvenzverwalter anmelden.
- Die Schuldner des insolventen Unternehmens sind verpflichtet ihre Zahlungen an den Insolvenzverwalter zu leisten.

Insolvenzmasse

Die Insolvenzmasse besteht aus dem gesamten Vermögen zu Beginn des Insolvenzverfahrens zzgl. der Zugänge während des Insolvenzverfahrens. Daraus werden die Gläubiger bedient.

Rangfolge der Verteilung und Insolvenzquote

H 2013: A4d, 8 Pt.
F 2017: A3d, 7 Pt.

Schrittweise werden aus der Insolvenzmasse folgende Anspruchseigner bedient (in dieser Reihenfolge):

- Vermögen, das sich zwar im Besitz des Unternehmens befindet, aber nicht Eigentum ist (bspw. Ware unter Eigentumsvorbehalt geliefert).
- Vermögen, das durch fremdes Recht belastet ist (bspw. Grundpfandrechte bei Immobilien).
- Gläubiger der Kosten des Insolvenzverfahrens
- Danach erhalten die berechtigten Gläubiger des Unternehmens (Lieferanten, Mitarbeiter) ihren Anteil. Daraus errechnet sich die **Insolvenzquote** als Prozentanteil der verbleibenden Insolvenzmasse bezogen auf die Summe der berechtigten Forderungen.
- Nachrangige Insolvenzgläubiger sind bspw. Zinsforderungen gegenüber dem insolventen Unternehmen in der Zeit nach der Insolvenzeröffnung. Diese werden nur bedient, sofern noch Insolvenzmasse vorhanden ist.

3

3.1.4 Handelsgesetzbuch (HGB)

3.1.4.1 Begriff des Kaufmanns

»Kaufmann ist, wer ein Handelsgewerbe betreibt.« H 2013: A3a-b, 16 Pt.
(§ 1 (1) HGB) »**Handelsgewerbe** ist jeder Gewerbebetrieb, es sei denn, dass das Unternehmen nach Art und Umfang einen in kaufmännischer Weise eingerichteten Geschäftsbetrieb nicht erfordert.« (§ 1 (2) HGB)

Arten von Kaufleuten im HGB

H 2013: A3c, 4 Pt.
F 2014: A4a, 12 Pt.
H 2017: A4b-c, 8 Pt.

- **Istkaufmann**: Kaufmann kraft Handelsgewerbe (§ 1 HGB).
- **Kannkaufmann**: Kaufmann kraft freiwilliger Eintragung ins Handelsregister bei Kleingewerbetreibenden (§ 2 HGB) und in der Land- und Forstwirtschaft (§ 3 HGB).
- **Formkaufmann**: Kaufmann kraft besonderer Rechtsform. Dies trifft auf alle Handelsgesellschaften (OHG, KG, GmbH, AG usw.) zu – nicht jedoch die GbR (§ 6 HGB).

Handelsgeschäfte

H 2014: A2b-e, 10 Pt.
H 2015: A3b-d, 16 Pt.

- Sofern es sich um einen Kaufmann lt. HGB handelt, sind Rechtsgeschäfte **Handelsgeschäfte**.
- Bei einem **beidseitigen Handelsgeschäft** hat der Käufer der Ware diese unverzüglich auf einen Mangel hin zu untersuchen und ggf. zu rügen (§ 377 (1) HGB). Unterlässt er dies, gilt die Ware als genehmigt (§ 377 (2) HGB). Ein versteckter Mangel muss unverzüglich nach Entdeckung gerügt werden (§ 377 (3) HGB). Hat der Verkäufer den Mangel arglistig verschwiegen, besteht keine unverzügliche Prüf-/Rügepflicht (§ 377 (5) HGB).
- Zudem ändert sich bei Handelsgeschäften auch beim Zustandekommen von Kaufverträgen etwas: Schweigen kann als Zustimmung aufgefasst werden.

3

Firma

Die Firma ist der **Name**, unter dem Kaufleute/Handelsgesellschaften ihre Handelsgeschäfte betreiben (§ 17 (1) HGB). Notwendiger Bestandteil der Firma bei eingetragenen Einzelkaufleuten: eingetragener Kaufmann, e.K., e.Kfm. oder e.Kfr. (§ 19 (1) 1. Satz HGB).

H 2017: A4d-e, 6 Pt.

Firmengrundsätze (§ 18 HGB)

- **Firmenwahrheit und -klarheit**: keine irreführenden Namen
- **Firmenausschließlichkeit**: jede Firma muss von anderen unterschieden werden
- **Firmenöffentlichkeit**: Die Firma muss in das Handelsregister eingetragen werden.

Firmenarten

- **Namensfirma**: bspw. Max Mustermann e.K.
- **Sachfirma**: Reisebuchverlag GmbH; **Fantasiefirma**: Azuro AG
- **Kombination**: Max Mustermann Reisebuchverlag Azuro GmbH

Handlungsvollmacht und Prokura

Neben der Geschäftsführung im Innenverhältnis stehen dem Kaufmann das Recht und die Pflicht zu, das Unternehmen nach außen hin zu vertreten. Diese Vertretungsmacht kann auf angestellte Mitarbeiter ausgedehnt werden. Dabei erfolgt diese Zuweisung durch Duldung, ausdrückliche Erklärung bzw. bei der Prokura erst durch Handelsregistereintrag. Formen:

F 2011: A2a-c, 23 Pt.
H 2014: A4b, 10 Pt.
F 2016: A2a-c, 24 Pt.

- **Einzelvollmacht**: Der Angestellte wird zu einer einzigen Handlung bevollmächtigt (bspw. Abholung einer bestimmten Ware).
- **Artvollmacht**: Sie liegt bei einer dauerhaften Ausführung einer bestimmten Tätigkeit vor. Eine Sonderform stellt die **Ladenvollmacht**

nach § 56 HGB dar: Der Angestellte ist dauerhaft zum Verkauf und zur Entgegennahme von Ware berechtigt.

- **Generalvollmacht**: Der Bevollmächtigte ist zur Durchführung aller gewöhnlichen Geschäfte des Unternehmens berechtigt. Für bspw. die Veräußerung von Grundstücken oder die Aufnahme von Darlehen benötigt er eine zusätzliche Einzelvollmacht.
- **Prokura**: Sie ist für Angestellte die umfassendste Vollmacht. Sie umfasst alle Geschäfte, sofern sie nicht dem Inhaber vorbehalten sind (siehe unten) und muss ins Handelsregister eingetragen werden.

Handlungsvollmacht (§ 54 HGB)	**Prokura** (§ 48 ff. HGB)
• kann sowohl durch ausdrückliche Erklärung als auch schlüssige Handlung erteilt werden	• kann nur durch ausdrückliche Erklärung erteilt werden
• die Erteilung/Löschung ist **nicht** ins Handelsregister einzutragen	• die Erteilung/Löschung der Prokura ist ins Handelsregister einzutragen
• gewöhnliche Geschäfte	• Ermächtigung zu allen gerichtlichen und außergerichtlichen Geschäften eines Handelsgewerbes (Ausnahmen § 49 (2) HGB)
• Beschränkungen im Außenverhältnis sind möglich, aber nicht immer rechtlich durchsetzbar	• im Außenverhältnis ist keine Beschränkung jenseits von § 49 (2) HGB möglich
• die Handlungsvollmacht kann übertragen werden	• die Prokura ist nicht übertragbar

Handlungsvollmacht und Prokura müssen in Verträgen kenntlich gemacht werden (bspw. durch ppa. – per prokura).

Nicht durch Prokura abgedeckte Handlungen nach § 49 HGB

- Einstellung oder Veräußerung des Unternehmens H 2014: A4a, 12 Pt.
- Erteilung von Prokura; Unterzeichnung des Jahresabschlusses
- Änderung der Firma oder Beantragung der Insolvenz
- Bestellung einer Hypothek eines Firmengrundstücks

3

3.1.4.2 Handelsregister

F 2013: A1d, 6 Pt.
F 2014: A4b-d, 10 Pt.
F 2018: A3b-c, 8 Pt.

Unter dem Handelsregister (§ 8 ff. HGB) versteht man ein öffentliches Verzeichnis, in das wichtige kaufmännische Tatbestände eingetragen werden und dem Interessierte wichtige Informationen entnehmen können. Für das Handelsregister ist das jeweilige Amtsgericht des Bezirks zuständig. Es besteht aus zwei Abteilungen:

- Die **Abteilung A** (HRA) enthält Eintragungen über Einzelkaufleute und Personengesellschaften (bspw. e. K., OHG und KG).
- Die **Abteilung B** (HRB) enthält Eintragungen über Kapitalgesellschaften (bspw. GmbH, UG, KGaA und AG).

Eintragungspflicht

- Geschäftssitz, Zweigniederlassungen und Firma (F 2018: A3a, 6 Pt.)
- Erteilung von Prokura (nicht bei Handlungsvollmacht!)
- Insolvenzverfahren; Entstehung einer OHG

Bekanntmachung

Handelsregistereinträge werden im Bundesanzeiger, in zumindest einer Tageszeitung des Amtsgerichtsbezirks sowie unter www.handelsregister.de bekannt gegeben.

Deklaratorische und konstitutive Eintragungen

H 2010: A3, 16 Pt.

- Sofern eine Eintragung ins Handelsregister nur eine schon bestehende Tatsache bezeugt, spricht man von einer **deklaratorischen** Wirkung der Eintragung.
- Bestimmte Tatsachen werden erst durch die Eintragung ins Handelsregister wirksam (**konstitutive** bzw. rechtserzeugende Wirkung). So entsteht bspw. eine Kapitalgesellschaft (GmbH, AG) erst durch die Eintragung ins Handelsregister (§ 11 (1) GmbHG). Somit

haften Gesellschafter einer GmbH nach der notariellen Beurkundung des Gesellschaftervertrags bis zur Eintragung ins HR noch persönlich und solidarisch (§ 11 (2) GmbHG).

Folgen der Eintragung

- Was im Handelsregister steht, gilt unabhängig davon, ob es der Gegenseite bekannt ist. Sie hätte sich ja informieren können.
- Sofern eine eintragungspflichtige Tatsache nicht im Handelsregister steht, kann man sich auch nicht darauf berufen.

Fallbeispiel OHG

F 2018: A3a, 6 Pt.

- § 105 HGB (1): Die OHG ist eine offene Handelsgesellschaft, bei der die Haftung gegenüber Gesellschaftsgläubigern nicht beschränkt ist.
- § 128 HGB: »Die Gesellschafter haften für die Verbindlichkeiten der Gesellschaft den Gläubigern als Gesamtschuldner persönlich. Eine entgegenstehende Vereinbarung ist Dritten gegenüber unwirksam.« Eine Vereinbarung über Haftungsbeschränkungen ist somit im **Außenverhältnis** unwirksam und darf daher auch **nicht** in das Handelsregister eingetragen werden.

3.1.4.3 Vermittlergewerbe

In einigen Fällen stehen dem Kaufmann auch selbstständige Hilfspersonen zur Verfügung. Diese sind nicht angestellt, erhalten kein Gehalt und sind auch nicht weisungsbefugt. Zu den Hilfspersonen im Verkauf (= Vermittler) zählen:

Handelsvertreter

H 2008: A4a-b, 20 Pt.
F 2010: A3a-b, 13 Pt.

- § 84 ff. HGB
- Sie **vermitteln** bzw. schließen für einen Kaufmann in dessen Namen Verträge ab und erhalten hierfür **Provision**. Da-

bei sind sie ständig für einen bestimmten Kaufmann bzw. mehrere Kaufleute tätig. Sie schließen also Verträge im fremden Namen und unter fremder Rechnung ab (bspw. Versicherungsvertreter).

- Der Handelsvertretervertrag ist grundsätzlich **formfrei**, muss aber auf Wunsch einer Vertragsseite schriftlich fixiert werden (§ 85 HGB). Darin könnten bspw. die folgenden Vertragsinhalte festgelegt werden: Nennung der Vertragsparteien, Zuordnung des Absatzgebiets, Befugnisse des Handelsvertreters, Provisionsregelung, Wettbewerbsverbot, Einschränkung der Produkte und Kundengruppen, Vertragsdauer.
- Zu den **Pflichten des Handelsvertreters** zählen: (1) Interessenwahrnehmungspflicht, (2) Vermittlungs-/Abschlusspflicht, (3) Wettbewerbsverbot, (4) Verschwiegenheitspflicht, (5) Informationspflicht.

Handelsmakler

- § 93 ff. HGB
- Sie vermitteln ebenfalls gegen Provision Verträge. Im Gegensatz zum Handelsvertreter sind sie aber nicht ständig für einen bestimmten Kaufmann tätig und schließen auch keine Verträge ab, sondern vermitteln diese lediglich (bspw. Börsenmakler).

Kommissionäre

- § 383 ff. HGB
- Diese kaufen oder verkaufen Waren oder Wertpapiere unter eigenem Namen aber in Rechnung für einen Kaufmann (bspw. im Kunstgewerbe).

3

3.1.5 Arbeitsrecht

3.1.5.1 Arbeitsvertragsrecht

Bereiche des Arbeitsrechts

- Das **kollektive Arbeitsrecht** bezieht sich auf das rechtliche Verhältnis zwischen den Tarifparteien (Gewerkschaften und Arbeitgeberverbände). Wichtige Teilbereiche sind das **Tarifvertragsrecht** und das **Betriebsverfassungsrecht**, die weiter unten behandelt werden.
- Das **individuelle Arbeitsrecht** beschäftigt sich mit dem Verhältnis zwischen dem einzelnen Arbeitnehmer und dem einzelnen Arbeitgeber. Damit setzt sich insbesondere das **Arbeitsvertragsrecht** auseinander, das wir nun näher betrachten werden.

Rechtsbasis des Arbeitsvertragsrechts

Dem Arbeitsvertragsrecht liegen Gesetze (u. a. BGB), Tarifverträge, Betriebsvereinbarungen sowie die praktische Rechtssprechung der Arbeitsgerichte zugrunde.

Arbeitsvertrag, Betriebsvereinbarung, Tarifvertrag u. Gesetz

F 2009: A3a, 5 Pt.

Im Arbeitsrecht gilt ein 4-stufiges Schema, bei dem der Arbeitnehmer (AN) in einer der folgenden Stufen jeweils nur besser gestellt werden darf:

1. Gesetz (Arbeitsrecht)
2. Tarifvertrag
3. Betriebsvereinbarung
4. individueller Arbeitsvertrag

Somit kann der Tarifvertrag aus Sicht des AN nur eine Verbesserung bzw. Gleichbehandlung gegenüber dem Gesetz, aber keine Verschlechterung bedeuten usw.

3

Arbeitsvertrag

Der Arbeitsvertrag ist eine **spezielle Form des Dienstleistungsvertrages** (vgl. Kapitel 3.1.2.4). Er ist ein privatrechtlicher Vertrag zwischen Arbeitgeber u. Arbeitnehmer über die Erbringung von weisungsabhängigen Dienstleistungen gegen Entgelt.

F 2013: A3a, 2 Pt.

Arbeitnehmer und Arbeitgeber

- **Arbeitnehmer** (AN) sind weisungsgebunden und wirtschaftlich abhängig sowie in die Organisation und Hierarchie eingebunden.
- **Arbeitgeber** (AG) ist, wer zumindest einen Arbeitnehmer beschäftigt. Es kann sich dabei um natürliche oder juristische Personen handeln. Zudem sind auch öffentlich-rechtliche Körperschaften Arbeitgeber.

Abschluss eines Arbeitsvertrags (§ 611 BGB)

- Es handelt sich um ein zweiseitiges **Rechtsgeschäft**, bei dem beide Vertragsparteien in der Regel volljährig sein müssen. Minderjährige dürfen einen Arbeits- oder Ausbildungsvertrag mit Zustimmung/Einwilligung des gesetzlichen Vertreters abschließen.

H 2010: A4, 14 Pt.

- **Formfreiheit**: Es ist keine besondere Form vorgeschrieben. Allerdings müssen wesentliche Vertragsbestimmungen innerhalb von einem Monat nach Arbeitsbeginn an den AN ausgehändigt werden (i. S. d. Nachweisgesetzes).
- **Inhalt eines Arbeitsvertrags:** Name von Arbeitgeber und Arbeitnehmer, Vertragsbeginn und ggf. bei Befristung Vertragsende, Berufsbezeichnung, Tätigkeitsbeschreibung, regelmäßige Arbeitszeiten, Urlaub, Vergütung/Entgelte, Sozialleistungen, Probezeit und Kündigungsfrist.

Formen von Arbeitsverträgen

H 2016: A3a, 5 Pt.

- **unbefristeter Arbeitsvertrag**: Dauerarbeitsverhältnis, das durch einseitige Kündigung oder Aufhebungsvertrag beendet wird.
- **befristeter Arbeitsvertrag** für einen bestimmten Zeitraum oder ein bestimmtes Projekt (**Teilzeit- und Befristungsgesetz TzBfG**)
- **Teilzeitbeschäftigung**: Es wird nur ein Teil der regelmäßigen Wochenarbeitszeit dem Vertrag zugrunde gelegt. Eine Sonderform stellen Minijobs dar (450 € maximales monatliches Entgelt).
- **Berufsausbildungsvertrag**
- **Praktikumsvertrag** oder Probearbeitsverhältnis

Befristete Arbeitsverhältnisse (TzBfG)

H 2016: A3a-e, 24 Pt.

- § 3 (1) TzBfG: »Befristet beschäftigt ist ein Arbeitnehmer mit einem auf bestimmte Zeit geschlossenen Arbeitsvertrag.« Er liegt vor, »wenn seine Dauer kalendermäßig bestimmt ist (...) oder sich aus Art, Zweck oder Beschaffenheit der Arbeitsleistung ergibt (zweckbefristeter Arbeitsvertrag).«
- § 14 (2) TzBfG: Ohne sachlichen Grund ist eine Befristung für maximal 2 Jahre zulässig und kann dabei nur dreimal verlängert werden. Dies ist nicht zulässig, sofern der AN innerhalb der letzten drei Jahre beim AG beschäftigt war. Sofern ein sachlicher Grund vorliegt, gibt es keine zeitliche Begrenzung der Befristung des Arbeitsverhältnisses.
- Mögliche Gründe für eine Befristung sind laut § 14 (1) TzBfG:
  - nur vorübergehender Bedarf der Arbeitsleistung
  - als Vertretung für einen anderen Arbeitnehmer
  - sofern die Art der Arbeitsleistung die Befristung rechtfertigt
  - zur Erprobung der Arbeitsleistung

    - Haushaltsmittel in Behörden nur befristet zur Verfügung stehen

- § 14 (4) TzBfG: »Die Befristung eines Arbeitsvertrags bedarf zu ihrer Wirksamkeit der Schriftform.«
- Der kalendermäßig befristete Arbeitsvertrag endet mit Ablauf der vereinbarten Zeit (§ 15 (1) TzBfG).
- Ein zweckbefristeter Arbeitsvertrag endet mit Erreichen des Zwecks (§ 15 (2) TzBfG).
- Ein befristetes Arbeitsverhältnis kann nicht ordentlich gekündigt werden, sofern dies nicht im Arbeits- oder Tarifvertrag ausdrücklich geregelt ist (§ 15 (3) TzBfG).

Rechte und Pflichten des Arbeitnehmers

F **2011: A4a**, 3 Pt.
F **2013: A3a-b**, 6 Pt.
H **2012: A3b**, 4 Pt.

- **Arbeitspflicht** (§ 611 (1) BGB): Als Hauptpflicht hat der AN seine Arbeitspflicht persönlich zu erbringen. Er muss aber bei Krankheit auch für keinen Ersatz sorgen. Er hat sich an die zulässigen Weisungen des Arbeitgebers zu halten.
- **Treuepflicht**: Als Nebenpflicht hat der AN seine Arbeitsleistung im Sinne des BGB nach Treu und Glauben zu erbringen. Er hat sich somit an den berechtigten Interessen des AG auszurichten. Zur Treuepflicht zählen:
    - Pflicht zur Erhaltung des Betriebsfriedens
    - Anzeige drohender Schäden
    - Pflicht zur Verschwiegenheit
    - Verbot der Annahme von Schmiergeldern
    - Wettbewerbsverbot
- **Haftungspflicht**: Der AN hat gewissenhaft seine Arbeitspflicht zu erledigen. Er haftet für Sachschaden nur, sofern eine schuldhafte Pflichtverletzung nachzuweisen ist. Dabei haftet er nur bei mittlerer oder grober Fahrlässigkeit bzw. Vorsatz.

3

Rechte und Pflichten des Arbeitgebers

F 2009: A3b, 6 Pt.
F 2011: A4a, 3 Pt.
F 2013: A3a-b, 6 Pt.

- **Vergütungspflicht**: Die Hauptpflicht des AG ist nach § 611 (1) BGB die Zahlung der vereinbarten Vergütung. Zur Vergütung zählen:
  - Löhne/Gehälter
  - Sonderzuwendungen (Weihnachtsgeld, Urlaubsgeld)
  - Zulagen/Zuschläge (Prämien, Überstunden-, Sonn-, Feiertags-, Nachtarbeitszuschläge etc.)
- **Vergütungspflicht ohne Leistung**: In den folgenden Fällen besteht auch ohne Arbeitsleistung des AN eine Vergütungspflicht des AG:
  - Krankheit (sofern diese ohne Verschuldung des AN ist)
  - Feiertage
  - Urlaub
  - Arbeitsausfall, sofern der AG das Risiko des Arbeitsausfalls trägt (bspw. Stromausfall)
  - Annahmeverzug des AG
- **Fürsorgepflicht**: Der AG hat die Pflicht, sich um das Wohlergehen des AN zu sorgen. Dazu zählen u. a.:
  - Schutz von Leben und Gesundheit des AN (vgl. Kapitel 3.1.5.3)
  - Schutz der Persönlichkeit des AN (Allgemeines Gleichbehandlungsgesetz AGG § 1: »Ziel des Gesetzes ist, Benachteiligungen aus Gründen der Rasse oder wegen der ethnischen Herkunft, des Geschlechts, der Religion oder Weltanschauung, einer Behinderung, des Alters oder der sexuellen Identität zu verhindern oder zu beseitigen.«)
- **gesetzliche Sozialleistungen des AG**: bezahlter Urlaub, Leistungen nach dem Entgeltfortzahlungsgesetz, Arbeitgeberanteil zur Sozialversicherung, Berufsgenossenschaftsbeiträge.

- **freiwillige Sozialleistungen des AG**: Weihnachtsgeld, Essensgeld für die Kantine, Fahrtkostenzuschüsse, betriebliche Pensionen.

Beendigung des Arbeitsverhältnisses

F 2011: **A4b,** 12 Pt.
F 2018: **A4d,** 8 Pt.

Zu einer Beendigung des Arbeitsverhältnisses kann es aus mehreren Gründen kommen:

- **Tod des Arbeitnehmers** (u. U. auch Tod des Arbeitgebers)
- **Geschäftsaufgabe** des Unternehmens
- **Fristablauf** bzw. Zielerreichung (bei Projekten) des Arbeitsvertrags
- **Aufhebungsvertrag**: In einem Aufhebungsvertrag einigen sich AN und AG hinsichtlich der Beendigung eines bestehenden Arbeitsverhältnisses zu einem bestimmten zukünftigen Zeitpunkt. Hierfür ist nach § 623 BGB Schriftform erforderlich.
- **ordentliche Kündigung** (wird anschließend erläutert!)
- **außerordentliche Kündigung** (wird anschließend erläutert!)

Arbeitszeugnis

F 2018: **A4a-c,** 12 Pt.

- Bei Beendigung eines Arbeitsverhältnisses hat der Mitarbeiter einen Anspruch auf ein Arbeitszeugnis (§ 630 BGB u. § 109 GewO).
- Ein einfaches Arbeitszeugnis gibt nur Art und Dauer des Beschäftigungsverhältnisses an. Das qualifizierte Zeugnis kann auf Verlagen auf die Leistungen und die Führung im Dienst ausgeweitet werden (§ 630 (1) Satz 2 BGB).
- Arbeitszeugnisse müssen die folgenden Kriterien erfüllen: 1. Wahrheit, 2. Klarheit (keine Betonung von Nebensächlichkeiten) und 3. dem Wohlwollen des Arbeitgebers entsprechen (es müssen positive Formulierungen gewählt werden).

3

Kündigung

H 2008: A2,10 Pt.
H 2009: A4a-b,18 Pt.
F 2012: A3a,c-e,17 Pt.
F 2015: A4c, 6 Pt.

Eine Kündigung ist eine einseitige, *empfangsbedürftige* Willenserklärung, deren Ziel die Beendigung eines Vertrages ist. Zu unterscheiden sind lt. Arbeitsrecht:

- Für Kündigungen ist **Schriftform** erforderlich (§ 623 BGB).
- Das Arbeitsverhältnis wird bei einer **ordentlichen Kündigung** nicht sofort beendet, sondern erst nach Ablauf einer bestimmten Frist. Die Kündigungsfrist des AG (im Gegensatz zum AN) steigt mit zunehmender Dauer des Arbeitsverhältnisses (§ 622 (2) BGB):

Dauer des Arbeitsverhältnisses	Kündigungsfrist für AG
2 Jahre	1 Monat
5 Jahre	2 Monate
8 Jahre	3 Monate
10 Jahre	4 Monate
12 Jahre	5 Monate
15 Jahre	6 Monate
20 Jahre	7 Monate

  Der Arbeitnehmer kann mit einer Frist von vier Wochen zum 15. oder zum Ende eines Kalendermonats kündigen (§ 622 (1) BGB).

- Bei einer **außerordentlichen Kündigung** (§ 626 BGB) wird das Arbeitsverhältnis sofort beendet. Sie kann bei Vorliegen eines wichtigen Grundes einseitig erfolgen und muss innerhalb von 2 Wochen nach Kenntnisnahme des Grundes erfolgen (Einspruch beim Arbeitsgericht innerhalb von 3 Wochen). Zu den wichtigen Gründen für eine außerordentliche Kündigung aus Sicht des AG zählen:
  - Straftat gegenüber dem AG (bspw. Diebstahl/Körperverletzung)
  - grobe Beleidigung der Vorgesetzten/Kollegen
  - schwere Wettbewerbsverstöße
  - grobe Verletzung der Arbeitsschutzvorschriften des AG

3

Kündigungsschutz (KSchG)

Zwei Formen des Kündigungsschutzes für AN: F 2015: A4a-b, 12 Pt.

- Der **allgemeine Kündigungsschutz** gilt, sofern a) das Arbeitsverhältnis länger als 6 Monate besteht und b) das Unternehmen mehr als 10 Vollzeitbeschäftigte (Teilzeitbeschäftigte werden anteilig addiert) hat (vor 2005 waren es 5 Mitarbeiter). Eine Kündigung gilt als sozial gerechtfertigt, sofern sie einer der folgenden Gründe zuzurechnen ist:
  - **personenbedingte Gründe**: bspw. häufige Krankheiten und negative Prognosen, Entziehung der Fahrerlaubnis
  - **verhaltensbedingte Gründe**: bspw. unpünktliches Verhalten, verspätete Krankmeldung. Hier ist eine Abmahnung erforderlich.
  - **betriebsbedingte Gründe**: bspw. Rationalisierung, Absatzprobleme. Es müssen aus Gründen der sozialen Verträglichkeit Betriebszugehörigkeit, Lebensalter, Unterhaltsverpflichtungen oder eine Schwerbehinderung berücksichtigt werden.
- Der **besondere Kündigungsschutz** gilt aus naheliegenden Gründen für bestimmte Personenkreise:
  - Mitglieder des Betriebsrates
  - Schwerbehinderte
  - Schwangere und Mütter bis 4 Monate nach der Geburt
  - Wehr- und Zivildienstleistende

Abmahnung

F 2012: A3b, 4 Pt.
H 2012: A3c, 8 Pt.

Die Abmahnung dient der Rüge, Warnung aber auch Dokumentation von Fehlverhalten der Mitarbeiter. Daher sollte sie auch schriftlich und mit Beschreibung des Fehlverhaltens erfolgen. Zudem sind mögliche Folgen weiteren Fehlverhaltens (Kündigung) anzudrohen. Sie wird in die Personalakte aufgenommen.

Tarifvertrag

F 2014: A3a-d, 20 Pt.

Das Tarifrecht wird im Tarifvertragsgesetz (TVG) geregelt und ist ein Teil des kollektiven Arbeitsrechts. **Tarifverträge** werden zwischen Arbeitgeberverbänden und Gewerkschaften unabhängig von Eingriffen des Staates (= autonom, daher Tarifautonomie) selbstständig verhandelt und geschlossen. Es sind folgende Aspekte zu berücksichtigen:

- Tarifverträge bedürfen der **Schriftform** (§ 1 (2) TVG).
- In Tarifverträgen werden nur **Rahmenbedingungen** festgelegt. In einzelnen Arbeitsverträgen kann dabei aber nur positiv aus Sicht des AN abgewichen werden (Günstigkeitsprinzip: mehr Urlaubstage, höheres Weihnachtsgeld).
- Tarifverträge gelten entweder nur für Mitglieder oder können auch als allgemein verbindlich erklärt werden.
- Es werden drei Grundformen von Tarifverträgen unterschieden:
    - **Manteltarifverträge**: Sie regeln allgemeine Arbeitsbedingungen (bspw. Urlaubstage, Weihnachtsgeld/Urlaubsgeld, regelmäßige wöchentliche Arbeitszeit, Zuschläge für Feiertags-, Sonntags- und Nachtarbeit). Zumeist gelten sie für mehrere Jahre.
    - **Rahmentarifverträge**: Hier werden die Entgeltgruppen zugewiesen.
    - **Lohn-/Gehaltstarifverträge**: In diesen werden die Entgelte pro Stunde bzw. Monat und die Ausbildungsvergütungen festgelegt.

Sofern ein alter Tarifvertrag ausläuft, kommt es zu neuen Tarifverhandlungen, die durch folgende Merkmale gekennzeichnet sind:

- **Einigung**: Sofern beide Seiten einig sind, kommt ein neuer Tarifvertrag zustande.
- **Schlichtungsverfahren**: Wenn die ursprüngliche Einigung scheitert, wird ein Schlichter bestimmt, der versucht die Tarifparteien zu

3

Zugeständnissen zu bewegen. Sofern dies gelingt, kommt ebenfalls ein neuer Tarifvertrag zustande.

- **Streik**: Sofern das Schlichtungsverfahren scheitert, kann die Gewerkschaft zu einer Urabstimmung über Streik aufrufen, bei der mindestens 75 % der Mitglieder zustimmen müssen.
- **Aussperrung**: Die Arbeitgeber können als Gegenmaßnahme Arbeitnehmer von der Arbeit ausschließen.
- **Streikende**: Der Streik wird beendet, wenn mindestens 25 % der AN zustimmen. Dann kommt es zu neuen Tarifverhandlungen.

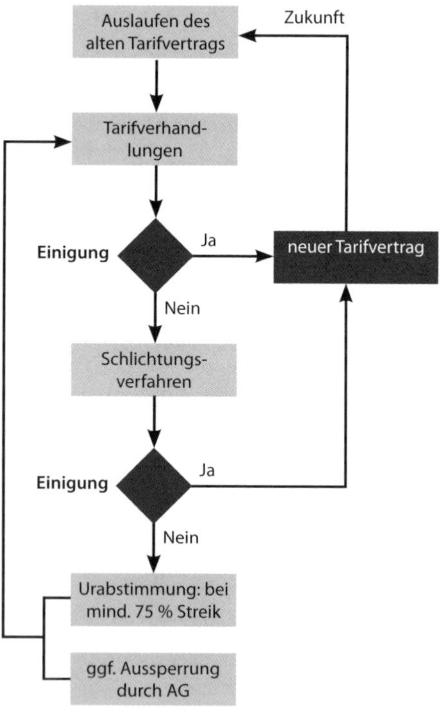

3.1.5.2 Betriebsverfassungsgesetz

Ein wesentlicher Aspekt der Sozialen Marktwirtschaft in Deutschland ist die betriebliche Mitbestimmung der Arbeitnehmer. Hierfür wird ein Betriebsrat gewählt, der in bestimmten Entscheidungssituationen mitbestimmen und Einfluss nehmen darf:

- Zur Wahl eines Betriebsrats müssen mindestens fünf wahlberechtigte AN im Betrieb fest angestellt sein (§ 1 BetrVG).
- Wahlberechtigt sind alle Arbeitnehmer des Betriebs ab 18 Jahren (§ 7 BetrVG).
- Gewählt werden können alle volljährigen Betriebsangehörigen, die dem Betrieb mindestens 6 Monate angehören (§ 8 BetrVG).
- Die Größe des Betriebsrats hängt von der Anzahl der wahlberechtigten AN ab (§ 9 BetrVG).

Aufgaben des Betriebsrats (§ 80 (1) BetrVG)

- Vertretung der AN gegenüber den AG H 2011: A3a, 15 Pt.
- Beschwerden von AN entgegennehmen
- schutzbedürftiger AN annehmen (bspw. Schwerbehinderte)
- Kontrolle der Einhaltung von erforderlichen Normen und Bestimmungen (bspw. beim Arbeitsschutz)
- Förderung der Gleichstellung von Mann und Frau im Unternehmen
- Förderung der Integration ausländischer Arbeitnehmer im Betrieb

Bereiche der Mitbestimmung

Zu den Bereichen der Mitbestimmung zählen wirtschaftliche, personelle und soziale Angelegenheiten sowie die Arbeitsplatzgestaltung. H 2011: A3b, 4 Pt.

Rechte des Betriebsrats

- **Mitwirkungsrechte**: Hier hat der Betriebsrat grundsätzlich kein Widerspruchsrecht. Er hat das Recht zur Information, darf beraten, muss angehört werden und darf Vorschläge machen. Ein Widerspruchsrecht gibt es bspw. bei Einstellungen und Kündigungen.
- **Mitbestimmungsrechte**: Hier ist eine Zustimmung des Betriebsrats erforderlich.

Kündigungsschutz für Mitglieder des Betriebsrats

H 2011: A3c, 6 Pt.

Zulässig ist lediglich eine außerordentliche Kündigung unter Vorliegen eines wichtigen Grundes. Zudem ist entweder a) die Zustimmung des Betriebsrats oder b) die Erlaubnis durch das Arbeitsgericht erforderlich.

3.1.5.3 Schutzbestimmungen im Arbeitsrecht

Arbeitsschutz

Ziel ist es die Mitarbeiter möglichst umfassend vor Gefahren und Unfällen zu schützen.

Jugendarbeitsschutz

- Verbot der Kinderarbeit: § 5 JArbSchG
- täglich maximal 8 Stunden: § 8 (1) JArbSchG
- wöchentlich maximal 40 Stunden: § 8 (1) JArbSchG
- Arbeitsverbot am Wochenende und an Feiertagen (mit Ausnahmen): §§ 16-18 JArbSchG
- Pausen: (1) täglich 4,5 bis 6 Std. Arbeitszeit = 30 min., (2) täglich mehr als 6 Std. Arbeitszeit = 60 min.: § 11 JArbSchG
- Anspruch auf mehr Urlaubstage: § 19 (1) JArbSchG
- Ausnahmen für bestimmte Berufszweige: bspw. § 20 JArbSchG

Mutterschutzgesetz – MuSCHG

- Kündigungsschutz während der Schwangerschaft und bis 4 Monate nach Entbindung.
- Beschäftigungsverbot in den letzten 6 Wochen der voraussichtlichen Schwangerschaft und acht Wochen nach Entbindung.
- Möglichkeit der Inanspruchnahme der Elternzeit.

Schwerbehindertenschutz

- Besonderen Schutz genießen Personen, die geistig oder körperlich mindestens 50 % behindert sind.
- Betriebe mit mindestens 20 Arbeitsplätzen müssen mindestens 5 Prozent Schwerbehinderte beschäftigen oder eine Ausgleichsabgabe leisten.
- Die Arbeitsplätze für Schwerbehinderte müssen entsprechend ausgestaltet sein.

Arbeitszeitgesetz

H 2012: A3a, 8 Pt.

Zum Schutz der Erholungszeit der AN sieht das Arbeitszeitgesetz vor (§ 3 ff. ArbZG):

- Die regelmäßige Arbeitszeit pro Werktag beträgt 8 Std.
- Überstunden sind bis max. 10 Std./Tag möglich, sofern im Durchschnitt 8 Std./Tag innerhalb von 6 Monaten eingehalten werden.
- Es besteht eine grundsätzliche Arbeitsruhe an Sonn- und Feiertagen (mit Ausnahmen).
- Nach 6 Std. Arbeitszeit sind mind. 30 min. und ab 9 Std. Arbeitszeit mind. 45 min. Arbeitspause erforderlich.
- Als Nachtarbeit wird nach § 2 ArbZG jede Arbeit gewertet, die *mehr* als zwei Std. der Nachtzeit zwischen 23:00 und 6:00 Uhr beinhaltet (bei Bäckereien und Konditoreien zwischen 22:00 und 5:00 Uhr).

3

Urlaubsgesetz

F 2013: A3c-d, 8 Pt.

- Urlaub dient der Erholung des Arbeitnehmers.
- Rechtsgrundlagen für Urlaub sind a) das Bundesurlaubsgesetz (BUrlG), b) Tarifverträge und c) Betriebsvereinbarungen sowie d) der einzelne Arbeitsvertrag. Dabei muss der Arbeitnehmer von b) bis d) jeweils mindestens so gut wie in der vorhergehenden Stufe gestellt sein.
- Gemäß § 3 (1) BUrlG stehen jedem Arbeitnehmer zumindest 24 Werktage (inkl. Samstagen) Urlaub zu (für jeden Monat 1/12 = 2 Tage). Nach § 3 (2) BUrlG gelten als Werktage alle Kalendertage (inkl. Samstagen), aber ohne Sonn- und Feiertage. Daher stehen einem Arbeitnehmer bei einer 5-Tage-Arbeitswoche nur 20 Urlaubstage zu.
- Der Urlaub ist im Kalenderjahr der Entstehung zu nehmen (§ 7 (3) BUrlG). Sofern er aus betrieblichen oder persönlichen Gründen nicht im Kalenderjahr genommen werden kann, wird er ins Folgejahr übertragen – bis max. zum 31.03. des Folgejahres.
- Nachweisbare Krankheitstage werden auf den Urlaub nicht angerechnet (§ 9 BUrlG).

3.1.6 Wettbewerbsrecht

Grundlagen

F 2009: A4a, 6 Pt.

Zur Wettbewerbspolitik allgemein vgl. 1.1.1.2. Im Wettbewerbsrecht wird zwischen dem »**Gesetz gegen den unlauteren Wettbewerb**« (UWG) und dem »**Gesetz gegen Wettbewerbsbeschränkungen**« (GWB) unterschieden. Beide Gesetze haben gewisse Überschneidungen. Aber das GWB ist bestrebt, gar nicht erst Marktmacht durch Fusionen und Kartelle entstehen zu lassen, während das UWG sich um den fairen Wettbewerb der Kontrahenten kümmert. Hier liegt der Schwerpunkt auf dem UWG.

UWG

H 2008: **A7**, 10 Pt.
F 2009: **A4b**, 10 Pt.
F 2010: **A4a**, 16 Pt.

Laut der **Generalklausel des UWG in § 3** sind alle unlauteren geschäftlichen Handlungen zu unterlassen, sofern sie die Interessen von Mitbewerbern (= Konkurrenten), Verbrauchern oder sonstigen Marktteilnehmern (bspw. Lieferanten) spürbar beeinträchtigen. Zu den konkreten Regelungen zählen:

- **irreführende Werbung** (§ 5 UWG) durch a) unwahre Angaben oder b) das Verschweigen von wesentlichen Tatsachen
- **vergleichende Werbung** (§ 6 UWG) ist seit dem letzten Jahrzehnt zwar erlaubt, aber nur sofern sie nicht unlauter ist. Weiterhin verboten sind Verunglimpfungen, Lügen, Verschleierungen, Verwechselungsversuche usw.
- **unzumutbare Belästigung** (§ 7 UWG) ist verboten bei Werbung, die der Angesprochene offensichtlich nicht erwünscht (bspw. Telemarketing ohne vorherige Einwilligung, Briefkastenwerbung)
- Achtung: **Räumungsverkäufe** und sonstige Sonderveranstaltungen sind seit über einem Jahrzehnt nicht mehr im UWG geregelt und damit zulässig, sofern keine sonstigen unlauteren Handlungen (bspw. irreführende Werbung) vorliegen.

3

Rechtsfolgen bei Wettbewerbsverstoß im UWG

F 2016: A1a, 8 Pt.

- Beseitigungsanspruch
- Unterlassungsanspruch
- Schadenersatzanspruch
- Gewinnabschöpfungsanspruch bei unzulässiger Gewinnerzielung, die von der Bundesfinanzkasse kassiert wird.

Anspruchsberechtigte nach dem UWG

F 2010: A4b, 2 Pt.
F 2016: A1b, 2 Pt.

- Konkurrenten/Mitbewerber
- Verbände: IHK, Handwerkskammer

Zuständige Gerichte

F 2010: A4c, 2 Pt.

- sachliche Zuständigkeit: Landgerichte
- örtliche Zuständigkeit: Gericht des Bezirkes, in dem der Beklagte seine gewerbliche bzw. selbstständige berufliche Niederlassung hat (andernfalls Wohnsitz)

GWB

- **Kartellverbot**: Grundsätzlich sind Kartelle verboten. Hiervon gibt es allerdings zahlreiche Ausnahmen – bspw. für klein- und mittelständische Unternehmen (KMU).
- **Zusammenschlusskontrolle:** Das Bundeskartellamt kann eine Fusion untersagen, sofern eine marktbeherrschende Stellung vorliegt oder vermutet wird.
- **Missbrauchsaufsicht**: Das Bundeskartellamt überprüft ständig, ob marktmächtige Unternehmen ihre Macht missbrauchen.

3.1.7 Gewerberecht und Gewerbeordnung

Die gesetzlichen Grundlagen des Gewerberechts liegen vor allem in der Gewerbeordnung (GewO) sowie bestimmten Sonderregelungen (bspw. Handwerksordnung und Ladenschlussgesetz).

Gewerbe

- Als Gewerbe gilt jede planmäßige und selbstständige Tätigkeit, die auf Dauer und zum Zweck der Gewinnerzielung betrieben wird.
- Die »Freien Berufe« (bspw. Rechtsanwälte, Ärzte, Künstler und Dozenten) gelten nicht als Gewerbetreibende im Sinne der Gewerbeordnung.
- Gewerbe sind nach § 14 der GewO (Gewerbeordnung) bei den kommunalen Gewerbeämtern anzumelden.

Gewerbefreiheit

- Nach § 1 GewO gilt **grundsätzlich Gewerbefreiheit für jedermann**, »soweit nicht durch dieses Gesetz Ausnahmen oder Beschränkungen vorgeschrieben oder zugelassen sind«.
- Die **erlaubnisfreien Gewerbe** können ohne weitere Prüfung nach der Gewerbeanmeldung betrieben werden.
- Die **erlaubnispflichtigen Gewerbe** (§ 30 ff. GewO) benötigen zuerst eine behördliche Genehmigung (Konzession). Hierfür sind bestimmte Nachweise erforderlich (Ausbildung, Zertifikate, Lehrgänge, Praxiserfahrung etc.). Zu diesen Gewerben zählen bspw. Gaststätten, Apotheken, Pfandleihen.
- Die **überwachungsbedürftigen Gewerbe** (§ 38 GewO) werden von den Behörden hinsichtlich der persönlichen Zuverlässigkeit der Gewerbetreibenden untersucht (durch bspw. polizeiliches Führungszeugnis). Dies gilt bspw. für Schlüsseldienste oder Detekteien.
- Nach § 35 GewO kann das Gewerbe bei persönlicher Unzuverlässigkeit untersagt werden.

3

3.2 Steuerrechtliche Bestimmungen

3.2.1 Grundbegriffe des Steuerrechts

F 2010: A5a-b, 18 Pt.
F 2014: A5a-b, 12 Pt.
F 2018: A5a, 3 Pt.

Rechtsgrundlagen für das Steuerrecht sind (1) **Gesetze**, (2) **Verordnungen** und (3) **Richtlinien**. Dabei sind die folgenden Abgaben an die öffentlichen Finanzhoheiten zu unterscheiden:

- **Steuern** sind Geldleistungen an den Staat ohne eine direkte Gegenleistung des Staates **§ 3 AO** (bspw. Einkommen-, Umsatzsteuer).
- **Gebühren** werden vom Staat für die Inanspruchnahme einer direkten Gegenleistung erhoben (bspw. Gebühr zur Ausstellung eines Personalausweises, Müllgebühren).
- **Beiträge** werden für eine mögliche Inanspruchnahme einer direkten Gegenleistung erhoben (bspw. Sozialversicherungsbeiträge, IHK-Beiträge, Kurtaxe). Wer bspw. nicht krank wird, erhält keine Gegenleistung für die Gebühr an die gesetzliche Krankenversicherung.

Gewaltenteilung im Steuerrecht

F 2015: A6, 9 Pt.

In einem modernen Rechtsstaat gilt die Gewaltenteilung, die verhindern soll, dass eine staatliche Gewalt zu mächtig wird. Dies gilt auch für das Steuerrecht:

- **Legislative**: Die gesetzgebende Gewalt (Parlament) erlässt die Steuergesetze.
- **Exekutive**: Die ausführende Gewalt (Regierung und Behörden) erheben und verwalten die Steuern durch die Finanzverwaltung.
- **Judikative**: Die rechtssprechende Gewalt (Gerichte) ermöglicht die Kontrolle/Überprüfung der beiden anderen Gewalten. Die Finanzgerichtsbarkeit besteht aus dem Bundesfinanzhof und den Finanzgerichten auf Länderebene.

Subjekte der Besteuerung

H 2016: A5a-d, 8 Pt.

- **Steuerschuldner** ist derjenige, der dem Staat einen bestimmten Steuerbetrag schuldet (bspw. schuldet der Mineralölkonzern die Umsatzsteuer dem Staat). Er ist immer gleichzeitig Steuerpflichtiger.
- **Steuerpflichtige** haben eine durch die Steuergesetze auferlegte Verpflichtung zu erfüllen. Der Steuerpflichtige muss nicht zwangsweise Steuerschuldner sein. Der Notar bspw. ist beim Grunderwerb der Steuerpflichtige gegenüber dem Finanzamt, da er den Grunderwerb dem Finanzamt zu melden hat, Steuerschuldner sind aber Käufer bzw. Verkäufer des Grundstücks.
- **Steuerträger** ist derjenige, der durch die Steuer letztlich wirtschaftlich belastet wird (bspw. trägt der Autofahrer die wirtschaftlichen Kosten der Umsatzsteuer, da sie im Preis einkalkuliert ist).
- **Steuergläubiger** ist das öffentlich Gemeinwesen (z. B. Bund), dem die Steuer zusteht.

Steuerarten im Überblick

H 2008: A5a-b, 10 Pt.
F 2009: A5a-c, 18 Pt.
H 2011: A5c, 8 Pt.
F 2012: A6b, 6 Pt.
H 2014: A5a-b, 13 Pt.
H 2015: A6b, 6 Pt.
F 2018: A5b, 6 Pt.

Zunächst werden Steuern nach dem Gegenstand der Besteuerung (**Bemessungsgrundlage**) unterschieden:

- **Personensteuern:** Hier werden bestimmte Steuersubjekte besteuert (bspw. Einkommensteuer, Erbschaftsteuer).
- **Objektsteuern:** Hier werden bestimmte Steuerobjekte besteuert (bspw. Kfz-Steuer, Hundesteuer, Grundsteuer).
- **Besitzsteuern**: Es werden Einkommen und Vermögen besteuert (bspw. Einkommensteuer, Gewerbesteuer, Grundsteuer).
- **Verkehrssteuern**: Es werden Vorgänge im Wirtschaftsverkehr versteuert (bspw. Umsatz-, Versicherungs-, Grunderwerbsteuer).
- **Verbrauchssteuern**: Hier wird der Konsum besteuert (bspw. Tabaksteuer, Mineralölsteuer, Biersteuer).

Inwiefern sind Steuerschuldner und Steuerträger identisch (**Überwälzbarkeit** der Steuern) und wie werden die Steuern verteilt?

direkte Steuern	indirekte Steuern
• Steuerschuldner = Steuerträger • bspw.: Einkommensteuer, Kfz-Steuer	• Steuerschuldner ≠ Steuerträger • bspw.: Umsatzsteuer, Tabaksteuer

Steuerverteilung		
Bund	**Länder**	**Gemeinden**
• Mineralölsteuer • Tabaksteuer • Kfz-Steuer u. a.	• Erbschaftsteuer • Grunderwerbsteuer • Biersteuer u. a.	• Gewerbesteuer • Grundsteuer • Hundesteuer u. a.
Gemeinschaftsteuern		
• **Umsatzsteuer,** • **Einkommensteuer** • **Körperschaftsteuer**		

Zusammenhang Steuerarten und Unternehmensergebnis

F 2017: **A5a-d**, 12 Pt.

Zwar handelt es sich hier um eine recht komplexe Frage, für die Prüfung reichen aber folgende vereinfachte Lösungen:

- **Einkommen-/Gewerbe-/Körperschaftsteuer:** keine Auswirkung auf das Ergebnis vor Steuern.
- **Lohnsteuer**: Zwar wird die Lohnsteuer nur für die Arbeitnehmer abgeführt und hat daher keine Auswirkung. Jedoch könnte den AN weniger bezahlt werden, wenn die Lohnsteuer geringer wäre.
- **Umsatzsteuer**: Keine Auswirkungen auf das Unternehmensergebnis, da es sich um einen durchlaufenden Posten von Vor- und Umsatzsteuer handelt.
- **Grundsteuer/Grunderwerbsteuer**: Sie wird für Eigentum an Grund und Boden bzw. dessen Erwerb fällig und stellt damit einen unternehmerischen Aufwand dar und senkt den Gewinn.

3.2.2 Unternehmensbezogene Steuern

3.2.2.1 Einkommensteuer

F 2010: A6a-b, 12 Pt.

- Die Einkommensteuer ist eine Besitz-, Personen- und Gemeinschaftsteuer sowie eine direkte Steuer. Rechtsgrundlage ist das **Einkommensteuergesetz** (EStG).

- Die **Veranlagung** der Einkommensteuer (§ 26 ff. EStG) erfolgt je **Kalenderjahr** a) entweder in **Einzelveranlagung** für Singles oder b) in Form einer **Zusammenveranlagung** für Ehegatten.

- Es wird das Einkommen **natürlicher Personen** besteuert:

  - **unbeschränkte Steuerpflicht** für natürliche Personen mit inländischem Wohnsitz oder gewöhnlichem Aufenthalt (§ 1 (1) EStG).

  - **beschränkte Steuerpflicht** für natürliche Personen ohne inländischen Wohnsitz (bzw. gewöhnlichen Aufenthalt im Inland) aber mit Einkünften im Inland (§ 1 (4) EStG).

Bemessungsgrundlage der Einkommensteuer

H 2008: A6a-b, 20 Pt.
H 2009: A6a-b, 14 Pt.
H 2013: A5, 14 Pt.
F 2016: A6, 10 Pt.

Zur Ermittlung der Einkommensteuer muss das zu versteuernde Einkommen bzw. die **Bemessungsgrundlage** nach dem Schema der folgenden Seite berechnet werden. Zunächst werden dabei die Einkünfte wie folgt ermittelt:

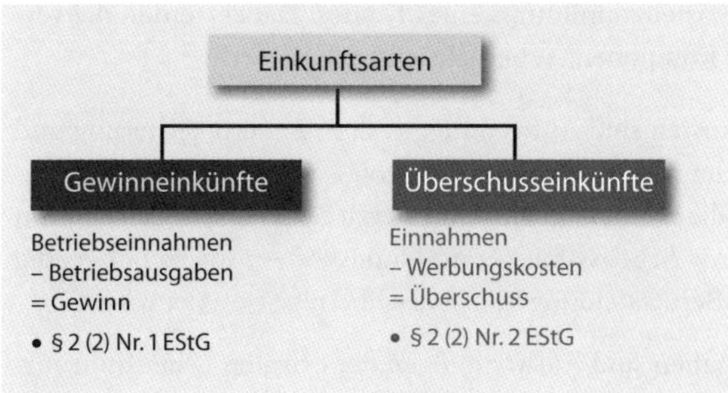

■ Ermittlung der Bemessungsgrundlage der ESt		
Einkunftsart bzw. Korrekturgröße	**Gesetz**	**Berechnung**
1. Einkünfte aus Land- und Forstwirtschaft	§ 13 EStG	**Gewinneinkünfte:**
+ 2. Einkünfte aus Gewerbebetrieb	§ 15 EStG	Betriebseinnahmen – Betriebsausgaben
+ 3. Einkünfte aus selbstständiger Tätigkeit	§ 18 EStG	= Gewinn
+ 4. Einkünfte aus nicht selbstständiger Arbeit	§ 19 EStG	**Überschusseinkünfte:**
+ 5. Einkünfte aus Kapitalvermögen	§ 20 EStG	Einnahmen
+ 6. Einkünfte aus Vermietung/Verpachtung	§ 21 EStG	– Werbungskosten = Überschuss
+ 7. Sonstige Einkünfte	§ 22 EStG	
= Summe der Einkünfte	**§ 2 (1) EStG**	
– Altersentlastung	§ 24a EStG	
– Entlastung für Alleinerziehende	§ 24b EStG	
– Freibetrag für Land- und Forstwirte	§ 13 (3) EStG	
= Gesamtbetrag der Einkünfte	**§ 2 (3) EStG**	
– Sonderausgaben	§ 10 EStG	
– außergewöhnliche Belastungen	§ 33 ff. EStG	
= Einkommen	**§ 2 (4) EStG**	
– Freibeträge für Kinder	§ 32 (6) EStG	
– sonstige Abzüge vom Einkommen		
= zu versteuerndes Einkommen	**§ 2 (5) EStG**	

- Der **Familienlastenausgleich** ermittelt eine Steuerfreistellung in Höhe des Existenzminimums eines Kindes. Dabei werden die verschiedenen Komponenten berücksichtigt.

- **Werbungskosten** sind Aufwendungen zum Erwerb, Sicherung und Erhaltung der Einnahmen. Sie sind von der Einkunftsart abzuziehen, durch die sie entstanden sind. Hierzu zählen bspw. Fahrten von Wohnung zur Arbeitsstätte, Fortbildungskosten, sofern notwendig spezifische Berufskleidung bzw. Pauschbeträge (§9, §9a EStG).

- **Sonderausgaben** sind Aufwendungen der privaten Lebensführung, die in keinem direkten Zusammenhang mit den Einkunftsarten stehen (§ 10 EStG). Sie können aus sozial- und wirtschaftspolitischen Gründen vom Gesamtbetrag der Einkünfte abgezogen werden.

- **Vorsorgeaufwendungen**: Beiträge zur gesetzlichen Sozialversicherung, Unfallversicherung, Haftpflichtversicherungen
- **sonstige Sonderausgaben**: Kirchensteuer, Spenden, Ausbildungskosten, Unterhaltsleistungen, Kinderbetreuungskosten

- Zu den **außergewöhnlichen Belastungen** (§ 33 ff. EStG) zählen größere Aufwendungen, die dem Steuerpflichtigen a) zwangsläufig, b) in außergewöhnlichem Umfang vgl. mit anderen Steuerpflichtigen sowie c) unzumutbar entstehen. Bsp.: Krankheitskosten, Unterstützung Bedürftiger, Behinderung u. Beerdigungskosten.

Einkommensteuertarif und Steuerprogression (§ 32 a EStG)

H 2012: A5, 16 Pt.

Die Einkommensteuer ist eine **progressive Steuer**. Jeder einzelne zu versteuernde Euro hat einen eigenen Steuersatz, der mit zunehmendem Einkommen steigt. Die Steuerprogression wird mehrfach falsch interpretiert bzw. falsch verstanden:

- Wer bspw. ein zu versteuerndes Jahreseinkommen von 300 T€ hat, der zahlt nicht von seinem gesamten Einkommen 45 % ESt, sondern lediglich von dem Einkommen, das ca. 260 T€ überschreitet. Die ersten 9.000 € sind auch für ihn steuerfrei. Der nächste € muss mit 14 % besteuert werden (= 14 Ct.). Und so hat jeder € einen »eigenen« Steuersatz, der stetig in zwei Zonen bis zu 54.950 € ansteigt (Knickstelle bei 13.997 €). Ab da wird jeder € mit genau 42 % besteuert – bis hin zur »Reichensteuer«, die erst ab 260.533 € einsetzt und dann mit 45 % zuschlägt (Zahlenangaben für 2018).
- Es ist keine Progression nötig, damit jemand mit mehr Einkommen auch mehr Steuern bezahlen muss. Hierfür würde auch ein einheitlicher Steuersatz von bspw. 25 Prozent ausreichen.
- Wer eine Gehaltserhöhung bekommt, hat aufgrund der Steuerprogression danach nicht weniger Nettoeinkünfte. Nur die Zunahme

3

des Gehalts wird höher besteuert. Die Steuer auf das bisherige Gehalt bleibt gleich.

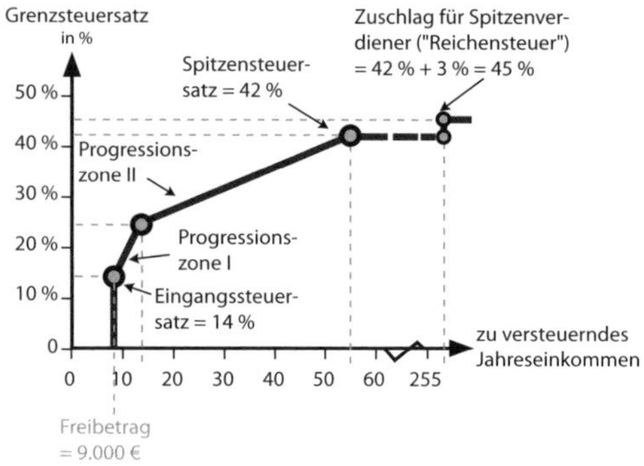

- Dient eine Gehaltserhöhung einem Inflationsausgleich, dann entsteht aufgrund der Steuerprogression eine höhere Steuerbelastung. Das Nettoeinkommen ist ebenfalls höher als zuvor. Die Kaufkraft des höheren Einkommens wird aber aufgrund der Inflation geschmälert. Dieses Phänomen wird »**kalte Progression**« genannt.

Lohnsteuer

Die Lohnsteuer ist eine spezielle Erhebungsform der Einkommensteuer, bei der der Arbeitgeber für seine Mitarbeiter die Lohnsteuer vorab überweist. Der Arbeitnehmer ist als Steuerschuldner im Sinne der ESt für seinen Lohnsteuerjahresausgleich verantwortlich. Es werden verschiedene (Lohn-) Steuerklassen unterschieden:

Lohnsteuerklassen	
I	Ledige, dauernd getrennt lebende, Verwitwete, Geschiedene
II	wie Steuerklasse I + Alleinerziehende mit Entlastungsantrag
III	Verheiratete bei einem Hauptverdiener
IV	Verheiratete bei ähnlichem Arbeitslohn
V	Verheiratete, deren Ehegatte in Klasse III ist
VI	für Arbeitnehmer mit 2. oder weiterem Dienstverhältnis

Elektronische LohnSteuerAbzugsMerkmale (ELStAM)

H 2010: A6a-c, 18 Pt.

- Der Arbeitgeber kann durch dieses Online-Verfahren seit 2012 (ersetzt die **Lohnsteuerkarte** in Papierform) direkt sämtliche Lohnsteuerabzugsmerkmale des Arbeitnehmers aus einer Datenbank beim Bundeszentralamt für Steuern abrufen. Er benötigt hierfür lediglich das Geburtsdatum und die Steuer-Identifikationsnummer des Arbeitnehmers.
- Lohnsteuerabzugsmerkmale sind u. a.: (1) Steuerklasse, (2) Religionszugehörigkeit, (3) Anzahl der Kinderfreibeträge, (4) Jahresfreibeträge für bspw. Werbungskosten.
- Der AG muss die Lohnsteueranmeldung grundsätzlich bis zum 10. Tag des Folgemonats einreichen (je Quartal bei Lohnsteuer des Vorjahres höher als 1.080 € und bis 5.000 €; darunter je Jahr).

3.2.2.2 Körperschaftsteuer

F 2011: A5a, 4 Pt.
H 2015: A6a, 6 Pt.

Die Körperschaftsteuer wird häufig als Einkommensteuer der juristischen Personen bezeichnet:

- Sie ist eine a) Personensteuer, b) Besitzsteuer, c) direkte Steuer und d) eine Gemeinschaftsteuer (hälftig Bund und Länder).
- **Rechtsgrundlage** sind das Körperschaftsteuergesetz (KStG) und die Körperschaftsteuerrichtlinien (KStR) sowie das EStG (mittelbar).
- **Steuerpflichtig** im Sinne des KStG sind insbesondere Kapitalgesellschaften (AG, GmbH), aber auch sonstige juristische Personen:
  - Die **unbeschränkte Steuerpflicht** (§ 1 KStG) für juristische Personen mit Sitz oder Geschäftsleitung im Inland umfasst sämtliche Einkünfte (Welteinkommensprinzip).
  - Die **beschränkte Steuerpflicht** (§ 2 KStG) gilt für juristische Personen ohne Sitz oder Geschäftsleitung im Inland aber mit Einkünften im Inland.

■ Ermittlung des zu versteuernden Einkommens der KSt	
Einkunftsart bzw. Korrekturgröße	**Gesetz**
Jahresüberschuss laut Handelsbilanz	§ 275 HGB
+/– Bewertungsdifferenzen zum Steuerrecht	div., EStG
= Jahresüberschuss laut Steuerbilanz	
+ verdeckte Gewinnausschüttungen	§ 8 KStG
– verdeckte Einlagen	§ 8 KStG
+ Zuwendungen (bspw. Spenden)	§ 9 KStG
– nicht abziehbare Aufwendungen	§ 10 KStG
– steuerfreie Einnahmen (bspw. Investitionszulagen)	
= Gesamtbetrag der Einkünfte	
– Verlustabzug	§ 10d EStG
= zu versteuerndes Einkommen	

Steuerbefreiung ist in den folgenden Fällen möglich:

F 2011: A5b, 9 Pt.

- **persönliche Steuerbefreiung** für bestimmte explizit in § 5 (1) KStG aufgelistete Unternehmen
- **sachliche Steuerbefreiung** für gesetzlich begünstigte Tätigkeiten (bspw. bestimmte Bildungs- oder Forschungseinrichtungen)

3.2.2.3 Gewerbesteuer

F 2017: A6, 12 Pt.

Sie besteuert den Gewerbeertrag inländischer Unternehmen:

- Sie ist eine a) Ertragsteuer, b) Besitzsteuer, c) direkte Steuer und d) eine Gemeindesteuer.
- **Rechtsgrundlage** sind das Gewerbesteuergesetz (GewStG) und die Gewerbesteuerrichtlinien (GewStR).
- **Freibeträge** liegen für natürliche Personen und Personengesellschaften bei 24.500 € und für Vereine bei 5.000 €.

■ Ermittlung der Gewerbesteuer	
Einkunftsart bzw. Korrekturgröße	**Gesetz**
Gewinn aus Gewerbebetrieb gemäß EStG/KStG	§ 7 GewStG
+ Hinzurechnungen	§ 8 GewStG
– Kürzungen	§ 9 GewStG
= maßgebender Gewerbeertrag	
– Gewerbeverlust aus den Vorjahren	§ 10a GewStG
= vorläufiger Gewerbeertrag (auf volle 100 € abrunden)	§ 11 (1) GewStG
– Freibetrag	§ 11 (1) GewStG
= endgültiger Gewerbeertrag	
× Steuermesszahl 3,5 %	§ 11 (2) GewStG
= Steuermessbetrag der Gewerbesteuer	
× Hebesatz der Gemeinden (mind. 200 %)	§ 16 GewStG
= Gewerbesteuer	

Steuerpflicht und Ausnahmen im Sinne des GewStG

H **2012: A6,** 8 Pt.
H **2017: A4a,** 8 Pt.

- **steuerpflichtig** sind Gewerbebetriebe sofern (§ 15 EStG):
  - nach außen gerichtete Tätigkeit
  - im Inland betrieben
  - selbstständige und nachhaltige Betätigung
  - mit Gewinnerzielungsabsicht
  - Beteiligung am allgemeinen wirtschaftlichen Verkehr
- **nicht gewerbesteuerpflichtig** sind Land- und Forstwirtschaft (§ 13 EStG), Freiberufler (§ 18 EStG).
- **steuerpflichtig** sind weiterhin Kapitalgesellschaften (§ 1 KStG)

3

3.2.2.4 Kapitalertragsteuer

Die Kapitalertragssteuer ist **keine eigenständige Steuerart**, sondern lediglich eine **besondere Erhebungsform der Einkommenssteuer** für bestimmte Einkünfte aus Kapitalvermögen (§§ 43-45 EStG). Hierzu zählen Zinsen, Dividenden und Veräußerungsgewinne bei Wertpapieren.

- Es gilt nach § 32d EStG ein **einheitlicher Steuersatz von 25 %** (zzgl. 5,5 % davon als Solidaritätszuschlag = 26,375 %), der bei der Entstehung abgeführt wird (bspw. durch die Bank, die das Wertpapierdepot führt).
- Der **Sparerpauschbetrag** (§ 20 (9) EStG) liegt bei 801 € bzw. 1.602 € bei Zusammenveranlagung. Alle Einkünfte darunter werden nicht besteuert. Zur Vermeidung eines Abzugs durch die Bank kann schon im Voraus ein Freistellungsauftrag eingereicht werden.

3.2.2.5 Umsatzsteuer

Das Wesen der Umsatzsteuer

F 2011: A6, 12 Pt.
H 2014: A6, 10 Pt.

Die **Umsatzsteuer** (USt) ist eine Steuer, bei der die Umsätze aller Wirtschaftsstufen besteuert werden. Die gezahlte Umsatzsteuer der Vorstufe (= **Vorsteuer**, VSt) kann allerdings jeweils in Abzug gebracht werden (§ 15 UStG).

- Sie wird häufig Allphasen-Netto-Umsatzsteuer mit **Vorsteuerabzug** genannt, ist faktisch aber schlicht eine **Mehrwertsteuer** (MwSt.).
- Letztlich erhält das Finanzamt die **Summe der Mehrwertsteuer** bzw. die Summe der Differenz aus Umsatzsteuer und Vorsteuer jeder Wirtschaftsstufe.
- Das folgende Fallbeispiel für die Wirtschaftsstufen eines Möbelstücks (bspw. eines Schranks) verdeutlicht die Zusammenhänge zwischen VSt, USt und MwSt.

- Das Fallbeispiel veranschaulicht auch den Charakter einer **indirekten Steuer**: Die Steuerschuldner sind die drei Wirtschaftsstufen, die dem Finanzamt als Zahllast (bzw. Mehrwertsteuer) 19 €, 38 € und 57 € (Σ = 114 €) schulden. Letztlich ist der Steuerträger der Endkunde, der den Schrank für 714 € kauft (inkl. 114 € Umsatzsteuer).

Stufe	NVP	BVP	Mehrwert	VSt	USt	MwSt.
Sägewerk	100	119	100	0	19	19
Möbelfabrik	300	357	200	19	57	38
Einzelhändler	600	714	300	57	114	57
Summe	1.000	1.190	600	76	190	114

- Die Umsatzsteuer ist somit a) eine Verkehrssteuer, b) eine Verbrauchsteuer, c) eine indirekte Steuer sowie d) eine Gemeinschaftsteuer, die zwischen Bund und Ländern aufgeteilt wird.

Bemessungsgrundlage und Steuersätze

H 2016: **A6a-b**, 12 Pt.
H 2017: **A6a-b**, 6 Pt.

- **Umsatzsteuerbar** (§ 1 UStG) sind:
  - Lieferungen und sonstige Leistungen, die ein Unternehmer im Inland gegen Entgelt im Rahmen seines Unternehmens ausführt.
  - innergemeinschaftlicher Erwerb sowie Einfuhr
  - weiterhin: Eigenverbrauch von Gütern (§ 3 (1b) UStG) bzw. sonstige Leistungen (§ 3 (9a) UStG)
- § 2 (1) UStG: »**Unternehmer** ist, wer eine gewerbliche Tätigkeit selbständig ausübt.«
- **Umsatzsteuerfrei** (§ 4 UStG) sind vor allem Ausfuhrlieferungen und innergemeinschaftliche Lieferungen sowie bspw. Umsätze im Gesundheitsbereich, Wohnungs- und Grundstücksmieten.
- Der **Regelsteuersatz** (§ 12 UStG) beträgt momentan **19 %**. Der **ermäßigte Steuersatz** von **7 %** gilt für Lebensmittel, Bücher, Zeitungen und Zeitschriften, den Personennahverkehr usw.

3

- Sofern die Vorsteuer (§ 15 (1) UStG) die Umsatzsteuer übersteigt, entsteht für einen umsatzsteuerpflichtigen Unternehmer gegenüber dem Finanzamt ein **Erstattungsanspruch**.
- Bei **Kleinunternehmen** wird nach § 19 UStG die Umsatzsteuer nicht erhoben, sofern die Umsätze im Vorjahr nicht größer als 17.500 € waren und im laufenden Kalenderjahr 50.000 € voraussichtlich nicht übersteigen werden. Zu den Folgen zählen:
  - kein Vorsteuerabzug
  - kein Ausweis der Umsatzsteuer in Rechnungen
  - Hinweis auf Kleinunternehmer in Rechnungen
  - keine Umsatzsteuer-Identifikationsnummer in Rechnungen

Umsatzsteuervoranmeldung

- Sie muss monatlich erfolgen, wenn die Umsatzsteuer im Vorjahr 7.500 € überschritten hat. F 2014: A6a, 2 Pt.
- In der Umsatzsteuervoranmeldung wird die Zahllast für den vorausgehenden Monat (bzw. Quartal) berechnet und muss bis zum 10. des Folgemonats überwiesen werden.

Inhalte einer Rechnung laut § 14 (4) UStG

- vollständige Anschrift des leistenden Unternehmens und des Leistungsempfängers F 2015: A5, 14 Pt.
- Steuernummer oder Umsatzsteuer-Identifikationsnummer
- Ausstellungsdatum
- fortlaufende, einmalige Nummer (ggf. mehrere Zahlenreihen)
- Menge/Umfang und Art der Lieferung/sonstige Leistung
- Zeitpunkt der Lieferung/sonstige Leistung
- konkrete Zuordnung der Steuersätze (7 %, 19 %, evtl. Steuerbefreiung) zu den einzelnen Positionen und separater Ausweis der USt

3.2.2.6 Grundsteuer

H 2011: A5a-b, 5 Pt.
F 2012: A6a, 3 Pt.

Die Grundsteuer ist a) eine Objektsteuer auf Grundbesitz, b) eine Besitzsteuer, c) eine direkte Steuer und d) eine Gemeindesteuer. **Rechtsgrundlage**: Grundsteuergesetz (GrStG).

Ermittlung der Grundsteuer	Fallbeispiel
Einheitswert (vom Finanzamt aus dem Verkehrswert festgelegt)	100.000 €
× Steuermesszahl (bspw. 3,5 ‰ bei Eigentumswohnungen, § 15 GrStG)	× 3,5 ÷ 1.000
= Steuermessbetrag der Grundsteuer	**= 350 €**
× Hebesatz der Gemeinden (bspw. 350 %)	× 350 ÷ 100
= zu zahlende Grundsteuer	= 1.225 €

3.2.2.7 Grunderwerbsteuer

H 2011: A5a-b, 5 Pt.
F 2012: A6a, 3 Pt.
F 2013: A5a-c, 9 Pt.
F 2018: A6a-d, 12 Pt.

Die Grunderwerbsteuer fällt beim Erwerb eines inländischen Grundstücks an.

- Sie ist eine a) Verkehrssteuer, b) direkte Steuer und c) Ländersteuer.
- **Rechtsgrundlage** ist das Grunderwerbsteuergesetz (GrEStG).
- **Bemessungsgrundlage**: Die Steuer bemisst sich am Wert der Leistung und betrug früher 3,5 % (§ 11 GrEStG). Inzwischen dürfen die Länder eigene Sätze festlegen, die zwischen 3,5 % und 5 % liegen.
- Die **Steuerpflicht** entsteht durch den rechtsgültigen Erwerb eines Grundstücks (mit notarieller Beurkundung).
- Zu den **Voraussetzungen** für die Besteuerung zählen (§ 1 GrEStG): a) inländisches Grundstück, b) Erwerbsvorgang, c) Eigentumsübertragung. Ein Erwerb durch Zwangsversteigerung gilt ebenfalls.
- Zu den **Ausnahmen** zählen (§ 3 GrEStG): a) unter der Bagatellgrenze von 2.500 €, b) Schenkungen und Erbschaften, c) Erwerb durch Ehepartner oder Verwandte in direkter Linie (Großeltern, Eltern, Kinder, Enkel).

3.2.2.8 Erbschaft- und Schenkungsteuer

Die Rechtsgrundlage für beide Steuern ist das Erbschaftsteuer- und Schenkungsgesetz (ErbStG).

- **Steuerbefreiungen** (§ 13 ErbStG) existieren u. a. für:
    - Hausrat und andere bewegliche Gegenstände für Personen der Steuerklasse I.
    - Hausrat für Personen der Steuerklassen II und III.
    - Schenkungen unter Lebenden an Ehegatten oder Lebenspartner im Zusammenhang mit einem Familienheim.
    - Erwerb eines Familienheims von Todes wegen durch Ehegatten, Lebenspartner, Kinder oder Kinder verstorbener Kinder.
    - Zuwendungen zum angemessenen Unterhalt und zur Ausbildung.
    - Zuwendungen für kirchliche, gemeinnützige Zwecke, Parteien.
- **besondere Regelungen** (§§ 13a, 13b ErbStG) existieren für betriebliches Vermögen, damit die Fortführung des Unternehmens nicht gefährdet ist.
- Die Höhe der Erbschaftsteuer hängt davon ab, wie nah man dem Erblasser stand:

Steuerklassen § 15 und Freibeträge § 16 ErbStG		Freibeträge
I	Ehegatten und Lebenspartner	500 T€
	Kinder und Stiefkinder	400 T€
	Nachkommen der Kinder und Stiefkinder	200 T€
	Eltern und Großeltern	100 T€
II	Eltern und Großeltern bei Schenkungen, Geschwister und Geschwisterkinder, Stiefeltern und Schwiegereltern, Schwiegerkinder, geschiedene Ehegatten	20 T€
III	übrige Erben	20 T€

- Je nach Steuerklasse und Erbschaftshöhe ergeben sich Steuersätze zwischen 7 und 50 Prozent (§ 19 (1) ErbStG).

3.2.3 Abgabenordnung

Zweck der Abgabenordnung

Die Abgabenordnung (AO) gilt für alle Steuerarten H 2010: A5a, 5 Pt. und beinhaltet dabei grundlegende Regelungen zur Ermittlung, Festsetzung, Erhebung und Vollstreckung der Besteuerung. Dadurch sollen Wiederholungen bei den einzelnen Steuerarten vermieden werden.

Zuständigkeiten

- **Wohnfinanzamt** für die Einkommensteuer
- **Geschäftsleitungsfinanzamt** für die Körperschaftsteuer
- **Betriebsfinanzamt** für die Umsatz- und Gewerbesteuer

Schritte/Stufen des Besteuerungsverfahrens

Jedes Besteuerungsverfahren durch ein Finanzamt er- F 2012: A5, 9 Pt. fordert die folgenden Schritte/Stufen im Sinne der AO:

1. **Ermittlungsverfahren**: Ermittlung der zu erhebenden Steuer = Entstehung des Steueranspruchs
2. **Festsetzungsverfahren/Bekanntgabevergaben**: Festsetzung und Bekanntgabe der zu zahlenden Steuer
3. **Erhebungsverfahren**: Erhebung der Steuerschuld
4. **Vollstreckungsverfahren**: Zwangsvollstreckungen in das Vermögen des säumigen Steuerschuldners

Gegebenenfalls kommen die folgende Schritte hinzu:

- **Berichtigungsverfahren**: Korrektur der Steuerschuld
- **Rechtsbehelfsverfahren**: Einsprüche gegen den Verwaltungsakt
- **Außenprüfungen**: Betriebsprüfungen vor Ort durch Finanzprüfer

3

Verwaltungsakte (§ 118 AO)

F 2009: A6a, 3 Pt.
F 2013: A6, 10 Pt.
F 2016: A5, 12 Pt.

»Verwaltungsakte sind Verfügungen, Entscheidungen oder andere hoheitliche Maßnahmen, die eine Behörde zur Regelung eines Einzelfalls auf dem Gebiet des öffentlichen Rechts trifft ... auf unmittelbare Rechtswirkung ... nach außen gerichtet ist.« Zu den Verwaltungsakten zählen Steuerbescheide:

Verwaltungsakt	Fallbeispiel: Steuerbescheid
hoheitliche Maßnahmen	Steuerbescheid für bspw. 2017
einer Behörde	vom Finanzamt
zur Regelung eines Einzelfalls	Steuerlast Hr. Müller über 10 T€
Gebiet des öffentlichen Rechts	auf der Grundlage des Steuerrechts
unmittelbarer Rechtswirkung	direkte Zahlungsverpflichtung
nach außen gerichtet	Hr. Müller ist nicht behördenintern

Bekanntgabe und Fristen

H 2013: A6, 9 Pt.
H 2015: A5a-b, 10 Pt.
H 2017: A5a-b, 16 Pt.

- Verwaltungsakte müssen dem Adressaten zugehen (§ 122 AO). Dies kann schriftlich, mündlich, konkludent (durch schlüssiges Handeln) oder durch öffentliche Bekanntmachung erfolgen (§ 119 AO).
- Verwaltungsakte werden zum Zeitpunkt der Bekanntgabe wirksam (§ 124 (1) AO).
- Im Zweifel hat die Behörde den Zugang und den Zeitpunkt des Verwaltungsaktes nachzuweisen (§ 122 (2) AO).
- Sofern ein Verwaltungsakt fehlerhaft ist, ist er nichtig (§ 125 AO).
- Sofern es sich um einen per Post übermittelten schriftlichen Verwaltungsakt im Inland handelt, ist davon auszugehen, dass er am 3. Werktag nach der Aufgabe zur Post bekannt gegeben wurde (§ 122 (2) AO). Fällt das Ende einer Frist auf einen Samstag, Sonntag oder gesetzlichen Feiertag, endet die Frist mit Ablauf des nächstfolgenden Werktages (§ 108 (3) AO).

- **Tagesfristen**: Schonfrist bei Zahlungen § 240 (3) AO.
- **Wochenfristen**: Mahnfrist § 259 AO.
- **Monatsfristen**: Einspruchsfrist § 355 (1) AO.
- **Jahresfrist**: Festsetzungsfrist § 169 AO, Verjährungsfrist § 228 AO.

Nicht fristgerechte Zahlung; steuerliche Nebenleistungen

H **2010: A5b,** 10 Pt.
F **2014: A6b-c,** 8 Pt.

- Sofern die Steuer nicht fristgerecht erklärt wird, kann ein **Verspätungszuschlag** bis max. 10 % der festgesetzten Steuer erhoben werden, höchstens 25.000 € (§ 152 (2) AO).
- Wird die Steuer nicht fristgerecht entrichtet, wird ein **Säumniszuschlag** von 1 % erhoben (§ 240 (1) AO).
- Zudem sind **Zinsen** bei Stundung etc. fällig (§ 233 ff. AO).
- **Zwangsgelder** entstehen bei der Durchsetzung des Verwaltungsaktes (Zwangsvollstreckung), sofern die Steuererklärung nicht abgegeben wurde bzw. auch bei Schätzbescheiden (§ 328 AO).
- **Kosten** des Verfahrens (Auslagen der Finanzbehörden).

Einsprüche gegen einen Steuerbescheid

F **2009: A6b-e,** 12 Pt.
H **2009: A5a-b,** 12 Pt.

- Einsprüche gegen einen Steuerbescheid müssen nach § 355 (1) AO innerhalb eines Monats nach Bekanntwerden des Bescheids erfolgen. Nach dem schriftlichen Versand des Steuerbescheids werden 3 Werktage des Postwegs hinzugerecht (siehe oben). Ab diesem Zeitpunkt besteht für einen 1 Monat die Möglichkeit des Einspruchs.
- Sofern der Steuerpflichtige unverschuldet (bspw. Krankenhausaufenthalt) eine Frist nicht einhalten konnte, kann er eine Wiedereinsetzung in den vorherigen Stand beantragen (§ 110 AO).
- Sofern die Rechtsbehelfsbelehrung unterblieben ist oder fehlerhaft war, verlängert sich die Einspruchsfrist auf ein Jahr (§ 356 (2) AO).

4

Zur Prüfung in Unternehmensführung

Bei diesem Fach steht die Masse des zu lernenden Wissens im Vordergrund:

- **Zeit**: 90 Minuten.
- **Hilfsmittel**: Taschenrechner.
- **Einteilung** der Punkte (ca.): 1. Betriebsorganisation: 45 Punkte, 2. Personalführung: 40 Punkte, Personalentwicklung: 15 Punkte.
- **Probleme**: 1. Der Zeitfaktor könnte ein großes Problem werden. Zumal viele Prüflinge bei einzelnen Fragen zu viel bzw. zu wenig schreiben. Bei »Nennen ...« wird zu viel, bei »Erläutern ...« zu wenig geschrieben. 2. Die Masse des Stoffs und die oftmals ähnlich klingenden Begriffe laden zur Verwirrung ein. 3. Vielen Prüflingen fällt es schwer, gelerntes Wissen den gestellten Fragen zuzuordnen. 4. In diesem Fach werden eher selten ganze Aufgaben nicht gelöst. Dafür gehen bei allen Aufgaben und Teilaufgaben Punkte verloren, die sich ansammeln.
- **Lösungsstrategien**: 1. Konzentrieren Sie sich auf die Aufgaben und Ihr vorhandenes Wissen. Lesen Sie die Aufgaben ganz genau. Dazu sollte natürlich entsprechendes Wissen vorhanden sein. Das erforderliche Wissen können Sie in den folgenden Kapiteln nochmals kurz wiederholen. 2. Üben Sie anhand von alten Prüfungen und dem Übungsband die Lösung von wissensorientierten Aufgaben und bekommen Sie ein Gespür dafür, was erwartet wird.

4

4 Unternehmensführung

4.1 Betriebsorganisation

4.1.1 Zielsystem, Unternehmensleitbild und CI

Zielsystem

H 2008: A3, 8 Pt.
H 2009: A1, 8 Pt.
H 2014: A2, 4 Pt.
F 2015: A1a-b, 10 Pt.
F 2017: A2a-c, 14 Pt.

- Zuoberst stehen die **Visionen**, die für eine langfristige Ausrichtung an einem idealen Zustand der Zukunft stehen (»Leitstern«, bspw. Marktführer).
- Die (Unternehmens-) **Mission** beschreibt den Auftrag und die Aufgaben des Unternehmens (bspw. Veröffentlichung von Fachbüchern).
- Als **Unternehmensphilosophie** werden die **Normen** und **Werte** (positive, erstrebenswerte Eigenschaften) bezeichnet, die dem Verhalten der Führungskräfte und Mitarbeiter zugrunde liegen **sollten** (bspw. Kundenorientierung, freundlicher Umgang und angenehme Atmosphäre, soziale und ökologische Verantwortung).
- Aus der Vision, der Mission und der Unternehmensphilosophie (bzw. den Normen und Werten) wird das **Unternehmensleitbild** abgeleitet, das Verhaltensgrundsätze nach innen und außen für das Management und die Mitarbeiter beinhaltet **(Soll-Zustand)**. **Vorteile**: Identifikation, Image, Abgrenzung von Konkurrenten, **Nachteile**: wenn Mission, Vision und Werte nicht übereinstimmen, ggf. unrealistisch, überambitioniert, unglaubwürdig und dann demotivierend. Zu den **Funktionen/Aufgaben** von Leitbildern zählen: Orientierung, Integration, Koordinierung, Entscheidung, Signal nach außen setzen und Transparenz.
- Schließlich lassen sich daraus **konkrete Ziele** ableiten, die für einzelne Bereiche kurz- und mittelfristig formuliert werden können.
- Das Unternehmensleitbild sollte von der Unternehmensführung in Zusammenarbeit mit den Mitarbeitern und Außenstehenden erarbeitet werden und eben nicht nur »von oben« verordnet werden.

4

Zusammenhang zwischen Zielen, Lage und Führung

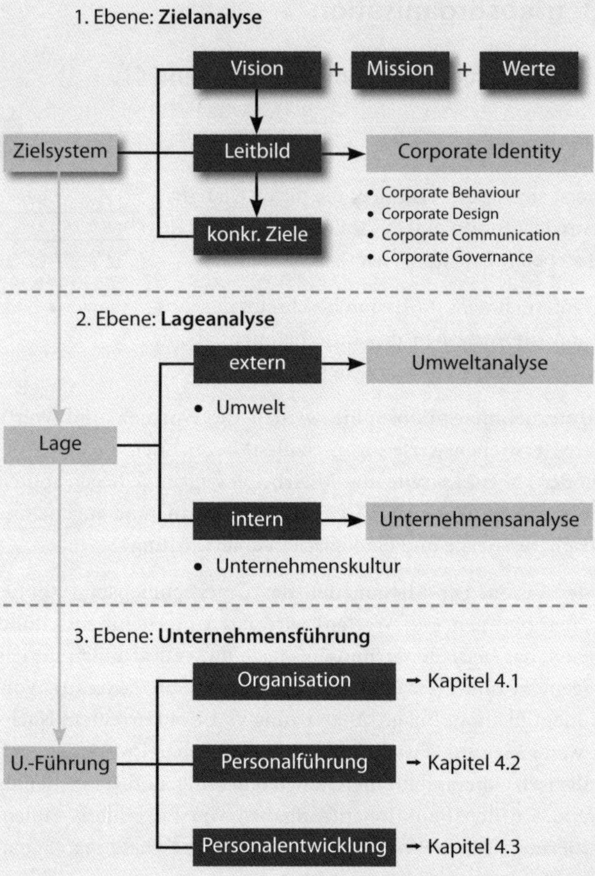

Tipp:

Shareholder = Aktionäre; **Stakeholder** = alle direkt oder indirekt vom Unternehmen betroffene (Mitarbeiter, Lieferanten etc.).

Lageanalyse

H 2014: A2, 2 Pt.

- Die externe Analyse der Umwelt (**Umweltanalyse**) analysiert die Rahmenbedingungen, die durch Märkte, Kunden, Lieferanten, Konkurrenten, Banken und Staat vorgegeben werden.
- Die interne Analyse des Unternehmens (**Unternehmensanalyse**) untersucht die Gegebenheiten des Unternehmens. Bei einer Stärken/Schwächen-Analyse vergleicht man sich anhand verschiedener Kriterien mit dem stärksten Konkurrenten.
- Die interne **Unternehmenskultur** bezeichnet die Summe der Normen und Werte, die das Verhalten der Mitarbeiter nach innen und außen tatsächlich prägen **(Ist-Zustand)**.

Tipp:
Das *Unternehmensleitbild* steht für den Soll-Zustand der Normen und Werte, die *Unternehmenskultur* hingegen für den Ist-Zustand.

Unternehmensführung

Sofern man das Zielsystem mit der Lage vergleicht, stellt man zumeist Handlungsbedarf fest. Hier kommt die **Unternehmensführung** zum Einsatz, die aus verschiedenen Teilbereichen besteht:

- Die **Organisation** beschäftigt sich mit der Gestaltung der Strukturen und Abläufe im Unternehmen, um die gesteckten Ziele erreichen zu können. Für einen langfristigen Erfolg ist dabei auch eine flexible Anpassung der Organisation notwendig.
- Die **Personalführung** betrachtet die verschiedenen Möglichkeiten der Führung von einzelnen Mitarbeitern bzw. von Gruppen. Daneben beschäftigt sie sich mit der Personalplanung, dem Personaleinsatz sowie der Entlohnung.
- Ziel der **Personalentwicklung** ist die optimale Anpassung des vorhandenen Personals an die Erfordernisse des Unternehmens und die Aus- und Weiterbildung der Mitarbeiter.

4

Corporate Identity

F 2009: A1a-b, 16 Pt.
H 2011: A1a-b, 7 Pt.
F 2014: A2, 12 Pt.
H 2014: A2, 2 Pt.
H 2017: A1a-b, 12 Pt.

Zur Umsetzung und einheitlichen Erscheinung des Unternehmensleitbildes nach außen und innen wird die Unternehmensidentität durch die einzelnen Aspekte der **Corporate Identity (CI)** geprägt:

- **Corporate Behaviour**: Das Verhalten der Mitarbeiter untereinander und gegenüber Außenstehenden (Kunden, Lieferanten etc.) sollte einheitlich und klar sein (bspw. Umgangston, Werte).
- **Corporate Design**: Nach außen und innen wird ein einheitliches Erscheinungsbild gewählt, das sich auf Farben, Formen, Schriftarten, usw. im Bereich der schriftlichen Kommunikation, in der Werbung, Bekleidung, Filialgestaltung, Logo usw. zeigt.
- **Corporate Communication**: Hier geht es um die Formen der Kommunikation nach außen und innen (bspw. Werbesprüche, Erkennungsmelodien, Telefonbegrüßungsformeln, Medienauftritt).
- **Corporate Governance**: Von zunehmender Bedeutung sind Verhaltenskodizes bzw. moralische Standards in der Unternehmensverfassung, an denen sich die Mitarbeiter orientieren sollen.
- **Vorteile der CI**: homogenes Erscheinungsbild nach außen, Motivation der Mitarbeiter, Kundenzufriedenheit, Abgrenzung zu Mitbewerbern, Kundenbindung, Steigerung des Bekanntheitsgrades.
- **Nachteile der CI**: geringere Flexibilität, weniger Differenzierungsmöglichkeiten, Imageschäden wirken stärker.

Zielbeziehungen

F 2011: A7, 8 Pt.

- **komplementäre Zielbeziehungen (= Zielharmonien)**: Ziele ergänzen sich gegenseitig und können gleichzeitig erreicht werden (bspw. Umsatz- u. Gewinnsteigerung).
- **konkurrierende Zielbeziehungen (= Zielkonflikte)**: Ziele können nicht zugleich erreicht werden (bspw. Rendite und Liquidität).

4.1.2 Strategische und operative Planung

F 2009: A4, 6 Pt.
F 2011: A1a-b, 6 Pt.
F 2013: A8, 15 Pt.
H 2016: A1a, 8 Pt.

Die in Kapitel 4.1.1 gewählte dreistufige Vorgehensweise (Ziele, Lage, Unternehmensführung) kann auch als Teil des Managementkreislaufs betrachtet werden.

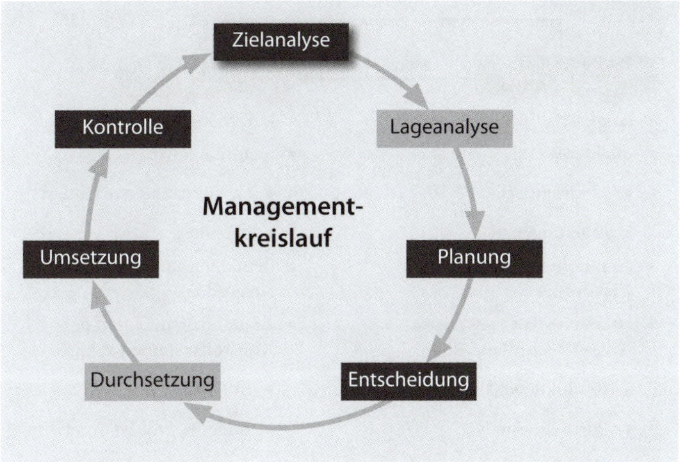

Ein wesentlicher Teil des Managementkreislaufs bzw. der Unternehmensführung ist die **Planung**. Diese kann bspw. als Teil des Controllings an Mitarbeiter delegiert werden, die hierfür spezialisiert sind. Pläne stellen sowohl zukünftige Handlungen als auch zukünftige Entwicklungen dar und erfordern entsprechendes Reagieren. Pläne müssen kontrolliert und ggf. korrigiert werden. Es werden folgende **zeitliche Dimensionen der Planung** unterschieden:

- Die **strategische Planung** ist langfristig (> 4 oder 5 Jahre) und eher qualitativ (bspw. Image, Sortiment, Marktanteil, Finanzstrategie) ausgerichtet.
- Die **taktische Planung** stellt eine mittelfristige Konkretisierung der strategischen Planung dar.

- Die **operative Planung** ist kurzfristig ausgerichtet (< 1 oder 2 Jahren; bspw. mit der Budgetierung, Personaleinsatzplanung, Urlaubsplanung, Werbemaßnahmen).

F 2011: A1c, 2 Pt.
F 2012: A1, 6 Pt.
H 2014: A3, 12 Pt.

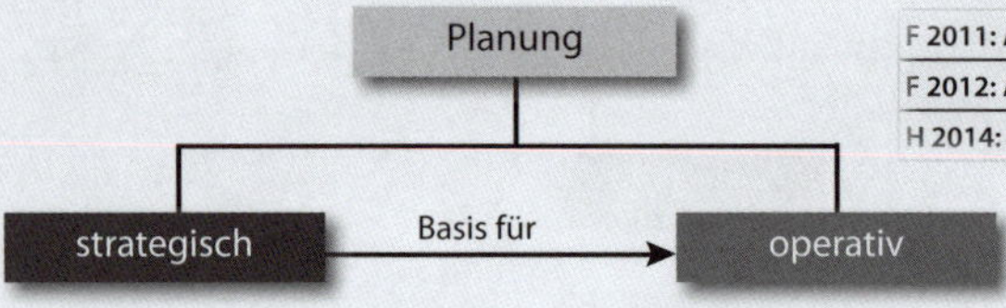

strategisch

- langfristig
- qualitativ
  - zielorientiert
  - vage/ungenau
- dem höheren Management zugeordnet
- zu den Instrumenten bzw. **Analysetechniken** zählen:
  - Produktlebenszyklusanalyse
  - Portfolio-Analyse
  - SWOT-Analyse
  - Benchmarking
  - ABC-Analyse

operativ

- kurzfristig
- quantitativ
  - an Kennzahlen orientiert
  - detailliert
- dem unteren Management zugeordnet
- zu den Instrumenten bzw. **Kontrollsystemen** zählen:
  - Kennzahlen
  - Budgets, Soll-Ist-Analysen
  - Plankostenrechnung
  - Gewinnschwellenanalyse
  - Rentabilitätsrechnungen

4

4.1.2.1 Strategische Planung

Zu den **Instrumenten der strategischen Planung** bzw. **Analysetechniken** zählen: (1) Produktlebenszyklus, (2) Portfolio-Analyse, (3) Benchmarking und (4) SWOT-Analyse.

Produktlebenszyklusanalyse

H 2011: A6a, 5 Pt.
F 2014: A1, 8 Pt.
H 2016: A2c, 2 Pt.
F 2018: A2, 18 Pt.

Mittels des **Produktlebenszyklus** lassen sich möglichen Zukunftsaussichten unserer vorhandenen Produkte/Sortimentsbereiche analysieren, um daraus eine optimale Strategie ableiten zu können. Es werden fünf Phasen unterschieden: ❶ Einführungsphase, ❷ Wachstumsphase, ❸ Reifephase, ❹ Sättigungsphase und ❺ Degenerationsphase. Aufgrund hoher Einführungskosten (Forschung und Entwicklung, Werbung) entstehen zu Beginn Verluste. In der Wachstums-/Reifephase kommen für gewöhnlich Konkurrenten auf den Markt und mindern die Gewinne – trotz noch steigender Umsätze. Es können grundsätzlich Gewinn, Umsatz, Marktanteil, Deckungsbeitrag usw. betrachtet werden.

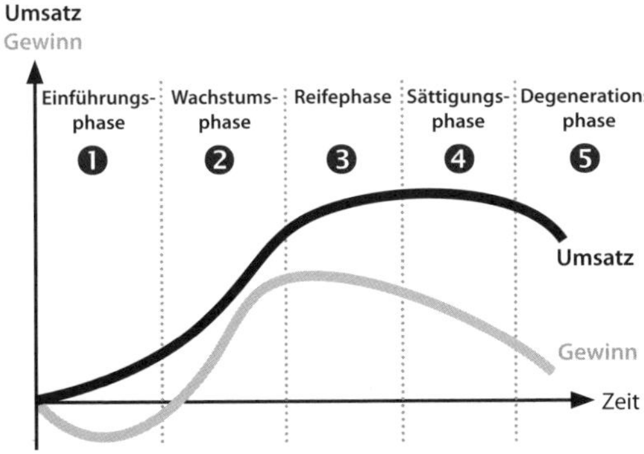

Tipp:
Häufig wird in Abbildungen der Verlust in der Einführungsphase nicht eingezeichnet/berücksichtigt.

4

Portfolio-Analyse der Boston Consulting Group (BCG)

F 2009: A2a-b, 14 Pt.
H 2011: A6b, 12 Pt.
H 2015: A2a-b, 7 Pt.
H 2016: A2a-b, 14 Pt.

Die **BCG-Portfolio-Analyse** betrachtet weitere Faktoren, die Auskunft über die Lage und zukünftige Entwicklungen unserer Produkte geben könnten. Ziel ist dabei jeweils eine angepasste optimale Strategie (**Normstrategie**) für die einzelnen Produkte in den 4 Feldern:

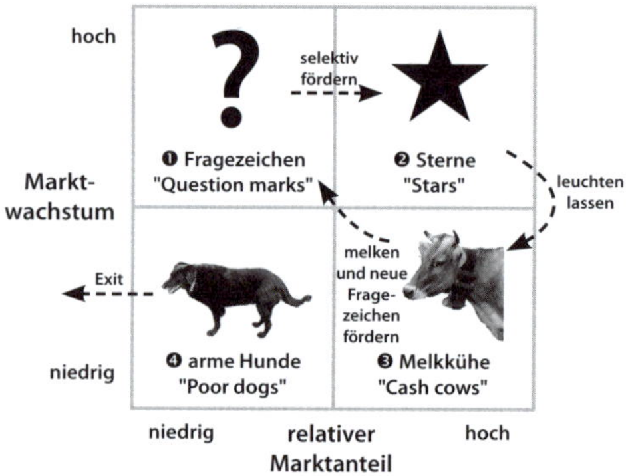

Tipp:
Die Bedeutung der Produkte, Produktgruppen oder Sparten kann als dritte Dimension durch die Größe von Kreisen (steht für Umsätze, Gewinn, DB) dargestellt werden.

❶ **Fragezeichen** (Question marks): Diese Märkte mit Chancen sind problematisch. Sofern die Chancen gut stehen, vom Marktwachstum zu profitieren, sollte kräftig investiert werden (**Offensivstrategie**). Andernfalls sollte ein Rückzug vom Markt erwogen werden.

❷ **Sterne** (Stars) müssen am Himmel bleiben. Daher muss investiert werden, um die Marktstellung halten zu können (**Wachstumsstrategie**).

❸ Bei **Melkkühen** (Cash cows) sollten nur die notwendigen Investitionen durchgeführt werden. Die Überschüsse sollten zur Förderung zukünftiger Stars in aktuelle, Erfolg versprechende Fragezeichen investiert werden (**Gewinnabschöpfungsstrategie**).

❹ Die **armen Hunde** (Poor dogs) sollten vom Markt eliminiert werden (**Desinvestitionsstrategie**). Nur aus Gründen der Produktion, des Sortiments oder des Images könnte ein Weiterbetrieb gerechtfertigt sein.

4

Zur **Berechnung des relativen Marktanteils** wird folgende Formel verwendet (bspw. unser Marktanteil = 15 %, stärkster Konkurrent = 25 %):

$$\text{relativer Marktanteil} = \frac{\text{eigener Marktanteil}}{\text{Marktanteil des stärksten Konkurrenten}} \times 100\,\%$$

$$= \frac{15\,\%}{25\,\%} \times 100\,\% = 60\,\%$$

Zu den **Stärken und Schwächen der BCG-Portfolio-Analyse** zählen:

- **Stärken/Vorteile**: schneller Überblick, leichte Ableitung von Normstrategien und deren Handlungsempfehlungen
- **Schwächen/Nachteile**: da nur max. drei Dimensionen betrachtet werden, können niemals alle Unterschiede dargestellt werden, etwas schematisch, kann zu kurzsichtigem Handeln verleiten.

Zusammenhang Produktlebenszyklus u. Portfolio-Analyse

Denkbarer, jedoch nicht zwingender Zusammenhang: H 2011: A6c, 3 Pt.

- Einführungs-/Wachstumsphase: Fragezeichen (Question marks)
- Wachstumsphase: Sterne (Stars)
- Reife-/Sättigungsphase: Melkkühe (Cash cows)
- Degenerationsphase (Rückgangsphase): arme Hunde (Poor dogs)

Benchmarking

H 2012: A2a-c, 12 Pt.
H 2015: A2a-b, 7 Pt.

Das **Benchmarking** ist ein System zur Messung bzw. Einordnung a) unseres Unternehmens im externen Vergleich mit dem stärksten Mitbewerber oder b) im internen Vergleich zwischen Abteilungen/Produkten u. zur Beurteilung von Mitarbeitern. Vorteil: Offenlegung von Stärken/Schwächen. Nachteile/Probleme: Beschaffung entsprechender Vergleichsdaten, nur Reaktion statt Aktion.

4

SWOT-Analyse

F 2016: A4a-c, 21 Pt.
H 2017: A4a-b, 18 Pt.

Die **SWOT-Analyse** ermittelt die internen Stärken (Strengths) und Schwächen (Weaknesses) des Unternehmens, um daraus eine Strategie hinsichtlich möglicher externer Chancen (Opportunities) und Risiken/Gefahren (Threats) zu entwickeln. Dies ist bspw. bei der Einführung neuer Produkte sinnvoll:

- Zu den **internen Faktoren** zählen: Qualifikation der Mitarbeiter, Kosten allgemein (bspw. Lohnniveau), Finanzkraft, Image, Innovationsstärke, Sortimentsbreite und -tiefe.
- Zu den **externen Faktoren** zählen: demografische Trends (bspw. Alterung in Industrienationen), Technologien, kultureller Wandel, Gesetzgebung, politische Lage, Konkurrenten, Lieferanten.

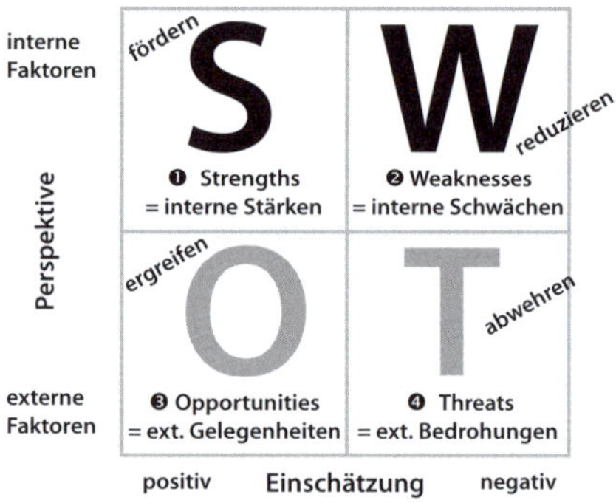

Im Rahmen der SWOT-Analyse lässt sich eine **TOWS-Matrix** (von rechts oben nach links unten lesen: T-O-W-S) erstellen. Daraus lassen sich dann vier Normstrategien ableiten:

Tipp:
Häufig (auch in Lösungen zu IHK-Prüfungen) wird auch die zweite Abbildung als SWOT-Analyse bezeichnet. Das ist eigentlich nicht ganz korrekt. Sie ist eine Folge bzw. Ableitung aus der SWOT-Analyse.

4.1.2.2 Operative Planung

Zweck der operativen Planung

F 2017: A1a, 6 Pt.

- Zur **Umsetzung der strategischen Pläne** sind operative Pläne notwendig.
- Die operative Planung gibt den **Handlungsspielraum** der Abteilungen und der Mitarbeiter vor (bspw. in Form von Budgets).
- Die konkreten Vorgaben der operativen Planung können am Ende der Planungsperiode besser **kontrolliert** werden (u. a. wichtig für erfolgsabhängige Entlohnung).
- Aus einer **Analyse der Abweichungen** lassen sich Rückschlüsse auf Fehlentscheidungen etc. ableiten und ermöglichen damit eine bessere Planung für die Zukunft.

Pläne

F 2017: A1b-c, 7 Pt.

Pläne werden zur Realisierung der von der Unternehmensleitung vorgegebenen Ziele insgesamt als Gesamtpläne und in den unterschiedlichsten Funktionsbereichen eines Unternehmens als Teilpläne erstellt:

- **Beschaffungspläne** zur Planung der zu beschaffenden Roh-, Hilfs- und Betriebsstoffe.
- **Produktionspläne** zur Planung des Produktionsprogramms.
- **Absatzpläne** zur Planung der abzusetzenden Mengen.
- **Personalpläne** zur Planung des Personalbedarfs, der Personalbeschaffung, des Personaleinsatzes und der Personalfreisetzung.
- **Kostenpläne** der zu erwartenden Kosten in der Plankostenrechnung.
- Diese Pläne sind wechselseitig abhängig (= **Interdependenz**).

Budget und Budgetierungsprozess

H 2008: A1, 12 Pt.
H 2016: A1b, 6 Pt.

Ein **Budget** ist dabei ein Vorgabewert, der einem Mitarbeiter, einer Abteilung, einem Bereich oder einer Filiale für einen bestimmten Zeitraum (bspw. 1 Jahr) zur Verfügung steht. Damit soll den Mitarbeitern ein bestimmter Handlungsspielraum innerhalb des Budgets eingeräumt werden. Nachteilig dabei sind evtl. das starre Bereichsdenken und die geringe Flexibilität. Wie kommen denn Pläne für Budgets zustande?

- Bei der **Top-down-Planung** wird das Budget Schritt für Schritt von oben nach unten weitergereicht. Vorteile: Das Verfahren ist einfach, relativ schnell und die Unternehmensleitung hat immer die Kontrolle über das *Gesamtbudget*. Nachteile: Die Zuteilung auf die einzelnen Bereiche und Abteilungen kann *fehlerhaft* sein, da die Unternehmensleitung gar nicht die nötigen Informationen der Basis besitzt, um eine korrekte Aufteilung durchzuführen. Zudem mag die Vorgehensweise für die Mitarbeiter *demotivierend* sein.

- Die **Bottom-up-Planung** versucht die beiden genannten Nachteile zu umgehen, indem die Mitarbeiter von unten nach oben ihre Budgetvorstellungen weiterreichen. Dadurch werden die Mitarbeiter in den Budgetprozess eingebunden, was einerseits *motivierend* ist und andererseits die *Detailkenntnisse* der Mitarbeiter nutzt. Leider hat das Verfahren den Nachteil, dass mit ziemlich großer Wahrscheinlichkeit das *Gesamtbudget* zu hoch ausfallen dürfte, weil sich jede planende Stelle eine gewisse Reserve einplanen dürfte. Zudem werden Anpassungen dann oft *ohne Rücksprache mit den Mitarbeitern* vorgenommen.

- Das **Gegenstromverfahren** versucht die *Vorteile der beiden Verfahren zu vereinen.* Zunächst gibt die Unternehmensleitung ein grobes Budget vor, das nach unten weitergereicht wird. In einem Rücklauf wird es dann von unten nach oben konkretisiert. Wenn dann oben wiederum zu viel herauskommt, muss evtl. eine Wiederholung des Planungsprozesses erfolgen. Der hierfür notwendige *Zeitaufwand* und die damit steigenden *Kosten der Planung* dürften auch die größten Nachteile des Verfahrens sein.

Instrumente bzgl. der Kostenrechnung

H 2009: A3a-c, 12 Pt.
H 2012: A1a-b, 10 Pt.

- Die **Gewinnschwellenanalyse** (Break-even-Analyse) ermittelt die notwendige Verkaufsmenge, um einen Gewinn zu erzielen (vgl. Kap. 2.3.5.2).

- In der **Deckungsbeitragsrechnung** werden die variablen Kosten (bspw. Materialeinsatz in der Industrie, Wareneinsatz im Handel) von den (Umsatz-) Erlösen abgezogen. Der resultierende Deckungsbeitrag trägt zur Deckung der Fixkosten (bspw. Miete und Gehälter) bei. Die verbleibenden Überschüsse sind reiner Gewinn.

- Die **Plankostenrechnung** analysiert die Abweichungen zwischen Plankosten und Istkosten für einzelne Abteilungen.

4

4.1.2.3 Integrative Managementsysteme

H 2014: A1, 8 Pt.
F 2016: A3b, 6 Pt.

Zunächst muss hier unterschieden werden:

- Beim **integrativen Management** bestehen die einzelnen Managementsysteme weiterhin nebeneinander und werden durch eine gemeinsame EDV-Plattform verknüpft. Der Datenaustausch wird vereinfacht und erleichtert die Verwaltung (bspw. bei den verschiedenen Modulen von Unternehmenssoftwaresystemen).

- Demgegenüber ist das »**Integrierte Managementsystem (IMS)**« eine Zusammenfassung aller ursprünglich getrennten Teilsysteme des Managements zu einem einheitlichen und ganzheitlichen System. Dabei bildet die Basis für gewöhnlich das Qualitätsmanagement mit der Norm ISO 9004. Diese dient zum Managementdesign und orientiert sich am Total-Quality-Management. **Vorteile**: (1) Orientierungsrahmen für Mitarbeiter und Leitung, (2) Prozessoptimierung, (3) Konzentration auf Qualität, Umwelt und Sicherheit steigert die Zufriedenheit der Kunden und Mitarbeiter.

Qualitätsmanagementsystem (QM)

F 2016: A3a,c, 8 Pt.
H 2017: A3, 5 Pt.

- Es steht für alle organisatorischen Maßnahmen, die zur Verbesserung der Qualität der Prozesse, der Leistungen/der Produkte dient.

- **Ziele** sind die Steigerung der Kundenzufriedenheit und der Wettbewerbsfähigkeit.

- **Aufgaben**: (1) Analyse von Fehlerursachen, (2) deren Vermeidung/Reduzierung, (3) Dokumentation aller Prozesse, (4) gleichbleibende Produktqualität sichern.

- Zur Umsetzung dienen die beiden Qualitätsmanagementmodelle EFQM und ISO 9001ff. Beide ermöglichen eine **Zertifizierung** durch ein Audit. Ein **Audit** erfolgt für gewöhnlich im Rahmen des Qualitätsmanagements. Hierfür speziell geschulte Auditoren untersuchen, inwiefern die Prozesse, Anforderungen und Richtlinien eines Unternehmens den (selbst) gestellten Standards entsprechen.

- **KVP** (= **Kontinuierlicher Verbesserungsprozess**): Die vorhandenen Prozesse werden ständig hinterfragt. Durch Verbesserungsvorschläge und deren schrittweisen Umsetzung soll die Qualität kontinuierlich gesteigert werden (ursprünglich aus Japan stammend: Kaizen). Mögliche Fragen/Themen: (1) optimierbare Arbeitsprozesse, (2) nutzbare Synergien, (3) Einsparungspotenzial bei Ressourcen, (4) Innovationspotenzial, (5) verbesserungsfähige Unternehmenskultur, (6) Förderungsmöglichkeiten von Mitarbeitern.

Umweltmanagement

H 2010: A5a-b, 13 Pt.
F 2011: A2a-b, 8 Pt.
F 2016: A3a, 2 Pt.
H 2017: A3, 5 Pt.

- Hier steht das **Ziel der Nachhaltigkeit** des unternehmerischen Handelns im Vordergrund. Nachhaltig ist ein Verhalten dann, wenn es die Ressourcen nur insoweit nutzt, als hiervon zukünftige Generationen nicht negativ beeinträchtigt werden. Zudem ist der Aufbau eines umweltorientierten Images wichtig, das auch durch Umweltsiegel verbessert werden kann. Dabei sollten auch die jeweiligen gesetzlichen Regelungen eingehalten werden.

- Umweltmanagementsysteme beziehen sich auf alle umweltbezogenen Aktivitäten des Unternehmens. Zu den **Schwerpunkten** zählen bspw. Energieeinsparung, Rohstoffverbrauch reduzieren, Verpackungen/Wasser aufbereiten, Emissionen reduzieren.

- **Grundsätze des Umweltmanagements**: (1) **Vorsorgeprinzip**: Verhinderung von umweltschädlichem Verhalten, (2) **Verursacherprinzip**: Kosten trägt der Verursacher der Umweltschädigung; wirkt nicht, wenn der Verursacher nicht ermittelbar ist oder Altlasten zu stemmen sind (dann trägt die Allgemeinheit die Kosten), (3) **Kooperationsprinzip**: Zusammenarbeit von Unternehmen, Staat und Gemeinden zum Umweltschutz.

- Zur Erreichung des Ziels einer nachhaltigen Unternehmenspolitik dient ein zertifiziertes Umweltmanagementsystem nach EMAS oder ISO 14001. **EMAS** = Eco Management and Audit Scheme bzw. EU-Öko-Audit. Dies ist eine von der EU entwickelte Zertifizierung des Umweltmanagements von Unternehmen.

4

- **Vorteile**: Imagegewinn, Kosten durch geringeren Verbrauch verringern, Wettbewerbsvorteile erlangen usw.
- **Nachteile**: Kosten der Einführung der Systeme, Überwachungskosten der installierten Systeme, Schulungskosten der Mitarbeiter

Umwelterklärung

F 2012: A8, 10 Pt.

Mit Hilfe von Umwelterklärungen versuchen sich Unternehmen im Rahmen des Umweltmanagements nach außen hin darzustellen. In kurzer Form werden dabei bestimmte Kennzahlen und Umweltschutzziele veröffentlicht. Im Rahmen eines Öko-Audits nach EMAS sind derartige Umwelterklärungen vorgeschrieben. Zu den **Inhalten** zählen:

- Name, Anschrift, Standorte des Unternehmens
- Beschreibung der Aktivitäten am Standort/den Standorten
- Darlegung der umweltrelevanten Probleme
- Daten bzw. Umweltbilanz zu umweltrelevanten Problemen (bspw. Schadstoffemissionen)
- Darlegung der Umweltpolitik
- Notfallmanagement im Krisenfall

Arbeitsschutzsysteme und Sicherheitsmanagement

F 2016: A3a, 2 Pt.
H 2017: A3, 5 Pt.

- **Ziele** sind die Vermeidung von Arbeitsunfällen und der Schutz der Gesundheit aller Beschäftigten.
- Dazu dienen bspw. Gefahrgutbeauftragte, Unfallverhütungsvorschriften, Maßnahmen zum Brandschutz, Schulungen/Unterweisungen der Mitarbeiter in Arbeitsschutz und Arbeitssicherheit.

Datenschutzsysteme

- **Ziel** ist, die sensiblen Daten des Unternehmens insbesondere durch geeignete EDV-Schutzmaßnahmen zu schützen.

4.1.3 Aufbauorganisation

Grundbegriffe der Organisation

Es gibt zwei wesentliche Definitionsmerkmale einer Organisation: **Eine Organisation a) ist ein System von Regeln und b) besteht aus zwei oder mehr Personen mit zumindest einem gemeinsamen Ziel.** Zudem sollte der Begriff Organisation von den folgenden abgegrenzt werden:

- **Organisation** steht gemäß Definition a) für einen geregelten Zustand (bspw. feste Arbeitszeiten von 8:00-17:00 Uhr mit festen Pausen).
- **Disposition** steht für einen geregelten Zustand mit Ermessensspielraum für die Mitarbeiter (bspw. Kernarbeitszeit von 9:00-15:00 Uhr).
- **Improvisation** steht für einen nicht geregelten Zustand für unvorhergesehene Fälle (bspw. freie Arbeitszeitgestaltung im Home Office oder Überstunden bei einem dringenden Auftrag).

Zu den Anforderungen an jede Organisation zählen:

- **Zweckmäßigkeit**: Ausrichtung an Zielen (siehe Definition Teil b). F 2013: A7a, 6 Pt.
- **Übersichtlichkeit** für Mitarbeiter, Kunden, Lieferanten etc.
- **Dauerhaftigkeit** der Regelungen, um den Mitarbeitern eine klare Orientierung zu gewähren.
- **Flexibilität** bei notwendigem organisatorischen Wandel (neue Konkurrenten, neue Produkte, neue gesetzliche Regelungen).
- **Wirtschaftlichkeit**: Jede Organisation muss den Mitteleinsatz in ein vernünftiges Verhältnis zum Ertrag bringen.

Aufbau- und Ablauforganisation

H 2011: A4b, 4 Pt.
F 2014: A7a, 4 Pt.
F 2016: A1a, 4 Pt.

In der Realität gehören Aufbau- und Ablauforganisation untrennbar zusammen. Im Lehrbetrieb und in der Praxis hat sich indessen die Zweiteilung etabliert.

Aufbauorganisation:

- analysiert und gestaltet die Struktur und die Hierarchie einer Organisation
- hier dienen u. a. Stellenbeschreibungen und Organigramme als Instrumente

► *Kapitel 4.1.3*

Ablauforganisation:

- analysiert und gestaltet Abläufe bzw. Prozesse
- neben Netzplänen werden bspw. Ablaufdiagramme eingesetzt

► *Kapitel 4.1.4*

4.1.3.1 Bildung von Organisationseinheiten

Zunächst sind zur idealen Gestaltung der Aufbauorganisation eine Aufgabenanalyse und anschließend die Aufgabensynthese durchzuführen.

Aufgabenanalyse

F 2013: A7b, 10 Pt.
F 2014: A7b, 4 Pt.

Die **Aufgabenanalyse** muss bei einem realen Unternehmen im Detail analysieren, welche Aufgaben anfallen. Ein Industriebetrieb hat die Gesamtaufgabe ein industrielles Erzeugnis herzustellen und ein Handelsbetrieb muss Handelsgüter verkaufen. Zur Erledigung dieser Aufgaben sind viele Teilaufgaben notwendig – bspw. in Form der einzelnen Teilaufgaben der Arbeitsschritte am Fließband. Die Aufgabenanalyse kann anhand der folgenden Aspekte erfolgen:

- **Verrichtungsanalyse**: Welche Verrichtungen (Tätigkeiten) können unterschieden werden?
- **Zweckanalyse**: Welchem Zweck dienen die Tätigkeiten?
- **Objektanalyse**: Was wird bearbeitet (bspw. Artikel)?
- **Phasenanalyse**: Welche Phase ist betroffen (Planung, Durchführung, Kontrolle)?
- **Ranganalyse**: Welche Hierarchieebene ist betroffen?

Aufgabensynthese

Wenn die Aufgabenanalyse durchgeführt wurde, kann mittels der **Aufgabensynthese** aus den einzelnen, vielfältigen Teilaufgaben ein mehrstufiger Betriebsaufbau zusammengesetzt (synthetisiert) werden, der aus Stellen, Abteilungen, Hauptabteilungen, Filialen und Geschäftsbereichen besteht.

Stellen und Instanzen

F 2010: A1a, 3 Pt.
H 2014: A4a, 3 Pt.

Die erste Stufe der Aufgabensynthese repräsentiert die kleinste organisatorische Einheit – die **Stelle**. In der Praxis werden unterschiedliche Formen von Stellen unterschieden:

- Wichtige Formen sind dabei einerseits **Linienstellen**. Diese werden in Leitungsstellen und Ausführungsstellen unterteilt.
- **Leitungsstellen** besitzen Leitungs- und Weisungsbefugnisse gegenüber untergeordneten Leitungsstellen bzw. Ausführungsstellen. Man bezeichnet sie auch als **Instanzen**.
- Daneben gibt es unterstützende Stellen in Form von Assistenz- und Stabsstellen. Beiden Formen unterstützen Instanzen und haben keine Leitungs- und Weisungsbefugnisse. Während **Assistenzstellen** (bspw. Sekretariate und Vorstandsassistenten) allgemeine organisatorische Unterstützung gewähren, sind **Stabsstellen** hochspezialisiert (bspw. Controlling, Rechtsberatung).

Instanzen (**Leitungsstellen**) können Leitungs- und Weisungsbefugnisse gegenüber untergeordneten Stellen in zweifacher Hinsicht besitzen:

- Die **fachlichen** Leitungsbefugnisse sind dann gegeben, wenn eine Instanz Leitungsbefugnisse hinsichtlich sachbezogenen Themen besitzt, den Mitarbeitern also bestimmte Arbeitsaufträge zuweisen kann.
- Bei **disziplinarischen** Leitungsbefugnissen gegenüber Mitarbeitern geht es bspw. um die Kontrolle der Leistungen der Mitarbeiter.
- Für gewöhnlich hat eine Instanz beide Formen der Überordnung. Sofern nur eine fachliche Überordnung vorliegt, spricht man vom **Dotted-Line-Prinzip** (dotted line = gestrichelte Linie).
- Eine Instanz kann nur eine begrenzte Anzahl von Mitarbeitern kontrollieren: Die **Kontrollspanne** (bzw. Leitungsspanne) bezeichnet die Anzahl der direkt unterstellten Mitarbeiter einer Instanz.
- **Hierarchie**: Ein Unternehmen mit mehreren Mitarbeitern ist für gewöhnlich hierarchisch gegliedert – es gibt also Über- und Unterordnungsverhältnisse.

Zentralisation

- **Zentralisation** steht für Entscheidungen, die in der Zentrale einer Organisation getroffen werden.

H 2010: A3a-b, 14 Pt.
F 2018: A4, 22 Pt.

- **Vorteile** der Zentralisation sind: (1) einheitliches Vorgehen fördert das Image, (2) Doppelarbeiten werden vermieden, (3) Wissen und Kompetenzen lassen sich besser/kostengünstiger zentral ansiedeln.
- **Nachteile** der Zentralisation sind: (1) Wissen vor Ort wird nicht genutzt, (2) geringere Motivation der MA in den Filialen, (3) langsamere Entscheidungen durch längeren Instanzenweg.
- Für die **Dezentralisation** gilt jeweils genau das Gegenteil.

4.1.3.2 Instrumente der Aufbauorganisation

Stellenbeschreibung

H 2009: A4a-b, 18 Pt.
H 2012: A3, 18 Pt.
H 2014: A4b-c, 14 Pt.

Zur Kennzeichnung der verschiedenen Stellen eines größeren Unternehmens dienen schriftliche **Stellenbeschreibungen**. Zu deren **Inhalten** gehören:

- Stellenbezeichnung
- Einordnung der Stelle in die Organisation und dazugehörige Über- und Unterstellungsverhältnisse
- Stellvertretung/Prokura
- Aufgaben und Ziele der Stelle
- Anforderungen und Kompetenzen
- Befugnisse und Vollmachten
- tarifliche Einordnung bzw. Lohngruppen (kein Gehalt!)

Zu den **Aufgaben** der Stellenbeschreibung zählen: (1) Orientierung für (neue) Mitarbeiter, (2) Grundlage für Stellenbewertung und Leistungsbeurteilung, (3) Basis für die Personalbeschaffung (bspw. Stellenanzeigen), (4) Entlohnungsgrundlage, (5) Hilfe bei der Formulierung von Arbeitszeugnissen, (6) klare Abgrenzung der Aufgabengebiete und damit Vermeidung von Doppelarbeiten.

Organigramm

Die eben betrachteten Stellen sind die Basis für den mehrstufigen hierarchischen Betriebsaufbau. Die Darstellung erfolgt in Form von Organigrammen. Ihr grundlegendes Kennzeichnen ist die vertikale Linie, die die Hierarchie von oben nach unten kennzeichnet. In der folgenden Abbildung werden die wichtigsten Elemente dargestellt.

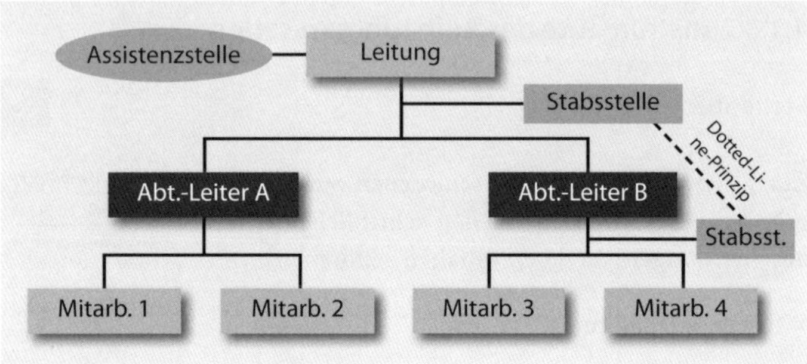

4.1.3.3 Organisationsformen

Zwei Gruppen des mehrstufigen Betriebsaufbaus sind zu unterscheiden:

- Der **hierarchische mehrstufige Betriebsaufbau** beschäftigt sich mit der hierarchischen Struktur einer Organisation und betrachtet dabei Über- und Unterstellungsverhältnisse.

Formen des hierarchisch-mehrstufigen Betriebsaufbaus

- Beim **Einliniensystem** hat jeder Mitarbeiter genau einen direkten Vorgesetzten (Ausnahme Geschäftsleitung).
- Das **Stabliniensystem** (1) entspricht zunächst dem Einliniensystem, (2) wird um beratende bzw. unterstützende Stabsstellen (durchaus auf verschiedenen Ebenen) mit (3) fachspezifischem Wissen ergänzt. (4) Die Linienstelle wird dadurch entlastet, (5) behält aber das Weisungsrecht an die untergeordneten Stellen.
- Beim **Mehrliniensystem** haben die Mitarbeiter mehr als einen direkten Vorgesetzten.

- Der **sachliche mehrstufige Betriebsaufbau** untersucht die sachliche Gliederung des Unternehmens. Hier stellt sich die Frage, nach welchem System der Betrieb unterhalb der Geschäftsleitung sachlogisch gegliedert sein könnte. Dabei wäre es denkbar, diesen anhand der betrieblichen Funktionen (Forschung u. Entwicklung, Einkauf, Fertigung, Verkauf und Verwaltung) einzuordnen. Alternativ könnte eine Gliederung nach dem Sortiment, nach Regionen oder nach Kundengruppen erfolgen.

- Der hierarchische und der sachliche mehrstufige Betriebsaufbau stellen keine Alternativen dar. Der Unterschied liegt nur in der Fragestellung bzw. dem Betrachtungswinkel (= 2 Seiten einer Münze).

Einliniensystem

Zu den Vor- und Nachteilen des **Einliniensystems** zählen:

- **Vorteile**: übersichtlich, klar, deutliche Kompetenzzuordnung, gute Kontrollmöglichkeiten
- **Nachteile**: geringe Flexibilität, bei vielen Stufen lange Informationswege, fachliche Überforderung der Instanzen

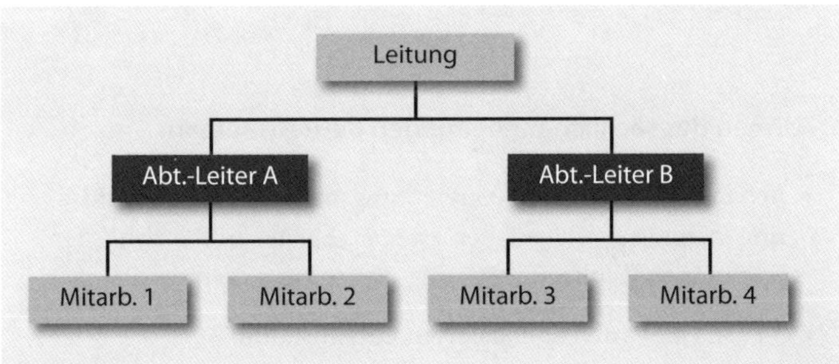

Stabliniensystem

F 2009: A3a-b, 10 Pt.
H 2009: A2a-b, 14 Pt.
H 2013: A5a-b, 15 Pt.
F 2015: A2a-b, 15 Pt.

Zu den Vor- und Nachteilen des **Stabliniensystems** zählen (zunächst wie beim Einliniensystem):

- **Vorteile**: Entlastung der Instanzen, Expertenwissen der Stäbe, sorgfältigere Entscheidungsvorbereitung
- **Nachteile**: inoffizielle Macht der Stäbe, Koordinationsprobleme zwischen Stäben und Instanzen sowie Stäben/Mitarbeitern, Abstimmungsprobleme, Trägheit der Entscheidungsfindung, Konflikte

4

Mehrliniensystem

Zu den Vor- und Nachteilen des **Mehrliniensystems** zählen:

- **Vorteile**: kürzere Wege, schnellere Entscheidungen, kompetentere Ansprechpartner, geringere fachliche Überlastung der Instanzen
- **Nachteile**: Abstimmungsprobleme, »viele Köche verderben den Brei«, Machtspiele, Kontrollprobleme, Koordinationsaufwand

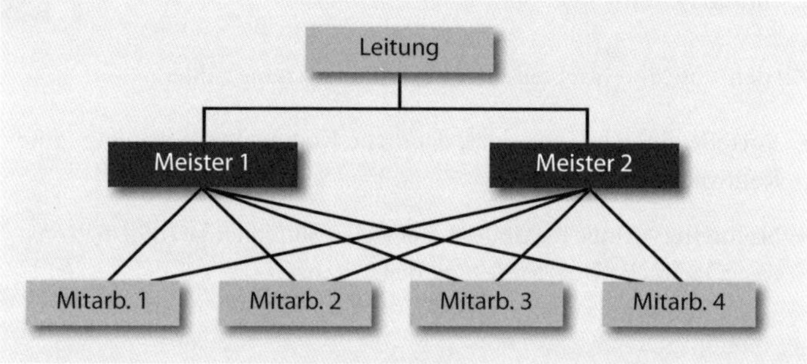

Formen des sachlich-mehrstufigen Betriebsaufbaus

- Bei der **funktionalen (verrichtungsorientierten) Organisation** befinden sich auf der zweiten Ebene die betrieblichen Funktionen (Einkauf, Fertigung, Verwaltung, Vertrieb usw.).
- 3 Formen der **divisionalisierten Organisation**:
  - Bei der **Spartenorganisation** werden auf der 2. Ebene die Sortimentsbereiche eingeordnet (bspw. PKW, LKW, Züge).
  - Die **Regionalorganisation** ist auf der 2. Ebene räumlich bzw. geographisch gegliedert (bspw. Bayern, Hessen).
  - Die **Marktorganisation** wird schließlich auf der 2. Ebene nach Kundengruppen geordnet (bspw. Privat-/Geschäftskunden).

Funktionale (verrichtungsorientierte) Organisation

F 2010: A1b-d, 12 Pt.

- **Vorteile**: klare Struktur für kleine und mittelständische Unternehmen, weniger Doppelarbeiten, Synergieeffekte, Spezialisierung
- **Nachteile**: zu unübersichtlich bei sehr großen Unternehmen, da zu große Funktionsbereiche, schlecht bei Kauf und Verkauf von Unternehmenssparten, schlechte Erfolgskontrolle, Koordinationsprobleme bei breitem Sortiment, Bereichsegoismen

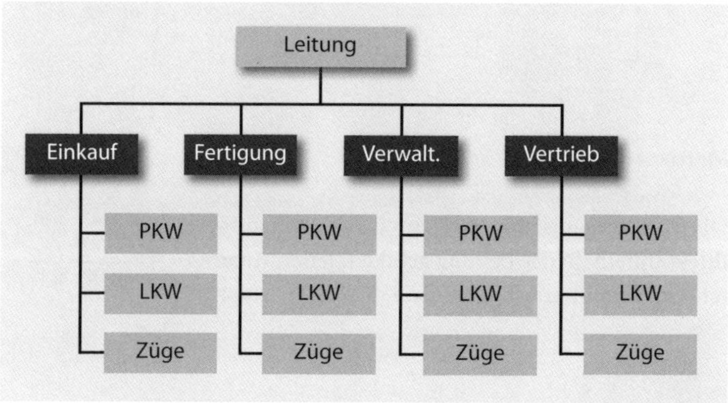

Spartenorganisation (Divisionalorganisation)

F 2012: A3a-b, 12 Pt.
H 2015: A4a-b, 12 Pt.
F 2017: A3a-d, 18 Pt.

- **Vorteile**: gut für Großunternehmen, da Sparten überschaubar/besser lenkbar sind, gut bei Abspaltung und Integration neuer Unternehmensteile, Erfolgskontrolle, Entlastung der Gesamtleitung, größere Motivation der relativ selbstständigen Sparten, größere Marktnähe, insbesondere bei sehr unterschiedlichem Sortiment sinnvoll
- **Nachteile**: zahlreiche Doppelarbeiten, weniger Synergieeffekte, für KMU (Klein- und Mittelständische Unternehmen) zu aufwendig
- Zusätzlich gibt es **Zentralbereiche** (bspw. Personalentwicklung). Zweck: Synergieeffekte nutzen, Kontrolle, gegen Spartenegoismus.

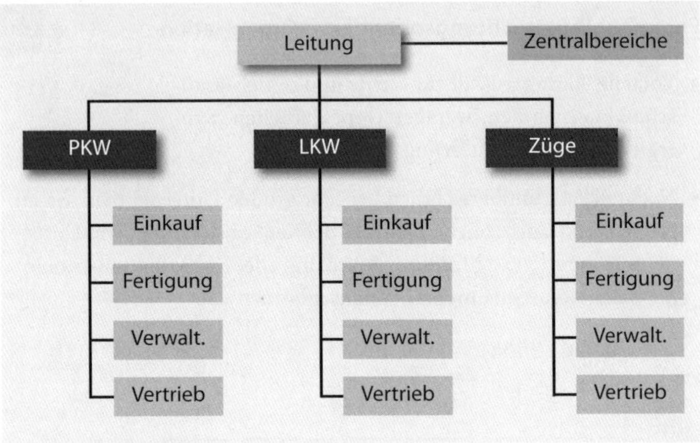

Matrixorganisation

F 2011: A3a-c, 16 Pt.
F 2014: A7c, 8 Pt.
H 2016: A3a-b, 12 Pt.

Die Matrixorganisation wird durch zwei Dimensionen direkt unterhalb der Leitung gebildet. Jeder Mitarbeiter (MA) bzw. Bereich hätte zwei direkte Vorgesetzte.

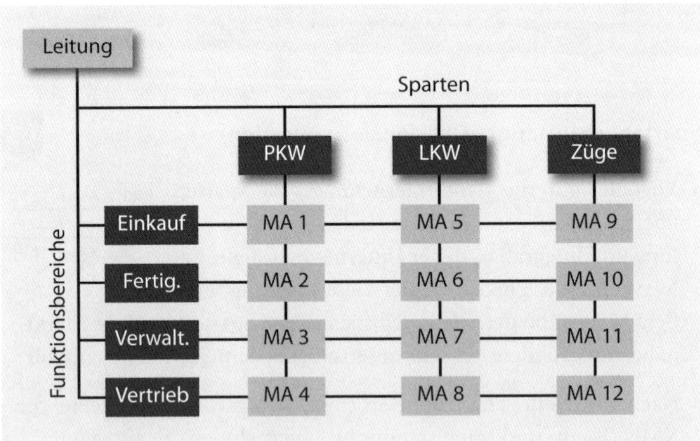

Die zwei Dimensionen der Matrixorganisation können wahlweise jeweils zwei aus fünf möglichen Aspekten beinhalten: 1. betriebliche

Funktionsbereiche, 2. Sortimentsbereiche, 3. Regionen, 4. Kundengruppen und 5. Projekte.

- **Vorteile**: schnellere Entscheidungen, kompetentere Ansprechpartner, größere Flexibilität, individuelle Lösungen für Märkte/Kunden
- **Nachteile**: Abstimmungsprobleme, »viele Köche verderben den Brei«, Machtspiele, Kontrollprobleme, Koordinationsaufwand
- **Anforderungen an die Mitarbeiter**: Kooperations-, Kompromiss-, Kommunikations- und Teamfähigkeit der Mitarbeiter

Tensororganisation

Tensororganisationen stellen lediglich eine Ergänzung der Matrixorganisationen mit drei oder gar noch mehr Dimensionen dar.

Team-/Projektorganisation bzw. Projektmanagement

Merkmale der Team-/Projektorganisation:

H 2008: A2a-c, 18 Pt.
F 2015: A3a-b, 5 Pt.

- zeitlich begrenzt
- spezielle Aufgabe mit einem bestimmten Ziel durch Unternehmensleitung vorgegeben, häufig komplex
- Mitarbeiter aus unterschiedlichen Bereichen mit Projektleiter
- begrenztes Budget und festgelegte Ressourcen
- die eigentliche Struktur der Aufbauorganisation bleibt erhalten

Zu den Vor-/Nachteilen der **Teamorganisation** zählen:

- **Vorteile**: sehr gut geeignet zur Umsetzung von Projekten, jeweilige Experten können ins Team geholt werden, schnelle Entscheidungen
- **Nachteile**: Abstimmungsschwierigkeiten zwischen Instanzen und Team-/Projektleitern, Mitarbeiter müssen Tagesgeschäft und Projekte zeitlich vereinbaren, Kompetenzstreitigkeiten

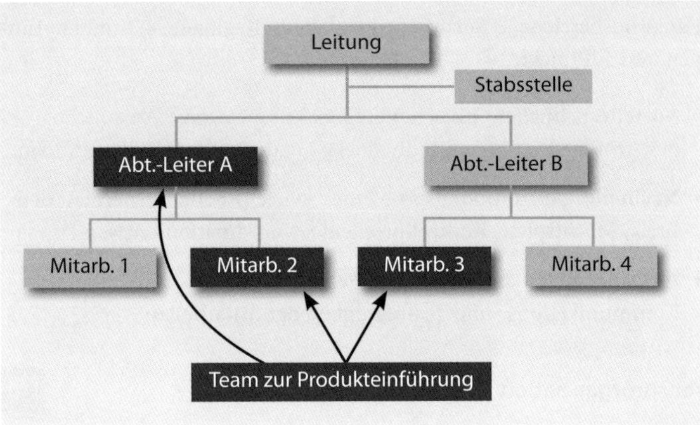

Qualitätszirkel

F 2015: A3a-b, 5 Pt.

Merkmale: (1) kleine Gruppen von Mitarbeitern des Unternehmens, (2) regelmäßige Treffen auf unbestimmte Zeit, (3) freiwillig, nicht-hierarchiegebunden, (4) Lösung auftretender Probleme. Ziele bzw. Vorteile: verknüpftes Denken fördern, höhere Motivation, bessere Ergebnisse, Synergieeffekte nutzen usw.

Cost-Center und Profit-Center

F 2010: A1e, 3 Pt.
H 2011: A4c, 4 Pt.

Im Rahmen der Dezentralisation von Entscheidungen können verschiedene Ebenen des Unternehmens (Abteilungen, Filialen, Sparten) mehr oder weniger selbstständig handeln:

- **Cost-Center**: Die Organisationseinheit (bspw. Buchführung oder Marketingabteilung) besitzt Kostenverantwortung durch ein vorgegebenes Budget. Dies ist dann sinnvoll, wenn diese Einheit keine direkt zurechenbaren Erlöse erwirtschaftet.
- **Profit-Center**: Sofern die Organisationseinheit auch Erlöse erzielt, kann sie hinsichtlich des Profits (Gewinn, Deckungsbeitrag) beurteilt werden (bspw. Filiale eines Handelsbetriebs).

4.1.4 Ablauforganisation

Die Ablauforganisation beschäftigt sich, wie der Name sagt, mit den betrieblichen Abläufen bzw. Prozessen. Diese sollten so gestaltet werden, dass Sie den Organisationszielen am ehesten gerecht werden. Dabei müssen die Prozesse hinsichtlich Tätigkeit, Zeit, Raum und Sachmitteln optimiert werden.

Es werden folgende Prozesstypen unterschieden:

- **Kernprozesse** sind die wesentlichen Prozesse des Unternehmens, in denen die eigentliche Wertschöpfung erfolgt. Dazu zählen die Forschung und Entwicklung (F & E), die Produktion, das Marketing und der Vertrieb.
- **Supportprozesse** (oder unterstützende Prozesse) unterstützen die Kernprozesse, die aus Sicht des Kunden aber keinen direkten Mehrwert bedeuten (bspw. Kantine, Finanzbuchhaltung etc.).

Problematisch ist dabei die Vielzahl der betrieblichen Prozesse, die es möglichst sinnvoll anzuordnen gilt. Das Problem wird durch die Parallelität der Prozesse verstärkt. Sofern Prozesse eine einfache Prozessabfolge darstellen, lässt sich eine optimale Reihenfolge relativ einfach bestimmen. Sofern Prozesse indessen parallel ablaufen und sich dabei gegenseitig bedingen, wird dies wesentlich erschwert.

Ziele der Ablauforganisation

H 2013: A2, 9 Pt.
F 2016: A1b, 3 Pt.

- **Wirtschaftlichkeit:** Wie schon früher erläutert, müssen sich Organisationen wirtschaftlich verhalten. Dies kann mit dem ökonomischen Prinzip beschrieben werden. Davon gibt es zwei Varianten – das Maximal- und das Minimalprinzip.
- **Minimierung der Durchlaufzeiten:** Gerade im industriellen Fertigungsprozess erhöhen lange Prozesszeiten die Kosten. Daher sollten die Bearbeitungszeiten für die einzelnen Prozesse möglichst knapp gehalten werden.

- **Fehlerminimierung (Qualität):** Die Prozesse müssen so gestaltet werden, dass möglichst wenige Bearbeitungsfehler entstehen.
- **Einhaltung von Lieferterminen:** Sofern Liefertermine nicht eingehalten werden, sind bisweilen empfindliche Konventionalstrafen zu bezahlen. Schwerwiegender können enttäuschte Kunden sein.
- **Kapazitätsausnutzung:** Ungenutzte Kapazitäten stehen aufgrund der Fixkostendegression für hohe Stückkosten und sollten daher möglichst vermieden werden.
- **Übersichtlichkeit:** Prozesse sollten unbedingt übersichtlich gestaltet werden.

So schön und einleuchtend die einzelnen Ziele klingen mögen, so problematisch ist auch ihre gleichzeitige Umsetzung. Sofern es mehr als ein Ziel gibt, besteht die Gefahr von Zielkonflikten.

4.1.4.1 Gliederung und Prinzipien

Zur besseren Prozessgestaltung ist eine exaktere Einteilung der Prozesse bzw. Tätigkeiten nach verschiedenen **Kriterien** notwendig:

- **Verrichtung**: Welche Tätigkeiten sind zu verrichten?
- **Objekt**: Welche Objekte (Produkte) werden bearbeitet?
- **Phase**: In welcher Phase (Planung, Umsetzung oder Kontrolle) ist der Prozess angesiedelt?
- **Zweckbeziehung**: Handelt es sich um einen Kernprozess oder einen unterstützenden Prozess?
- **Hilfsmittel**: Welche Hilfsmittel (Maschinen, Werkzeug, EDV) werden eingesetzt?
- **Zeit**: Zeitpunkt, Zeitraum und Dauer des Prozesses
- **Raum**: Wo findet der Prozess statt?
- **Rang**: Ist es eine leitende oder ausführende Tätigkeit?

4

Prozessorientierung

Für gewöhnlich genießt die Aufbauorganisation gegenüber der Ablauforganisation Vorrang. In jüngerer Zeit wird jedoch zunehmend eine Umorientierung gefordert. Die Unternehmen sollten die Prozesse und damit die Ablauforganisation (wieder) in den Vordergrund stellen. Diese Ideenwelt wird als prozessorientiertes Management bezeichnet. Bildlich ließe sich dies mit einem angepassten Organigramm darstellen. Dabei werden die Prozesse in den Vordergrund gestellt und die Strukturen bestehen zwar, treten indes in den Hintergrund.

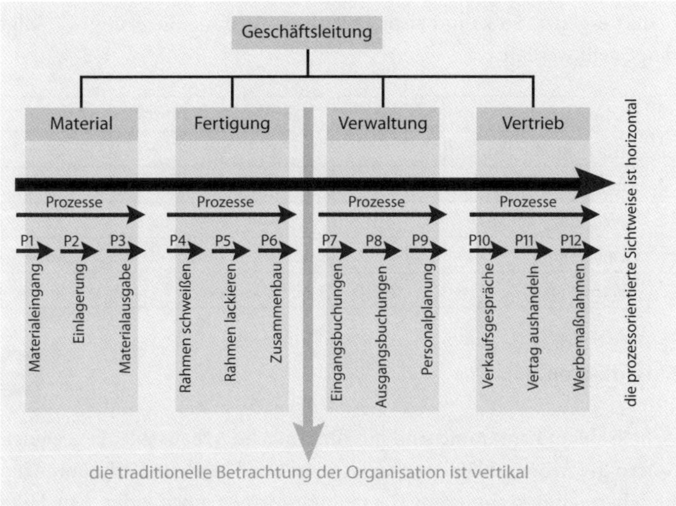

4.1.4.2 Darstellung und Durchführungsformen

Sofern die Prozesse definiert und zugeordnet sind, gilt es diese ordentlich zu strukturieren. Zu diesem Zweck werden verschiedene Formen der Darstellung und Planung von Prozessen verwendet:

Arbeitsablaufdiagramm

In Arbeitsablaufdiagrammen werden die einzelnen Arbeitsschritte eines bestimmten Tätigkeitsbereichs aufgelistet und einzelnen Funktionen oder Abteilungen zugeordnet. Dabei wird teilweise auch der Zeitbedarf ergänzt. So kann beispielsweise die Warenanlieferung wie folgt dargestellt werden:

Nr.	Arbeitsschritte	Bearbeitung	Transport	Kontrolle	Zeit/min.
1	Warenanlieferung	X			20
2	freier Lagerplatz?			X	10
3	Ware zum Lagerort		X		15
4	Einlagerung	X			10
5	Verbuchung	X			5

Flussdiagramm

Arbeitsablaufdiagramme sind gut für einfache Arbeitsabläufe geeignet. Sofern die Arbeitsabläufe verzweigter sind und logische Verknüpfungen bestehen, sind komplexere Darstellungsformen notwendig. Mit Hilfe von Flussdiagrammen können logische Verknüpfungen (Wenn-dann-sonst-Abfragen) zur Darstellung von Arbeitsabläufen genutzt werden. Hierfür werden standardisierte Symbole verwendet, die an eine Vorstufe der EDV-Programmierung erinnern.

4

Netzplantechnik

F 2012: A7a-b, 12 Pt.
F 2013: A4a-b, 14 Pt.

Sofern es sich um sehr komplexe Prozessabfolgen handelt (wenn zahlreiche parallele Prozesse ablaufen, die sich verknüpfen und wieder verzweigen), ist die Netzplantechnik ein geeignetes Instrument, diese strukturiert darzustellen. Die Netzplantechnik stellt ein Hilfsmittel dar, das vor allem den folgenden **Zielen/Zwecken** dient. Dies zeigt sich insbesondere bei **Projekten**:

- Die logischen **Zusammenhänge** eines Projektes vom Anfang bis zum Abschluss können übersichtlich dargestellt werden.
- Für alle Vorgänge eines Projektes kann mit Hilfe der Netzplantechnik ein **Zeitplan** entwickelt werden.
- Ermittlung des **kritischen Pfades** u. möglicher zeitlicher Engpässe.
- Kritische Vorgänge und **Ressourcenengpässe**, welche die Einhaltung des Endtermins gefährden können, lassen sich leicht identifizieren. Dies vermindert die Planungsunsicherheit.
- Netzpläne bilden die Basis für die laufende **Projektkontrolle** und **Terminüberwachung**.

Zu den **Nachteilen** der Netzplantechnik zählen:

- großer Aufwand der Erstellung des Netzplanes
- es setzt genaue Schätzungen hinsichtlich der Vorgänge und deren Zeitbedarf voraus
- bei komplexen Netzplänen ist der Anpassungsaufwand groß, ständig muss ein Abgleich zwischen Soll- und Ist-Zustand erfolgen

In der folgenden Übersicht wird das fiktive **Fallbeispiel** der Erstellung eines Buches vorgestellt. Das Projekt könnte frühestens nach 95 Tagen fertig sein, müsste aber spätestens nach 100 Tagen fertig sein.

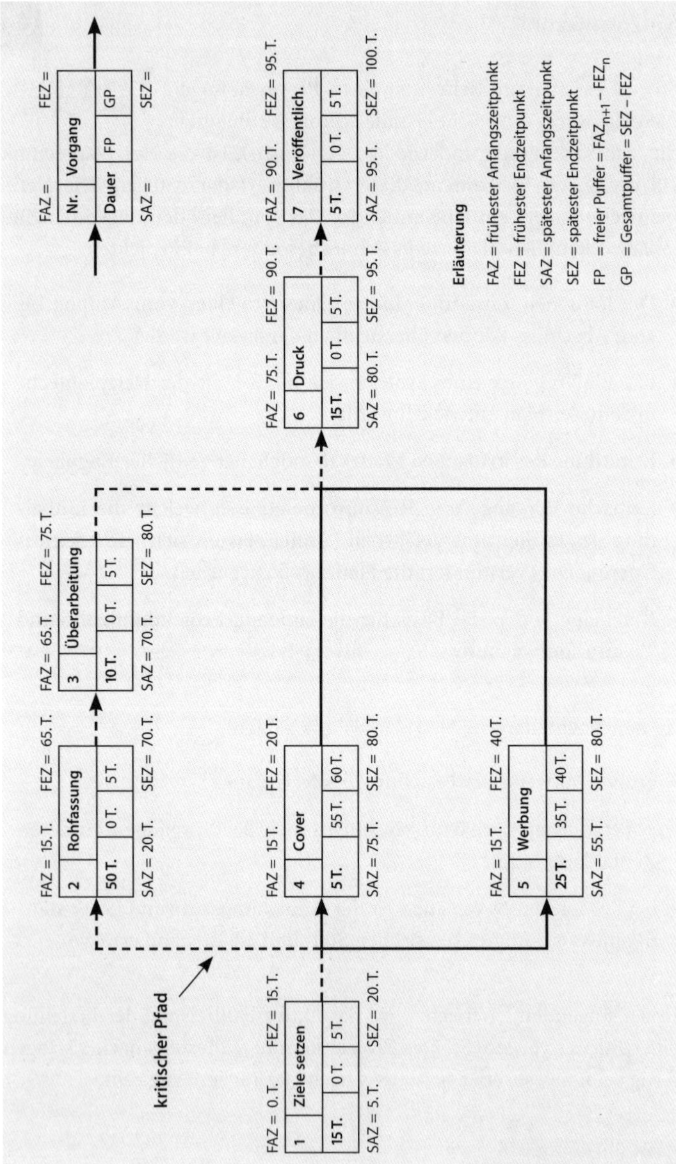
FAZ = FEZ =
Nr. Vorgang
Dauer FP GP
SAZ = SEZ =
FAZ = 0. T. FEZ = 15. T.
1 Ziele setzen
15 T. 0 T. 5 T.
SAZ = 5. T. SEZ = 20. T.
kritischer Pfad
FAZ = 15. T. FEZ = 65. T.
2 Rohfassung
50 T. 0 T. 5 T.
SAZ = 20. T. SEZ = 70. T.
FAZ = 65. T. FEZ = 75. T.
3 Überarbeitung
10 T. 0 T. 5 T.
SAZ = 70. T. SEZ = 80. T.
FAZ = 15 T. FEZ = 20 T.
4 Cover
5 T. 55 T. 60 T.
SAZ = 75. T. SEZ = 80. T.
FAZ = 15 T. FEZ = 40 T.
5 Werbung
25 T. 35 T. 40 T.
SAZ = 55. T. SEZ = 80. T.
FAZ = 75. T. FEZ = 90. T.
6 Druck
15 T. 0 T. 5 T.
SAZ = 80. T. SEZ = 95. T.
FAZ = 90. T. FEZ = 95. T.
7 Veröffentlich.
5 T. 0 T. 5 T.
SAZ = 95. T. SEZ = 100. T.
Erläuterung
FAZ = frühester Anfangszeitpunkt
FEZ = frühester Endzeitpunkt
SAZ = spätester Anfangszeitpunkt
SEZ = spätester Endzeitpunkt
FP = freier Puffer = FAZn+1 – FEZn
GP = Gesamtpuffer = SEZ – FEZ

4

4.1.5 Analysemethoden

Es gibt keine perfekte Organisation. Selbst dann, wenn ein optimaler Zustand erreicht wäre, würde er es nur zu diesem Zeitpunkt sein. Sofern sich die Kundenwünsche, gesetzliche Vorgaben oder Handlungen der Konkurrenten ändern, ist eine Reorganisation notwendig. Zur Ermittlung der aktuellen Lage und damit des Handlungsbedarfs gibt es verschiedene Analysemethoden.

4.1.5.1 Methoden z. Messung der Kundenzufriedenheit

H **2011: A4a,** 8 Pt.
F **2015: A4a-b,** 15 Pt.

Letztlich müssen sich marktorientierte Unternehmen an den Kundenwünschen und der Kundenzufriedenheit ausrichten. Wie lassen sich diese ermitteln? Die Wünsche und Vorstellungen der Kunden sind nicht immer so offensichtlich. In der Praxis werden u. a. folgende Methoden verwendet:

- **Fragebögen** dienen zur direkten Ermittlung der Wünsche und der Zufriedenheit der Kunden und Mitarbeiter. Zunächst muss man sich über die Ziele der Befragung Gedanken machen. Entscheidend ist dabei die Form der Fragestellung. Vorteil: Sie sind einfach durchführbar. Nachteil: Es ist nicht immer einfach Kunden/Mitarbeiter dazu zu bewegen, die Fragebögen überhaupt, rechtzeitig und angemessen auszufüllen. Als Anreiz werden hier bisweilen Belohnungen versprochen. Zu unterscheiden sind:
    - **geschlossene Fragen**: Es kann nur zwischen vorgegebenen Antwortalternativen ausgewählt werden (Ja/Nein, Noten 1 bis 5 usw.). Die Vorteile liegen in der einfacheren statistischen Datenerfassung und der einfacheren Auswertung. Nachteil: Beschränkung auf vorgegebene Antworten und einfache Fragestellungen.
    - **offene Fragen**: Es können ganze Sätze frei formuliert werden. Vorteile: zusätzliche Informationen können erfasst werden, komplexe Fragen können beantwortet werden. Nachteile: schwierigere Datenerfassung und Auswertung.

4

- **Interviews** bzw. **Kundenbefragungen** dienen grundsätzlich dem gleichen Zweck und werden die gleichen Fragen stellen (es sind ebenso offene und geschlossene Fragen möglich). Vorteil ist dabei die direkte persönliche Befragung. Nachteilig sind allerdings die deswegen u. U. nicht mehr so wahrheitsgetreuen Antworten.
- **Testkunden** können gezielt die Verkäufer/Mitarbeiter sowie die Verkaufsräume hinsichtlich Freundlichkeit, Kompetenz und Einkaufserlebnis testen.
- **Besuchsberichte** werden genutzt, um den Besuch durch Kunden in Form eines Berichts zusammenzufassen.
- **Multi-Moment-Analysen** dienen zur Beobachtung der Kunden/Mitarbeiter. Eine einzelne Beobachtung kann allerdings zu zufälligen Verzerrungen führen. Daher werden bei der Multi-Moment-Analyse mehrere (multi) Zeitpunkte (Momente) beobachtet, um Zufallsschwankungen zu eliminieren.

4.1.5.2 Wertanalyse

Ziele der Wertanalyse

H 2013: A7a, 10 Pt.

Die Wertanalyse versucht den Wert eines Produktes/einer Dienstleistung aus Sicht des Kunden in Einklang mit den Kosten zu bringen. Hierzu wird in einem mehrstufigen Verfahren eine Übereinstimmung zwischen Kundenwünschen und Kosten herbeigeführt. Die **Ziele** sind dabei: (1) Verbesserung der Produkte, (2) Reduzierung auf wesentliche und vom Kunden erwünschte Funktionen, (3) Zeit- und Kostenersparnis, (4) Motivationssteigerung bei den Mitarbeitern, (5) Förderung der Kreativität der Mitarbeiter, (6) Förderung des kundenorientierten Denkens der Mitarbeiter.

Wertanalyseobjekte

H 2013: A7c, 5 Pt.

Zu den Wertanalyseobjekten der einzelnen Produkte/Dienstleistungen zählen: (1) Qualität, (2) Zuverlässigkeit, (3) Lebensdauer, (4) Service, (5) Preise/Kosten.

Schritte der Wertanalyse

H 2013: A7b, 6 Pt.

- **vorbereitende Maßnahmen**: (1) Auswahl der zu untersuchenden Produkte/Dienstleistungen. Zur Identifikation der wichtigen Produkte dient u. a. die ABC-Analyse, die weiter unten besprochen wird. (2) Projektgruppen bilden und (3) Zeitablaufplanung.
- **Ermittlung des Ist-Zustandes**: Zuerst stellt sich die Frage nach dem Sinn des Produkts bzw. der Dienstleistung. Dabei sind die einzelnen Funktionen zu ermitteln (Qualität, Wirtschaftlichkeit, Gebrauchswert und Geltungswert).
- **Prüfung des Ist-Zustandes**: Inwiefern sind aus Sicht des Kunden a) unnötige Funktionen vorhanden bzw. b) welche Funktionen fehlen? Dabei sind die Kosten der einzelnen Funktionen zu ermitteln.
- **Ermittlung von Lösungen**: Ermittlung alternativer Lösungen zur Entfernung überflüssiger Funktionen bzw. zur Integration fehlender Lösungen. Dabei muss die Wirtschaftlichkeit der Lösungen beachtet werden.
- **Prüfung der Lösungen**: Inwiefern sind die Lösungen technisch durchführbar und auch wirtschaftlich sinnvoll?
- **Entscheidung für einen Lösungsvorschlag und Einführung**: In Abwägung aus Kosten und Nutzen ist der sinnvollste Lösungsvorschlag auszuwählen, den Entscheidungsträgern vorzulegen und ggf. einzuführen.

ABC-Analyse

F 2014: A5a-b, 12 Pt.

Sie dient allgemein der Einordnung von Produkten, Kunden oder Vorprodukten hinsichtlich ihrer wertmäßigen Bedeutung. Dabei werden bspw. die Daten hinsichtlich Umsatz, Gewinn, Deckungsbeitrag oder Kosten der Größe nach gewichtet. Bsp. Kunden:

- A-Kunden: ≈15 % der Kunden mit einem Umsatzanteil von ≈ 75 %
- B-Kunden: ≈ 35 % der Kunden mit einem Umsatzanteil von ≈ 20 %

4

- C-Kunden: ≈ 50 % der Kunden mit einem Umsatzanteil von ≈ 5 %

Ziel ist die Trennung von wichtigen und weniger wichtigen Kunden, Erzeugnissen und Ersatzteilen. Dabei wird dann zukünftig der Fokus auf A-Kunden gelegt (bspw. Key-Account-Management, Club-Mitgliedschaften). Zudem könnte versucht werden, B-Kunden gezielt zu A-Kunden zu werben (bspw. Club-Mitgliedschaft auf niedrigem Level mit Aufstiegschancen, Rabattsysteme).

- **Vorteile**: einfaches Verfahren, Daten schon vorhanden und schnell auswertbar.

- **Nachteile**: etwas systematisch, geringe Flexibilität, Grenzen zwischen A und B sowie B und C sind letztlich willkürlich, eindimensionale Betrachtung von Kosten, Umsatz oder Gewinn.

4.1.5.3 Betriebsstatistiken als Entscheidungshilfe

In Unternehmen werden zahlreiche Statistiken zur Kontrolle und als Entscheidungshilfe verwertet. Dazu zählen Statistiken aus den unterschiedlichsten Bereichen. Im Personalbereich gibt es bspw. Statistiken zur Krankenstandsentwicklung oder zur Urlaubsentwicklung, die uns eine bessere Personaleinsatzplanung ermöglichen.

Zur graphischen Darstellung von Statistiken dienen neben Tabellen:

- **Liniendiagramme**: Diese sind insbesondere bei der Darstellung der zeitlichen Entwicklung von Werten (bspw. täglicher Krankenstand) sinnvoll.

- **Säulendiagramme** (vertikal) und **Balkendiagramme** (horizontal) beim Vergleich relativer weniger Werte.

- **Kreisdiagramme**, wenn es um die Aufteilung eines gesamten Kuchens geht.

4.2 Personalführung

4.2.1 Zusammenhang Ziele, Leitbild u. Personalpolitik

H 2015: A3a-c, 18 Pt.

In Kapitel 4.1.1 haben wir dargestellt, dass es ein hierarchisches Zielsystem gibt, bei dem Visionen dem Unternehmensleitbild übergeordnet sind. Vom Leitbild leiten sich wiederum konkrete Ziele ab. Zur Verwirklichung der Ziele dient die Unternehmensführung. Diese bedarf der Organisation, der Personalführung und der Personalentwicklung.

Leider werden die Begriffe in diesem Bereich nicht einheitlich und trennscharf verwendet – so auch im Rahmenstoffplan der IHK. Da dieser den Kapitelbezeichnungen dieses Fachbuchs zugrunde liegt, gilt dies auch für die hier vorliegenden Kapitelüberschriften. Das Kapitel 4.2 wird als Personalführung bezeichnet. Treffender wäre wohl Personalmanagement. Aber betrachten wir einfach die einzelnen Begriffe näher:

- Als **Personalpolitik** werden sowohl die Formulierung der Ziele im Bereich des Personals, als auch die Instrumente und Maßnahmen zur Verwirklichung dieser Ziele bezeichnet.
- Das **Personalmanagement** bezieht sich auf den Teilbereich der Personalpolitik, der sich mit der Umsetzung der gegebenen Ziele beschäftigt.
- Ein wesentlicher Teilbereich hiervon ist die **Personalführung**. Diese setzt sich mit der Führung der Mitarbeiter auseinander. Hierbei geht es vor allem um Formen der effizienten und effektiven Führung der Mitarbeiter. Dazu zählen **Managementtechniken** (Führungsprinzipien) und **Führungsstile**.
- Im Rahmen der Personalführung muss aber auch die besondere Bedeutung der **Führung von Gruppen** und deren Dynamik beachtet werden.
- Zudem sind weitere Elemente des Personalmanagements wichtig: Personalplanung, -beschaffung, -entlohnung und -entwicklung.

4

4.2.2 Arten von Führung

Im Rahmen der Führung werden wir zwischen Managementtechniken und Führungsstilen unterscheiden:

Führungsprinzipien bzw. Management-by-Techniken

H 2010: A4, 12 Pt.
F 2011: A8a, 4 Pt.
F 2013: A2a, 4 Pt.

Die **Führungsprinzipien** bzw. **Managementtechniken** (Management-by-Techniken) sind Verfahren zur konkreten Führung von Mitarbeitern. Gemeinsamkeiten: (1) Ziel der Entlastung der Führungskräfte von Routinetätigkeiten, (2) Führungskräfte übertragen Aufgaben und Verantwortung an untergeordnete Mitarbeiter, (3) Ziel der steigenden Motivation der Mitarbeiter, (4) Problem der Überforderung der Mitarbeiter, (5) Kontrollprobleme. Es werden die folgenden Arten unterschieden:

- **Management by Objectives** (Führung durch Zielvereinbarung, Kap. 4.2.2.2)
- **Management by Delegation** (Kap. 4.2.2.3)
- **Management by Exception** (Kap. 4.2.2.3)
- Management by Results

Führungsstile

F 2011: A8b, 4 Pt.

Die **Führungsstile** beziehen sich hingegen auf die Art des Verhaltens des Vorgesetzten gegenüber seinen Mitarbeitern (vgl. Kapitel 4.2.3). Zu den Einflussfaktoren auf den Führungsstil zählen: (1) Persönlichkeit der Mitarbeiter und (2) der Vorgesetzten, (3) Qualifikation der Mitarbeiter und (4) der Vorgesetzten, (5) Leistungsbereitschaft, (6) Alter und Erfahrung der Mitarbeiter/Vorgesetzten.

Sofern sich Führungsstile nicht nur auf eine bestimmte Führungskraft oder eine Abteilung beziehen, sondern im gesamten Unternehmen gepflegt werden, spricht man von **Führungskultur**.

4

4.2.2.1 Führung über Motivation

Motivation

F 2015: A7a-b, 14 Pt.

- Ein wesentliches Ziel der Führung ist die **Motivation** der Mitarbeiter, d. h. die *zielorientierte Handlungsbereitschaft zur Erledigung von Aufgaben* (vgl. folgende Seite).
- Folgende **Symptome** deuten auf eine **geringe Motivation** der Mitarbeiter hin: (1) Zunahme von Fehlzeiten, (2) Dienst nach Vorschrift, (3) nicht rational erklärbare sinkende Arbeitsleistung, (4) Mitarbeiter beteiligen sich nicht mehr an betrieblichen Diskussionen, (5) Klagen von Kollegen bzgl. des Verhaltens des Mitarbeiters.
- Zudem gibt es auch **Faktoren**, die zu einer **Senkung der Motivation** der Mitarbeiter führen: schlechter Führungsstil und ungeeignete Managementtechniken, fehlende Wertschätzung der Mitarbeiter durch die Vorgesetzten, geringe Anerkennung der Leistungen, schlechte Informationspolitik durch Vorgesetzte, schlechtes Betriebsklima (siehe unten) usw.

Betriebsklima

H 2013: A1a, 6 Pt.

Das Betriebsklima trägt zur Motivation bei. Faktoren zur Beeinflussung des Betriebsklimas: (1) Arbeitsbelastung, (2) Entlohnungsniveau und Verteilung, (3) Kollegen, Umgangston, (4) Führungsstil und (5) organisatorische Regelungen.

Bedürfnispyramide von Maslow

Wer sich mit Motivation auseinandersetzt, muss das Verhalten und die Wünsche der Mitarbeiter analysieren. *Abraham Maslow* hat hierfür eine Hierarchie der Bedürfnisse formuliert, die davon ausgeht, dass erst dann, wenn eine bestimmte niedrigere Stufe der Bedürfnisse befriedigt ist, eine höhere Stufe relevant wird. In der Realität ist diese strenge Hierarchie der Bedürfnisse eher unrealistisch.

4

Zwei-Faktoren-Theorie von Herzberg

F 2011: A6a-b, 18 Pt.
H 2013: A1b, 6 Pt.
F 2015: A7a-b, 14 Pt.

In dieser Theorie nach *Frederick Herzberg* wird davon ausgegangen, dass Unzufriedenheit und Zufriedenheit zwei unabhängige Aspekte darstellen:

- Die **Unzufriedenheit** wird durch die sogenannten **Hygienefaktoren** (**extrinsische Motivation:** Belohnung/Sanktionen) beeinflusst. Sofern diese nicht erfüllt sind, ist der Mitarbeiter unzufrieden. Sind diese Faktoren erfüllt, ist der Mitarbeiter nicht mehr unzufrieden, aber auch noch nicht zufrieden. Zu den Hygienefaktoren zählen:
  - Entlohnung, Dienstwagen, Beförderungen, Titel
  - Arbeitsplatzgestaltung
  - Kompetenz der Vorgesetzten usw.
- Erst die **intrinsischen Faktoren** können bei ihrer Erfüllung hingegen zur **Zufriedenheit** führen (**intrinsische Motivation:** aus sich heraus). Hierzu zählen: (1) Anspruchsniveau der Arbeit, (2) Erfolgserlebnisse, (3) Herausforderungen, (4) Kreativität ausleben, (5) Work-Life-Balance, (6) harmonische Unternehmenskultur usw.
- Als **Konsequenz** müssen Führungskräfte zuerst die Hygienefaktoren erfüllen. Erst wenn die Unzufriedenheit mit der Arbeitssituation verschwindet, greifen die intrinsischen Faktoren der Zufriedenheit.
- Somit kann auch eine übermäßige Erfüllung der Hygienefaktoren nicht zur Zufriedenheit führen. Dies zeigt sich bspw. bei der Ent-

lohnung. Sofern diese enorm gesteigert wird, führt dies bei Vorhandensein zu einer geringeren Unzufriedenheit. Das wirkt aber auch nur kurzfristig. Das ergibt aber nicht zwangsläufig eine langfristige Zufriedenheit.

- Zwischen der Bedürfnispyramide nach *Maslow* und der Zwei-Faktoren-Theorie von *Herzberg* besteht insofern Übereinstimmung, als jeweils niedrigere Bedürfnisse erfüllt sein müssen und erst dann höherwertige Bedürfnisse der Mitarbeiter bedeutsam werden.
- Hauptkritikpunkt: Es ist zu bezweifeln, ob diese strenge Hierarchie bzw. Zweiteilung der Bedürfnisse bzw. Faktoren tatsächlich existiert.

4.2.2.2 Führung durch Zielvereinbarung

F **2009: A5a,** 8 Pt.
F **2010: A3a-b,** 15 Pt.
H **2010: A2a-c,** 13 Pt.
F **2013: A2b-c,** 8 Pt.
H **2013: A3,** 10 Pt.
H **2014: A5a-b,** 16 Pt.
H **2015: A5a-c,** 17 Pt.

Das Management durch Zielvereinbarungen (**Management by Objectives, MbO**) besteht in regelmäßigen (bspw. jährlichen) **Zielvereinbarungsgesprächen** zwischen Führungskraft und Mitarbeiter. (Verlauf: Ziele der Führung, Ziele des MA, Abgleich, Umsetzungsmöglichkeiten, Kontrollsystem).

- **Zielfindungsprozess**: Die Ziele können a) gemeinsam von Mitarbeiter und Vorgesetztem erarbeitet oder b) vom Mitarbeiter ausgearbeitet und mit dem Vorgesetzten abgestimmt werden.
- **Ziele/Vorteile**:
    - Entlastung der Vorgesetzten
    - Motivation der Mitarbeiter durch den Einbezug in die Zielformulierung
    - stärkere Identifikation mit dem Unternehmen
    - Leistungssteigerung der MA durch höhere Motivation und Identifikation
    - Grundlage für eine leistungsgerechte Bezahlung
    - Feedback für Mitarbeiter

- **Probleme/Nachteile:** (1) Zeitaufwand, (2) Verwaltungsaufwand, (3) angemessene Zielformulierung, Fokus auf quantitative/kontrollierbare Ziele. (4) Zwischenzeitlich kann es zu Fehlentwicklungen kommen und eine Korrektur zu spät erfolgen. (5) Zudem können die Mitarbeiter durch zu unrealistische Ziele überfordert werden.

Entscheidend ist daher die Qualität der gemeinsamen Zielfindung, die sich an der **Smart-Formel** ausrichten sollte.

SMART-Formel

Ziele sollten allgemein folgenden Anforderungen genügen:

- **S** (spezifisch) → konkrete, präzise und eindeutige Ziele
- **M** (messbar) → Ziele müssen messbar und kontrollierbar sein
- **A** (akzeptiert/anspruchsvoll) → attraktives und akzeptiertes Ziel, das anspruchsvoll und motivierend sein sollte
- **R** (realistisch) → die Ziele sollten mit gegebenen Ressourcen realisierbar sein
- **T** (terminiert) → die Ziele sollten zeitlich klar definiert sein

Regeln der Gesprächsführung

F 2009: A5b, 6 Pt.

- Vier-Augen-Prinzip
- sachliches Gespräch mit respektvollem Umgang
- Gesprächspartner zu Wort kommen lassen
- Klartext sprechen und gegenseitiges Zuhören
- wechselseitige Stellungnahme ermöglichen
- unterschiedliche Meinungen kanalisieren/konkretisieren
- zielorientiertes Vorgehen mit Prioritätenliste
- Ziel ist eine gegenseitig akzeptierbare Vereinbarung

4

4.2.2.3 Aufgabenbezogenes Führen

Management by Delegation

F 2012: A4, 15 Pt.
F 2013: A2c, 2 Pt.
H 2014: A6, 9 Pt.
H 2016: A5a-c, 16 Pt.

Hier werden Kompetenzen und die **Handlungsverantwortung** an Mitarbeiter übertragen, während die **Führungsverantwortung** beim Vorgesetzten verbleibt. Im Gegensatz zu MbO ist dieses einfache Prinzip unvollständig. Grundsätze bei der Delegation von Aufgaben sollten sein: (1) Nicht nur Aufgaben, sondern auch hierfür erforderliche Verantwortung/Kompetenzen delegieren. (2) Der Mitarbeiter muss alle relevanten Informationen erhalten. (3) Eine Über- oder Unterforderung der Mitarbeiter ist zu vermeiden. (4) Inhalt und Kompetenzen schriftlich fixieren. (5) Die Aufgaben sollten dauerhaft übertragen werden.

Management by Exception

F 2013: A2c, 2 Pt.

Den Mitarbeitern wird ein Entscheidungsspielraum eingeräumt, innerhalb dessen sie selbstständig agieren können. Nur in Ausnahmefällen (exceptions) wenden sie sich an die Vorgesetzten. Dieses Prinzip ist kein eigenständiges Managementmodell, sondern kann nur als Element eines ausgebauten Managementsystems gelten.

4.2.3 Führungsstile

H 2009: A5a-b, 15 Pt.

Führungsstile beziehen sich auf das Verhalten der Führungskraft gegenüber den Mitarbeitern. Dabei hängt es u. a. von den Wertvorstellungen, dem Menschenbild, den Erfahrungen und dem Charakter der Führungskraft ab, wie sie ihre Mitarbeiter führt. Je nachdem wie viele Aspekte hierbei berücksichtigt werden, kann unterschieden werden zwischen: (1) **eindimensionale Führungsstile** unterscheiden nur hinsichtlich eines Aspektes – bspw. der Integration der Mitarbeiter in die Entscheidungsprozesse, (2) + (3) **zwei-** oder **mehrdimensionale Führungsstile** betrachten zwei oder mehr Aspekte.

4

Eindimensionale Führungsstile nach K. Lewin

H 2008: A4, 16 Pt.
H 2009: A6, 10 Pt.
F 2010: A4a-b, 18 Pt.
F 2011: A8a, 4 Pt.
F 2013: A3, 12 Pt.
F 2016: A2a-c, 17 Pt.
H 2016: A4a-b, 18 Pt.

Nach *Kurt Lewin* werden verschiedene Führungsstile danach unterschieden, inwiefern die Führungskraft bereit ist, ihre Mitarbeiter in die Entscheidungsprozesse miteinzubeziehen:

- **autoritärer Führungsstil**: Die Führungskraft entscheidet alleine und bezieht die Mitarbeiter nicht mit ein. Vorteile sind schnelle und klare Entscheidungen sowie eine klare Orientierung für die Mitarbeiter. Nachteilig sind dabei die geringe Motivation der Mitarbeiter und die möglichen Fehlentscheidungen der einzelnen Führungskraft. Zudem entsteht bei einem Ausfall der Führungskraft (bspw. bei Krankheit) ein Machtvakuum. In der Praxis wird dieser Führungsstil immer seltener.

- **kooperativer Führungsstil:** Hier werden die Mitarbeiter aktiv in die Entscheidungsprozesse mit einbezogen. Die Vorteile hiervon sind zahlreich: So werden die Mitarbeiter motivierter sein und ihr kreatives Potenzial entfalten, die Führungskräfte werden entlastet und ausgewogenere und damit bessere Entscheidungen treffen. Nachteilig sind dabei die relativ langen Entscheidungsprozesse und die höheren Anforderungen an die Mitarbeiter (ggf. Überforderung) sowie die als lästig empfundenen Diskussionen.

- **Laissez-faire Führungsstil:** Hier lässt die Führungskraft den Mitarbeitern weitgehend freie Hand und greift kaum in die Arbeitsabläufe ein, nur die Ziele sind vorgegeben. Zunächst greifen hier die Vorteile der **Theorie Y** (Motivation, Kreativität und Arbeitsleistung der motivierbaren, interessierten Mitarbeiter steigen, wenn ihnen Freiheitsspielräume gewährt werden). Allerdings ist dies nicht für alle Mitarbeiter geeignet. Manche Mitarbeiter benötigen Führung (**Theorie X**). Zudem entstehen leicht Chaos, Desorientierung, mangelnde Disziplin und Kompetenzstreitigkeiten der Mitarbeiter untereinander.

Zweidimensionale Führungsstile

F 2018: A5, 20 Pt.

Die bisherigen Führungsstile unterschieden jeweils nur hinsichtlich einer Dimension der Führung (Einbezug der Mitarbeiter in die Entscheidungen bei *Kurt Lewin*). Zweidimensionale Führungsstile berücksichtigen zwei verschiedene Aspekte zu. Hier ist insbesondere der **richtungsbezogene Führungsstil nach *Blake und Mouton*** von Bedeutung, der die folgenden beiden Dimensionen besitzt:

- **Mitarbeiterorientierung** der Führungskraft: Inwiefern kümmert sich die Führungskraft um ihre Mitarbeiter (Hochachse)?
- **Aufgabenorientierung**: Wie stark ist die Führung an der Leistung der Mitarbeiter ausgerichtet? (Längsachse)

Hieraus lässt sich ein zweidimensionales, graphisches **Verhaltensgitter** (= **Managerial Grid**) ableiten. Als Ergebnis lassen sich fünf wichtige Führungsstile ableiten:

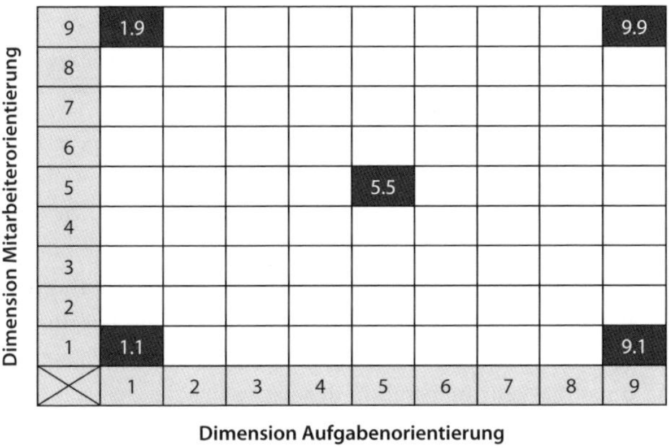

- **Feld 1.1 (Minimalmanagement)**: Eine geringe Mitarbeiterorientierung und eine geringe Aufgabenorientierung führen zu einer geringen Motivation und geringen Arbeitsleistung.
- **Feld 9.1 (Aufgabenorientiertes-Management)**: Sofern eine hohe Arbeitsleistung erwartet wird, aber eine geringe Mitarbeiterorien-

tierung erfolgt, werden die Mitarbeiter wenig motiviert sein und lediglich ihre Arbeit wie vorgeschrieben erledigen. Bei Akkordarbeit kann dies durchaus erfolgreich sein. Bei kreativeren Tätigkeiten dürfte der Erfolg bescheiden sein.

- **Feld 1.9 (Management mit Samthandschuhen)**: Eine hohe Mitarbeiterorientierung mit einer geringen Leistungserwartung wird ein angenehmes Umfeld für die Mitarbeiter sein, aber für ein marktorientiertes Unternehmen eher wenig bringen.
- **Feld 9.9 (Teammanagement)**: Eine hohe Arbeitsleistung mit einer intensiven Betreuung der Mitarbeiter kann zu einer Win-win-Situation führen. Dies ist die beste Lösung.
- **Feld 5.5 (Kompromissmanagement)**: In diesem Bereich finden sich eher ausgewogenere Situationen zwischen Leistung und Mitarbeiterorientierung. Die Ergebnisse werden aber für Unternehmen, die in hartem Wettbewerb stehen, nicht überzeugend sein.

Mehrdimensionale (situative) Führungsstile

F 2012: A2, 5 Pt.
H 2016: A4c, 5 Pt.

Zu den mehrdimensionalen Führungsstilen zählt insbesondere der **situative Führungsstil**. Dieser kennzeichnet sich durch den nicht konsequent und einheitlich umgesetzten Führungsstil. Stattdessen muss sich der Stil der Führung der jeweiligen Situation anpassen. Der richtige Führungsstil hängt von der jeweiligen Situation, den zu führenden Menschen und von der Führungskraft ab. Zudem versagt ein einheitlicher Führungsstil dann, wenn die Mitarbeiter innerhalb einer Gruppe uneinheitlich sind oder eine spezifische Situation ein sehr schnelles oder durchdachtes Verhalten verlangt. In diesem Fall muss die Führungskraft in der Lage sein, sich je nach Mitarbeiter einen zur jeweiligen Situation passenden (= situativen) Führungsstil zu wählen (autoritär oder kooperativ). Grundsätzlich sind in bestimmten Situationen bestimmte Führungsstile anderen vorzuziehen.

Der autoritäre Führungsstil wäre bspw. dann anzuwenden, wenn eine schnelle Entscheidung nötig ist, die Mitarbeiter klare Regelungen bevorzugen oder die Gruppe uneinheitlich ist.

4.2.4 Führen von Gruppen

4.2.4.1 Gruppenstrukturen und deren Merkmale

Gruppenarten

H 2015: A1b, 8 Pt.
H 2017: A2a, 8 Pt.

- **formelle Gruppen**: bewusst durch das Unternehmen geplant und zusammengesetzt sowie fest in die Organisationsstruktur eingebunden (bspw. Projektteams und Abteilungen)
- **informelle Gruppen**: ungeplant, nicht an die vorhandene Aufbauorganisation gebunden, aus gemeinsamen Interessen bzw. Sympathie entstanden (bspw. Kantinengruppen, Fahrgemeinschaften, Sportgruppen)

Phasen der Gruppenbildung / Phasenmodell nach Tuckmann

H 2014: A8a, 12 Pt.
F 2017: A4b-c, 11 Pt.

1. **Forming** (Orientierungsphase): In dieser Kennenlernphase entsteht die Gruppe. Die Gruppenmitglieder müssen ihre Rolle und Aufgabe finden und sich mit dieser identifizieren. Es ist jedoch noch kein gegenseitiges Vertrauen vorhanden und Konflikte werden noch gemieden.
2. **Storming** (Konfrontationsphase): Früher oder später wird es in der Gruppe zu Machtkämpfen um Status/Rang, Mittel und Kompetenzen kommen. Im Extremfall kann eine Gruppe hier scheitern.
3. **Norming** (Kooperationsphase): Nachdem die Machtkämpfe ausgetragen sind, konsolidiert sich in dieser *entscheidenden Phase* die Gruppe durch die Schaffung gemeinsamer Werte und Normen. Es entsteht gegenseitiges Vertrauen und am Ende das prägende Wir-Gefühl.
4. **Performing** (Wachstumsphase): Nun sind alle Voraussetzungen geschaffen, damit die Gruppe ihre ganze Energie auf die anvisierten Ziele und Aufgaben konzentrieren kann. Je nach Gruppenzusammenhalt und -identität sind gute Leistungen möglich.

Gruppenrollen

F 2010: A5, 12 Pt.
H 2010: A7b, 4 Pt.
F 2012: A6b, 6 Pt.
F 2014: A3b-c, 12 Pt.
H 2014: A8b, 6 Pt.
H 2017: A2b, 6 Pt.

Zur angemessenen Führung von Gruppen (bspw. bei Projekten) muss das Verhalten der einzelnen Gruppenmitglieder analysiert werden. Der **formelle Gruppenleiter** sollte die Gruppe durch a) seine soziale Kompetenz, b) Sachkenntnisse und c) Zielorientierung führen. Zwar ist jedes Gruppenmitglied ein Individuum – trotz typischer Verhaltensmuster einzelner Gruppenmitglieder. Zu diesen »Typen« oder »Rollen« zählen:

- **informeller Gruppenführer** (Leitwolf): charismatisch/sympathisch
- **Gruppenstars, Organisatoren, Strategen** und **leistungsstarke** Gruppenmitglieder müssen gefördert werden.
- **Drückeberger, Mitläufer** und **schwache** Gruppenmitglieder müssen angespornt werden.
- **Intriganten, Ehrgeizige, Freche** und **Clowns** bremsen.
- **Außenseiter, Sündenböcke** und **Neulinge** integrieren.
- **Schüchterne** und **problembeladene** Gruppenmitglieder müssen ermutigt werden.

Vor- und Nachteile der Gruppenarbeit/Teamarbeit

H 2011: A3a-b, 15 Pt.
H 2015: A1a, 6 Pt.
H 2017: A2c, 3 Pt.

- Zu den **Vorteilen** zählen: (1) Synergieeffekte, (2) Vermeidung von Doppelarbeiten, (3) Austausch von Wissen und Erfahrungen, (4) bessere Zusammenarbeit, (5) Kommunikation in der Gruppe fördert menschliche Bedürfnisse (Anerkennung, Selbstachtung etc.) der Mitarbeiter.
- Zu den **Nachteilen/Konflikten** zählen: (1) ungeliebte Gruppenrollen führen zu Frustration, (2) Machtkämpfe binden Ressourcen, (3) Überforderung durch die Gruppenrolle, (4) Abschieben unliebsamer Arbeit auf Gruppenmitglieder, (5) Interessenkonflikte zwischen verschiedenen Teams, (6) Neid, Missgunst in den Teams.

4.2.4.2 Gruppenverhalten und dessen Auswirkungen

Gruppenkohäsion

H 2010: A7a, 8 Pt.
F 2012: A6a, 8 Pt.
F 2014: A3a, 3 Pt.
H 2015: A1c, 3 Pt.
F 2017: A4a, 6 Pt.

Der innere Zusammenhalt der Gruppe (= Gruppenkohäsion) wird u. a. gefördert durch:

- Attraktivität der Gruppe
- Beziehungen der Gruppenmitglieder untereinander
- Gruppenklima
- Art der Aufgabe
- Gemeinsamkeiten (Alter, Geschlecht, Religion usw.)
- Gruppengröße und Kontakthäufigkeit

Gruppendynamik

H 2015: A1c, 3 Pt.

Die Kräfte, die in der Gruppe entstehen, und nach innen und außen wirken, werden als Gruppendynamik bezeichnet. Dabei müssen sich Gruppen ständig an neue Situationen anpassen (bspw. neue Ziele, Aufgaben, Probleme und Mitglieder). Zur Sicherung des Erfolgs muss der Gruppenführer diese Dynamik im Griff behalten.

Konfliktbewältigung in Gruppen

F 2012: A5, 6 Pt.

Zur Konfliktbewältigung in Gruppen bieten sich die folgenden Lösungen an:

- **Moderation**: Der Moderator hat eine neutrale Rolle bei der Leitung von Gesprächsrunden/Sitzungen. Er gibt die Regeln für das Gespräch vor und versucht das Sitzungsziel zu gewährleisten.
- **Mediation**: Der neutrale Mediator vermittelt zwischen den Konfliktparteien, um eine Lösung des Konflikts herbeizuführen.

4

4.2.5 Personalplanung

Ziele der Personalplanung

H 2011: A5b, 5 Pt.

Ziele der Personalplanung sind a) die richtige Menge an Personal (quantitative Personalplanung), b) die richtige Qualifikation des Personals (qualitative Personalplanung), c) am richtigen Ort, d) zum richtigen Zeitpunkt und e) zu den optimalen Kosten zu erhalten.

Aufgaben/Teilbereiche der Personalplanung

F 2010: A2b, 9 Pt.
H 2012: A4a-b, 18 Pt.

- **Personalbedarfsplanung**: Zunächst muss ermittelt werden, welcher Personalbedarf überhaupt besteht.
- **Personalbeschaffungsplanung**: Sollten die Personalbestände von der Menge oder der Qualifizierung nicht dem Personalbedarf entsprechen, muss zusätzliches Personal beschafft werden.
- **Personaleinsatzplanung**: Das vorhandene Personal muss so eingesetzt werden, dass sich die Unternehmensziele verwirklichen lassen.
- **Personalentwicklungsplanung**: Die Mitarbeiter müssen u. a. durch Schulungen und Einsätze an verschiedenen Betriebsstätten und Stellen (evtl. Auslandseinsätze) gefördert werden.
- **Personalfreisetzungsplanung**: In bestimmten Situationen muss überflüssiges Personal möglichst sozialverträglich abgebaut werden.
- **Personalkostenplanung**: Es müssen geeignete, gerechte und motivationsfördernde Entlohnungssysteme geschaffen werden.

Der **Betriebsrat** hat bei der betrieblichen Personalplanung folgende Rechte bzw. Beteiligungsmöglichkeiten: a) Informationsrecht, b) Mitwirkungsrecht und c) Mitbestimmungsrecht.

Formen des Personalbedarfs

H 2012: A5b-c, 9 Pt.

- **Neubedarf**: Schaffung einer neuen Stelle
- **Ersatzbedarf**: Wiederbesetzung von frei werdenden Stellen
- **Zusatzbedarf/Überbrückungsbedarf**: zeitlich befristeter (vorübergehender) Personalbedarf (bspw. Weihnachtsgeschäft)

Instrumente der Personalplanung

H 2010: A8, 6 Pt.
H 2013: A6a, 9 Pt.

- **Stellenbeschreibung**: Hier wird die kleinste organisatorische Einheit beschrieben und schriftlich fixiert. Kriterien: Anforderungen etc. (vgl. Kap. 4.1.3.2).
- **Stellenplan**: Überblick zu den vorhandenen Stellen und deren Vakanz oder Besetzung.
- **Stellenbesetzungsplan**: Teil des Stellenplans, der nur die tatsächlich besetzten Stellen erfasst.
- **Laufbahnplanung**: Hier werden Nachwuchskräfte gezielt auf spätere Führungsaufgaben vorbereitet. Dazu werden die einzelnen Stationen erfasst, die ein Mitarbeiter durchlaufen sollte. *Der Mitarbeiter steht im Vordergrund.*
- **Nachfolgeplanung**: Für zukünftig frei werdende Stellen werden gezielt intern Mitarbeiter gesucht und vorbereitet. *Die zu besetzende Stelle steht im Vordergrund.*

Probleme der Alterung der Mitarbeiter (Demografie)

H 2008: A5, 9 Pt.
F 2010: A2a, 8 Pt.

- Fachkräftelücken
- sinkende Innovationsfähigkeit
- geringere Flexibilität der Mitarbeiter
- Kompetenzverlust und
- verändernde Unternehmenskultur usw.

4

4.2.5.1 Quantitativ

Methoden der Personalbedarfsplanung

H 2013: A6c, 3 Pt.

- **Trendextrapolation**: Hier werden ausgehend von den Zahlen der Vergangenheit die voraussichtlichen trendartigen Werte der Zukunft ermittelt. Dieses Verfahren taugt natürlich nur dann, wenn es tatsächlich einen stabilen Trend des Personalbedarfs gibt.
- **Stellenplanmethode**: Anhand der Stellenpläne wird ermittelt, was aktuell und aufgrund voraussichtlicher zukünftiger Anforderungen an zusätzlichen Stellen erforderlich sein wird.
- **Schätzverfahren**: Hier zählt eher die Erfahrung der Führungskräfte. Diese kann ähnlich wie die Trendextrapolation vergangenheitsorientiert oder aufgrund bestimmter Vorstellungen über die zukünftigen Anforderungen ähnlich wie die Stellenplanmethode sein. Entscheidend ist ihr eher unwissenschaftlicher, intuitiver Charakter.
- **Delphi-Methode**: Zwar handelt es sich ebenfalls um ein Schätzverfahren, aber um ein standardisiertes, das auf systematischen Befragungen der Führungskräfte basiert.
- **Kennzahlenmethode**: Sofern eine geeignete Bezugsgröße/Kennzahl existiert (bspw. Umsatz für Verkäufer im Einzelhandel), kann damit der erwartete, zukünftige Personalbedarf ermittelt werden.

Personalbedarfsplanung insgesamt

H 2008: A6, 9 Pt.
H 2011: A5a, 8 Pt.
H 2012: A5a, 3 Pt.
F 2015: A5a, 6 Pt.
F 2016: A6a, 8 Pt.

Es handelt sich hier um ein dreistufiges Verfahren:

- Zunächst wird anhand eines der eben beschriebenen Verfahren der Personalbedarf ermittelt. Dieser **Bruttopersonalbedarf** ergibt sich aus den aktuell vorhandenen (Soll-) Stellen zuzüglich der geplanten (Soll-) Zugänge und abzüglich der geplanten (Soll-) Abgänge.

- Der **fortgeschriebene Personalbestand** ist die Summe aus dem tatsächlichen (Ist-) Personalbestand und den tatsächlichen (Ist-) Zu-/Abgängen.
- Die Differenz aus Bruttopersonalbedarf und fortgeschriebenem Personalbestand ergibt die **Personallücke** (= **Nettopersonalbedarf**).

■	Personalbedarf	2018		Fallbsp.
	in Mitarbeitern	Juli	August	
1.	Stellenbestand (Soll)	500	550	800
2.	+ geplante Zugänge (Soll)	150	50	25
3.	- geplante Abgänge (Soll)	100	75	10
4.	= Bruttopersonalbedarf	550	525	815
5.	Personalbestand (Ist)	450	475	750
6.	+ tatsächliche Zugänge (Ist)	125	75	35
7.	- tatsächliche Abgänge (Ist)	100	25	10
8.	= fortgeschriebener Personalbestand	475	525	775
9.	4. – 8. = Nettopersonalbedarf	75	0	40

Fallbeispiel:

Es werden 1 Mio. Stunden Jahresarbeitszeit benötigt. Die Bruttoarbeitszeit je Mitarbeiter beträgt 1.525 Stunden/Jahr. Pro Mitarbeiter sind 275 Stunden Abwesenheit pro Jahr einzuplanen. Aktuell werden 750 Mitarbeiter beschäftigt. 10 Mitarbeiter verlassen das Unternehmen altersbedingt und mit 35 neuen Mitarbeitern wurden Arbeitsverträge ausgehandelt. Zudem werden 25 Sollstellen bei einer Abteilungserweiterung eingeplant. Eine Abteilung mit 10 Mitarbeitern wird aufgelöst.

Lösung:

Die Nettoarbeitszeit je Mitarbeiter liegt bei 1.250 Std./Jahr. Teilt man 1 Mio. Stunden durch 1.250 Std./Jahr, erhält man 800 nötige Mitarbeiter. Addiert man 25 MA und zieht 10 MA ab, erhält man den Bruttopersonalbedarf in Höhe von 815 MA. Da momentan 750 beschäftigt sind, 10 Mitarbeiter das Unternehmen verlassen und 35 hinzukommen, erhält

4

man einen fortgeschriebenen Personalbestand von 775. Die Differenz ergibt den Nettopersonalbedarf von 40 MA.

Tipp:
Der Personalbedarf kann bei einer geplanten Umsatzsteigerung auch durch eine Division von zusätzlichem Umsatz und durchschnittlichem Umsatz pro Mitarbeiter berechnet werden.

Personalbedarfsplanung für Projekte

Zahlenbeispiel:

F 2013: A5a-c, 12 Pt.

a) Für ein Projekt wird ein Zeitaufwand von 180 Manntagen (je 8 Std.) angenommen. Die Fehlquote für Krankheit und Urlaub beträgt 10 Prozent. Ermitteln Sie die notwendige Anzahl an Mitarbeitern, sofern das Projekt innerhalb von 20 Tagen abgeschlossen werden muss. **Lösung**: Es werden (180 ÷ 90 % × 100 % =) 200 Soll-Arbeitstage benötigt. Sofern das Projekt in 20 Tagen beendet sein muss, sind (200 ÷ 20 =) 10 Arbeiter erforderlich.

b) Wie viele Überstunden sind nötig, sofern nur 8 Mitarbeiter einsetzbar sind? **Lösung**: Diese müssen ((10 ÷ 8 – 1) × 100 % =) 25 % Mehrarbeit leisten. Bei einem 8-Stunden-Tag ergibt das 2 Stunden pro Tag.

Zur Sicherung des Endtermins können bei einem Projekt a) Zeitarbeitskräfte, b) Samstags-, Sonn- und Feiertagsarbeit sowie Outsourcing von Teilaufgaben angewendet werden.

4.2.5.2 Qualitativ

Neben der mengenmäßigen, quantitativen Personalbedarfsplanung ist die qualitative Personalbedarfsplanung erforderlich. Das Ziel dieser ist die Planung der erforderlichen fachlichen und persönlichen Qualifizierung der Mitarbeiter für die Zukunft.

4

4.2.6 Personalbeschaffung

Sofern ein Personalbedarf festgestellt wird, muss sich die Personalbeschaffung damit auseinandersetzen. Personalbedarf kann unterteilt werden in Neubedarf, Ersatzbedarf und Überbrückungsbedarf.

Interne Personalbeschaffung

H 2011: A2, 4 Pt.
H 2012: A6a,c, 9 Pt.
F 2014: A6a-c, 10 Pt.
F 2015: A6a, 4 Pt.

Zu den Wegen der internen Personalbeschaffung zählen: (1) interne Stellenausschreibung, (2) Übernahme von Auszubildenden/Werkstudenten, (3) Übernahme von Zeitarbeitnehmern, (4) Versetzung, (5) Umwandlung von Teilzeitbeschäftigungsverhältnissen in Vollzeitarbeitsverhältnisse und (6) Personalentwicklungsmaßnahmen.

Vorteile	Nachteile
• günstig und schnell (außer Personalentwicklungsmaßnahmen)	• Nachbesetzung der dann vakanten alten Stelle nötig
• geringeres Risiko, da Bewerber bekannt sind	• nicht berücksichtigte Bewerber werden demotiviert
• geringere Einarbeitungszeit, da der Bewerber das Unternehmen und dessen betrieblichen Abläufe kennt	• ggf. geringe Akzeptanz des Bewerbers als neuen Vorgesetzten
• interne Aufstiegschancen wirken sich insgesamt positiv auf die Motivation der Belegschaft aus	• Betriebsblindheit der internen Mitarbeiter

Nach dem Ende des Auswahlverfahrens sind aus den folgenden Gründen Feedback-Gespräche mit den internen Bewerbern notwendig: (1) Motivation erhalten, (2) Alternativen aufzeigen, (3) Möglichkeiten der Personalentwicklung besprechen, (4) Laufbahnplanung durchführen.

Externe Personalbeschaffung

H 2011: A2, 4 Pt.
F 2012: A9c, 8 Pt.
F 2018: A1, 13 Pt.

Zu den Wegen der externen Personalbeschaffung zählen: (1) Stellenanzeigen in Zeitungen/Internet,

4

(2) Zeitarbeitsfirmen, (3) Bundesagentur für Arbeit, (4) private Arbeitsvermittlungsagenturen, (5) Abwerbung durch Headhunter, (6) Empfehlungen von Mitarbeitern, (7) Messen für Hochschulabsolventen.

Vorteile	Nachteile
• keine Nachbesetzung anderer Stellen notwendig	• höhere Kosten und größerer Zeitaufwand der Personalbeschaffung
• externe Bewerber haben als Vorgesetzte ggf. eine größere Akzeptanz	• größeres Risiko der Fehlbesetzung
• wirkt der strukturellen Verkrustung entgegen	• längere Einarbeitungszeit nötig
• neues Wissen der externen Mitarbeiter (geringere Gefahr der Betriebsblindheit)	• demotivierend für Mitarbeiter, wenn höhergestellte Stellen vorwiegend extern besetzt werden

Instrumente der Personalauswahl

F 2009: A6a-c, 16 Pt.
H 2017: A6a, 10 Pt.

- Bewerbungsunterlagen, Vorstellungsgespräche
- Testverfahren, Assessment-Center
- Praktika, Probearbeiten, Referenzen, graphologische Gutachten

Testverfahren

Zu den **Testverfahren** zählen (1) klassische Intelligenztests, (2) Sprachtests, (3) Tests zur Allgemeinbildung, (4) psychologische Tests, (5) Tests zur Leistungsfähigkeit und Belastbarkeit.

Assessment-Center (AC)

F 2010: A6a-d, 20 Pt.
H 2011: A7, 15 Pt.
H 2012: A7, 12 Pt.

In diesen Beurteilungsverfahren werden Gruppen von Bewerbern bzw. Mitarbeiter von mehreren externen oder internen Beurteilenden systematisch verschiedenen Testsituationen ausgesetzt und ein oder mehrere Tage beobachtet. Dabei geht es neben der Problemlösungskompetenz auch um die sozialen und persönlichen Eigenschaften der Kandidaten. Es werden häufig die folgenden **Instrumente/Übungen** eingesetzt: Präsentationen, Fallstudien, Rollenspiele, Gruppendiskussionen, Postkorbübungen, Interviews oder Situationen unter Stress, Teamübungen, Selbstbeurteilungen, Vorträge der Teilnehmer und Beurteilungen anderer Teilnehmer.

Assessment-Center-Verfahren werden sowohl bei der Personalbeschaffung als auch bei der Personalentwicklung eingesetzt. Zu den **Funktionen/Vorteilen** zählen (1) die Prüfung der Kompetenzen der Teilnehmer und (2) deren Stressbewältigung, sowie (3) die Rechtfertigung von Personalentscheidungen aufgrund von systematischen Testverfahren. **Nachteile**: Teilnehmer können sich verstellen, subjektive Beurteilung.

Zur Durchführung eines Assessment-Centers in einem Unternehmen sind mehrere **Schritte** notwendig. Dazu zählen bspw.:

1. Ziele, Anforderungen und Erwartungen klären, die mit dem AC verbunden werden.
2. Analyse der Stellenbeschreibung und der Anforderungsprofile, um ein geeignetes Verfahren zu entwickeln.
3. Zusammenstellung der Bausteine des AC.
4. Auswahl des Beobachterteams (extern oder intern).
5. Organisatorische Vorarbeiten (Einladungen an Teilnehmer, Buchung der Räumlichkeiten etc.).

Bewerbungsunterlagen

Zu den Bewerbungsunterlagen zählen Anschreiben, F 2015: A6c, 6 Pt. Lebenslauf, Arbeitszeugnisse, sonstige Zeugnisse, Zertifikate und Nachweise sowie ein Bewerberfoto. Zu prüfen sind dann: (1) Vollständigkeit, (2) Lückenlosigkeit im Lebenslauf, (3) verständliche Sprache, Stil und Rechtschreibung, (4) äußerer Eindruck, (5) Zeugnisse: Leistungen und Sozialverhalten.

Vorstellungsgespräche

F 2011: A4a-b, 18 Pt.
H 2017: A6b, 10 Pt.

Der letzte Schritt im Rahmen der Auswahlverfahren sind persönliche Gespräche mit Personalreferenten und Fachvorgesetzten. Der **Ablauf** kann durch 6 **Stufen/Phasen** mit dazugehörigen Zielen beschrieben werden:

1. **Begrüßung** bzw. Smalltalk: Auflockerung, Kommunikationsfähigkeit ausloten.
2. **Vorstellung des Unternehmens**, der Abteilung und der Stelle: Selbstdarstellung des Unternehmens, die Vorstellungen des Unternehmens klar darlegen.
3. **Selbstdarstellung des Bewerbers (Werdegang)**: der Bewerber wird durchleuchtet.
4. fachliche und stellenbezogene **Fragen an den Bewerber**: Kenntnisse, Motivation des Bewerbers erkunden, Eignung des Bewerbers prüfen.
5. **Fragen des Bewerbers**: Informationsdefizite können behoben werden.
6. **Verabschiedung**: erste Auswertung und Besprechung der weiteren Vorgehensweise.

Praktika

In **Praktika** kann genauer/längerfristig beobachtet werden, inwiefern die möglichen Mitarbeiter unter realen Arbeitsbedingungen handeln.

Personalfragebogen

F 2015: A6b, 4 Pt.

Er dient der Erfassung der Daten der einzelnen Bewerber. Vorteile: (1) Die Bewerber können aufgrund der Einheitlichkeit besser miteinander verglichen werden. (2) Prüfung auf Vollständigkeit der Bewerbungsunterlagen. Es muss darauf geachtet werden, nur legitime Fragen zu stellen. Nicht erlaubt sind bspw. Fragen zu Schwangerschaften, Zugehörigkeit zu Parteien oder Gewerkschaften.

Personaleinführung (Onboarding)

F 2018: A6, 15 Pt.

Folgende drei Phasen der Einführung neuer Mitarbeiter (»**Onboarding**«) werden unterschieden:

- **Vorbereitungsphase**: Zeitraum von der Unterzeichnung des Arbeitsvertrages bis zum ersten Arbeitstag. Hier sollten bspw. wichtige Informationen zugesandt, Organigramme/Stellenbeschreibungen aktualisiert und ein Einarbeitungsplan erstellt werden.
- **Eintrittsphase**: Zeitraum vom 1. Arbeitstag bis max. 3. Monat. Hier werden u. a. organisatorische Details geklärt, Mitarbeiter vorgestellt und die neuen Mitarbeiter werden eingearbeitet und geschult.
- **Integrationsphase**: Zeitraum bis maximal 12 Monate. Der neue Mitarbeiter wird in die realen Arbeitsprozesse integriert.

4.2.7 Personalanpassungsmaßnahmen

H 2011: A5c, 6 Pt.
H 2013: A6b, 6 Pt.
F 2014: A4, 8 Pt.
F 2015: A5b, 4 Pt.
F 2016: A6b-c, 9 Pt.

- Zu den Maßnahmen der **direkten Personalanpassung** (mit Entlassungen oder Einstellungen verbunden) zählen:
  - Kündigungen, Aufhebungsverträge
  - Nichtübernahme von Auszubildenden
  - Auslaufen von befristeten Verträgen und Einstellungen.
- Die Maßnahmen der **indirekten Personalanpassung** (nicht mit Entlassungen oder Einstellungen verbunden) können sein:
  - Überstunden ab-/aufbauen, Kurzarbeit
  - Neubesetzung oder Vakanz bei Fluktuation
  - vermehrte/verminderte Teilzeitarbeit
  - Versetzungen im Betrieb
  - Urlaubsplanung und Fortbildungen der Mitarbeiter.

4

4.2.8 Entgeltformen

4.2.8.1 Bestimmungsgrößen

Die Entlohnung von Mitarbeitern hängt u. a. von diesen Faktoren ab: (1) zeitlicher Umfang der Arbeit, (2) mengen- oder wertmäßige Leistung, (3) Anforderungen an die Arbeit, (4) Dauer der Betriebszugehörigkeit, (5) Alter der Mitarbeiter, (6) Arbeitsrecht: Tarifvertrag, Arbeitsvertrag, (7) wirtschaftliche Lage des Unternehmens, (8) Situation in der Branche oder Region und (9) konjunkturelle Lage.

4.2.8.2 Entlohnungsformen

Zu den Entgeltformen zählen neben Zeit- und Leistungslöhnen auch Beteiligungslöhne.

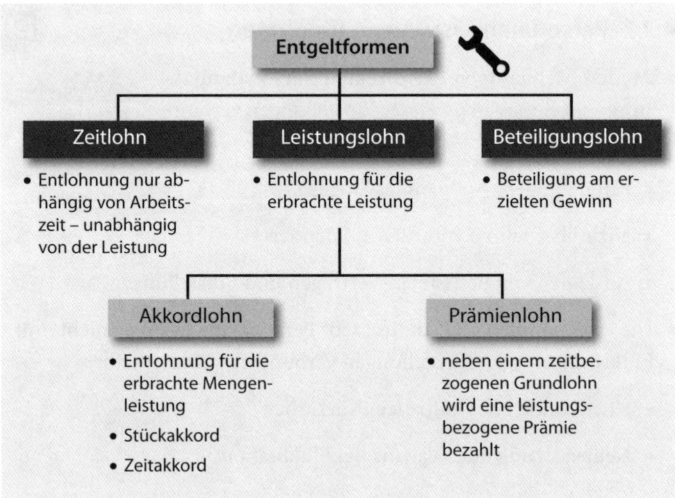

Zeitlohn

Beim Zeitlohn wird die geleistete Arbeitszeit (Stunde, Tag, Woche, Monat) entlohnt, unabhängig von der erbrachten Arbeitsleistung.

H 2010: A1a-c, 8 Pt.
F 2014: A8a-c, 7 Pt.

- **Vorteile**: Da kein Zeitdruck vorherrscht, leidet die Qualität nicht. Zudem gibt es einfachere Abrechnungen, das Problem der Leistungsmessung entfällt und die Löhne der AN schwanken nicht.
- **Nachteile**: Es gibt weniger Leistungsanreize für die Mitarbeiter und es werden sonstige Arbeitskontrollen notwendig.
- Der Zeitlohn ist dort sinnvoll, wo (1) die Arbeitsleistung nicht oder schwer messbar ist (bspw. Buchhaltung), (2) eine erhöhte Unfallgefahr besteht, oder (3) die Qualität der Arbeit im Vordergrund steht.

Akkordlohn

Der Akkordlohn ist ein leistungsbezogener Lohn in der Industrie. Dabei wird eine Normalleistung (bspw. eine zu leistende Menge pro Stunde) vorgegeben. Mehrleistung wird entsprechend zusätzlich entlohnt. Zu den Formeln des *folgenden Fallbeispiels* vgl. die IHK-Formelsammlung.

H 2010: A1a-c, 8 Pt.
F 2014: A8a-c, 7 Pt.

- **Stückakkord** (auch **Geldakkord** genannt): Berechnung eines Akkordsatzes je Stück (= Stückgeld). Die Entlohnung ergibt sich dann aus einer Multiplikation des Stückgelds mit der Ist-Leistung.
- **Zeitakkord**: Ermittlung des Akkords pro Minute (= Minutenfaktor) und der normalen Zeit je Stück (= Vorgabezeit). Multipliziert man diese Faktoren miteinander, erhält man das Stückgeld. Entlohnung = Multiplikation des Stückgelds mit der Ist-Leistung.
- **Vorteile**: (1) Leistungsanreiz steigert die Leistung, (2) konstante Lohnkosten pro Stück, (3) leistungsgerechte Entlohnung
- **Nachteile**: (1) aufwendiges Verfahren zur Ermittlung der Vorgabezeiten bzw. der Normalleistung, (2) Qualitätsprobleme, (3) weniger

sorgfältiger Umgang mit Maschinen und Material, (4) evtl. steigende Unfallgefahr

Fallstudie zum Akkordlohn

Angaben:

Normalleistung = 120 Stück/Std.

Ist-Leistung = 150 Stück/Std.

Grundlohn = 15 €

Akkordzuschlag = 20 % v. 15 € = 3 €

Akkordrichtsatz = Grundlohn + Akkordzuschlag = 18 €

Geldakkord:

$$\text{Stückgeld} = \frac{\text{Akkordrichtsatz}}{\text{Normalleistung}} = \frac{18\ €}{120\ \text{Stück}} = 0{,}15\ €/\text{St.}$$

Geldakkord pro Stunde = Stückgeld • Ist-Leistung = 0,15 €/St. • 150 St./Std. = 22,50 €/Std.

Zeitakkord:

$$\text{Minutenfaktor} = \frac{\text{Akkordrichtsatz}}{60\ \text{Minuten}} = \frac{18\ €}{60\ \text{Minuten}} = 0{,}30\ €/\text{min}$$

$$\text{Vorgabezeit} = \frac{60\ \text{Minuten}}{\text{Normalleistung}} = \frac{60\ \text{Minuten}}{120\ \text{Stück}} = 0{,}50\ \text{min/St.}$$

Stückgeld = Minutenfaktor • Vorgabezeit = 0,30 €/min • 0,50 min/St. = 0,15 €/St.

Zeitakkord pro Stunde = Minutenfaktor • Vorgabezeit • Ist-Leistung =

= 0,30 €/min • 0,50 min/St. • 150 Stück/Std. = 22,50 €/Std.

Zur Probe: Akkordrichtsatz = 0,30 €/min • 0,50 min/St. • 120 Stück/Std. = 18 €/Std.

Der Akkordlohn ist dann anwendbar, wenn folgende Bedingungen erfüllt sind: (1) **Akkordfähigkeit** (gleichartige, messbare Leistung), (2) **Akkordreife** (Arbeitsabläufe beherrschbar) und (3) **Beeinflussbarkeit** (von der Arbeitsleistung des MA direkt abhängend).

Prämienlohn

Der Prämienlohn ist ebenfalls leistungsbezogen. Zunächst wird ein Grundlohn/-gehalt gezahlt. Bei entsprechender Leistung wird eine zusätzliche Prämie vergütet. Die Prämie kann sich bspw. auf einen erzielten Umsatz oder Kosteneinsparungen beziehen.

F 2014: A8a-c, 7 Pt.

Beteiligungslohn bzw. Gewinnbeteiligung

Zudem ist eine Beteiligung der Mitarbeiter am Gewinn möglich. Dies kann bspw. in Form eines freiwilligen 13./14. Monatsgehalts erfolgen.

Cafeteria-System

In manchen Unternehmen haben Mitarbeiter die Möglichkeit, aus einem Angebot von verschiedenen Vergütungsbestandteilen frei zu wählen – wie in einer Cafeteria den Nachtisch. Hierzu zählen bspw. Firmenwagen, Betriebsrenten, Versicherungen. Zu den **Vorteilen** zählen: Die Entlohnung entspricht eher den individuellen Bedürfnissen der einzelnen Mitarbeiter. Zudem dürfte die Arbeitszufriedenheit und Motivation der Mitarbeiter steigen. Damit lassen sich am Arbeitsmarkt eher fähigere Mitarbeiter rekrutieren und die Fluktuationsrate dürfte sinken. **Nachteilig** können die höheren Einführungs- und Verwaltungskosten sein. Zudem kann es für Mitarbeiter schwierig sein, die genauen eigenen Wünsche zu erkennen. Dies kann zu falschen Entscheidungen führen, die wiederum demotivieren könnten.

F 2018: A3, 12 Pt.

Freiwillige soziale Leistungen

- Betriebskantine, Betriebswohnungen, Belegschaftsverkauf, Kinderbetreuung, Freizeitmöglichkeiten, Betriebsfeiern, Sportveranstaltungen usw.

H 2010: A6a-b, 14 Pt.

- **Ziele** der freiwilligen sozialen Leistungen: (1) Identifikationssteigerung mit dem Unternehmen, (2) steigende Motivation, (3) sinkende Fluktuation, (4) besseres Betriebsklima und (5) steigende Leistung.

4

Fallstudie zur Personalkostenberechnung

Angaben für Herrn Z:

F 2017: A5a-d, 18 Pt.

- 2017 (kein Schaltjahr) = 365 Tage
- 52 Wochenenden + 1 Sonntag, 30 Tage Urlaub nach Tarifvertrag
- 12 gesetzliche Feiertage, 18 Tage krankheitsbedingter Ausfall
- 8-Stunden-Arbeitstag, 20 € pro Stunde Bruttoarbeitslohn
- Urlaubsgeld 1.400 €, Weihnachtsgeld 2.000 €
- 20 % des Bruttogehalts als AG-Anteil an der Sozialversicherung
- Unfallversicherung = 2 % des Bruttogehalts
- Sonstige soziale Aufwendungen (bspw. Kantine) = 2.700 € p. a.

a) Ermittlung der Personalkosten für 2017:

(365 Tage – 2 × 52 Tage – 1) = 260 Tage

260 Tage × 8 Std./Tag × 20 €/Std. = 41.600 €

+ Urlaubsgeld = 1.400 €

+ Weihnachtsgeld = 2.000 €

Jahresbruttoentgelt = 45.000 €

+ 20 % AG-Anteil Soz.vers. = 9.000 €

+ 2 % UV an BG = 900 €

+ sonstige soziale Aufwendungen = 2.700 €

Personalkosten Hr. Z für 2017 = 57.600 €

b) faktische Arbeitszeit und Arbeitskosten/Std.:

365 T. – 2 × 52 T. – 1 T. – 12 Feiertage – 30 Urlaubstage – 18 Krankheitstage) = 200 faktische Tage

× 8 Std./Tag = 1.600 faktische Arbeitsstunden für 2017

57.600 € ÷ 1.600 Arbeitsstunden = 36 €/Std.

= Personalkosten pro wirklich geleisteter Arbeitsstunde

c) Krankheitsquote für Hr. Z:

Krankheitstage = 18 T.

mögliche Arbeitstage ohne Krankheit = 218 Tage

Krankheitsquote = 18 T. ÷ 218 T. × 100 % = 8,26 %

4.3 Personalentwicklung (PE)

4.3.1 Arten der Personalentwicklung

Ziele der Personalentwicklung

H 2015: A6a, 6 Pt.
F 2016: A5a, 6 Pt.
F 2017: A6a, 10 Pt.

Ziele für das Unternehmen sind u. a.:

- Die Ausrichtung der Qualifizierung der Mitarbeiter an den aktuellen und prognostizierten betrieblichen Erfordernissen.
- Insgesamt ein höheres Qualifizierungsniveau für flexiblere und kreativere Mitarbeiter erhalten.
- Die Fluktuationsrate senken bzw. niedrig halten und die Bindung der Mitarbeiter an das Unternehmen steigern.
- Nutzung von qualifiziertem internen Personal für interne höherwertige Stellenbesetzungen erhöht die Motivation der Mitarbeiter.
- Senkung der Personalbeschaffungskosten.

Ziele für die Mitarbeiter sind u. a.:

- bessere Karrierechancen
- bessere Chancen am Arbeitsmarkt
- zunehmende Zufriedenheit mit der Arbeit
- Nutzung des eigenen Potenzials
- neue, interessantere Tätigkeiten

Stufen der Personalentwicklung

H 2008: A7, 9 Pt.

- **Ausbildung**: Grundstufe zur Erlangung beruflicher Praxis und theoretischen Wissens
- **Fortbildung**: Erhaltung, Erweiterung und Anpassung der beruflichen Qualifikationen

4

    - **Aufstiegsfortbildung**: Lehrgänge zur Erlangung höherer Qualifikationen mit anerkannten Abschlüssen: Fachkaufleute, Fachwirte, Meister und Betriebswirte.
    - **Anpassungsfortbildung**: Anpassung der Qualifikation an neuere Entwicklungen (bspw. neue Arbeitsschutzvorschriften)
    - **Erweiterungsfortbildung**: Erweiterung des Wissens ohne beruflichen Aufstieg (technische Grundkenntnisse für Kaufleute in einem Industriebetrieb)
    - **Erhaltungsfortbildung**: Das vorhandene Wissen soll erhalten bzw. aufgefrischt werden.
- **innerbetriebliche Förderung**: Motivation durch bspw. Job-Rotation, Job-Enlargement, Job-Enrichement und Coaching.

Formen der Personalentwicklung laut Berufsbildungsgesetz

H 2009: A7a, 3 Pt.

(1) Erhaltung der beruflichen Handlungsfähigkeit, (2) Anpassung an berufliche Notwendigkeiten, (3) Aufstiegsmöglichkeiten.

Phasen der Personalentwicklung

H 2014: A7, 12 Pt.
F 2017: A6c, 4 Pt.

- **Planungsphase**: a) Ziele der PE-Maßnahmen formulieren, b) Entscheidung hinsichtlich externer/interner Bildungsträger, c) ggf. externe Bildungsträger einbeziehen, d) Ort und Durchführung der Maßnahmen
- **Durchführungsphase**: a) Erwartungshaltung der Teilnehmer erfragen, b) Durchführung nach Planung, c) Kontrolle während und am Ende durch Übungen, d) Beurteilungsbögen an die Teilnehmer austeilen und auswerten
- **Transferphase**: a) Teilnehmer zur Reflexion anregen: Wie kann das erlernte Wissen genutzt werden? b) Planung zur praktischen Umsetzung des Wissens. c) Kontrolle, inwiefern das Wissen tatsächlich genutzt wurde.

Konkretisierung der operativen Planungsphasen

H 2015: A6b, 8 Pt.

- Zur Ermittlung des Qualifizierungsbedarfs Mitarbeitergespräche führen.
- Bildungsbedarf ermitteln aufgrund von Änderungen im Bereich von Gesetzen, Technologien usw.
- zielorientierte Schulungs- und Trainingsmaßnahmen entwickeln
- Schwerpunkt auf Berufsausbildung oder berufliche Fortbildung?

Kosten der betrieblichen Weiterbildung

H 2009: A7b, 8 Pt.

Kosten entstehen bspw. für Räumlichkeiten, Dozenten, Lehrgangsmaterialien, Unterkunft, Fahrtkosten, Verpflegung, Medien, Arbeitszeitausfall und die Entwicklung der Schulungsinhalte.

4.3.1.1 Ausbildung

Duale Berufsausbildung

F 2012: A9b, 4 Pt.
F 2013: A1a-b, 9 Pt.

Die Kombination aus betrieblicher Ausbildung und Berufsschule ermöglicht eine optimale Verbindung aus Theorie und Praxis. Dieses System hat sich auch im internationalen Vergleich bewährt. Zu den Zielen der dualen Berufsausbildung zählen:

- theoretische Fachkenntnisse in der Berufsschule vermitteln, Vertiefung der Allgemeinbildung der Berufsschüler
- Vermittlung von praktischen Fähigkeiten, Fertigkeiten und Kenntnissen in der beruflichen Praxis
- Erlangung erster Berufserfahrung
- Reduzierung der Jugendarbeitslosigkeit
- Förderung der Persönlichkeit (persönliche u. soziale Kompetenzen)
- Erlangung anerkannter Abschlüsse
- Berufsschulabschlüsse ermöglichen weitere Qualifizierungsstufen

4

Zulassungsvoraussetzungen für die Abschlussprüfung

H 2009: A8a, 9 Pt.

(1) vorgeschriebene Ausbildungsnachweise führen, (2) vorgeschriebene Zwischenprüfungen teilnehmen, (3) Ausbildungszeit beendet bzw. zwei Monate nach Prüfungstermin enden wird.

Nichtbestehen der Abschlussprüfung

H 2009: A8b, 3 Pt.

Die Ausbildung kann auf Antrag des Auszubildenden bis zur nächsten Wiederholungsprüfung (max. 1 Jahr) verlängert werden.

4.3.1.2 Fortbildung

Formen der außerbetrieblichen Fortbildung

H 2013: A4, 15 Pt.

- **Lehrgänge**: Formen der Aufstiegsfortbildung (bspw. Meisterlehrgänge der IHK oder HWK)
- **Seminare**: bestimmte Lernziele (Fach-, Methoden- und Sozialkompetenz) erreichen, interaktives Lernen (bspw. Präsentationen und Rollenspiele), geringe Teilnehmerzahl
- **Tagungen**: Basiswissen sollte vorhanden sein, viele Informationen, geringe Nachhaltigkeit, wenig Zeit für Fragen und Diskussionen
- **Konferenzen**: themenspezifische Sitzungen zumeist in einem Raum, keine Vorträge, sondern Kommunikation (bspw. Vorstandssitzungen)
- **Kongresse**: mehrtägige Treffen mit verschiedenen Einzelveranstaltungen oft in verschiedenen Räumen, vielfältige Themen und Vorträge von Spezialisten, zusätzlich kleine Diskussionsgruppen abseits der Vorträge

Kriterien bei der Wahl externer Bildungseinrichtungen

F 2011: A5, 12 Pt.
F 2015: A8, 12 Pt.

- Referenzen des Anbieters
- Ort/Erreichbarkeit
- Seminarangebote, Flexibilität bei der Gestaltung firmenspezifischer Lehrgänge
- Aufbau und Inhalt der Lehrangebote
- fachliche, didaktische und praktische Qualifikation der Dozenten
- Ausstattung der Schulungsräume, Kantine etc.
- Kosten und sonstige Vertragsbestimmungen
- Zertifizierung der Bildungseinrichtung usw.

Kompetenzbereiche der betrieblichen Fortbildung

H 2008: A8b-c, 12 Pt.
F 2009: A8, 12 Pt.

- **Fachkompetenz**: Fachwissen im jeweiligen Tätigkeitsbereich, Fremdsprachenkenntnisse, Allgemeinwissen
- **Methodenkompetenz**: Anwendung der richtigen Methoden der Organisation, der Führung und der Umsetzung des Wissens
- **Sozialkompetenz**: Kommunikations-, Team-, Kritik- und Kontaktfähigkeit
- **Persönlichkeitskompetenz**: Lernbereitschaft, Leistungsfähigkeit, Belastbarkeit, Selbstorganisation, analytisches Vermögen

4.3.1.3 Innerbetriebliche Förderung

H 2008: A7, 3 Pt.
F 2009: A7a-b, 12 Pt.
F 2013: A6, 6 Pt.
F 2016: A5c, 8 Pt.

Ziel der innerbetrieblichen Förderung ist die Anpassung der Mitarbeiter an die betrieblichen Erfordernisse. Als Maßnahmen dienen motivierende und damit leistungssteigernde Maßnahmen:

- **Job-Rotation**: Die Mitarbeiter tauschen die Arbeitsplätze um andere Bereiche des Unternehmens bzw. der Abteilung kennenzulernen. Dabei wird keine Beförderung innerhalb der Hierarchie vorgenommen. Als Vorteil gilt die höhere Motivation und Leistungsbereitschaft sowie die steigende Flexibilität und Übersicht des Mitarbeiters. Nachteilig sind die Einarbeitungszeit und deren Kosten sowie die entstehende Unruhe im Unternehmen.

- **Job-Enlargement**: Der Mitarbeiter erhält ein erweitertes Arbeitsspektrum auf gleichem Niveau. Damit wird die übertriebene Arbeitsteilung (*Taylorismus*) reduziert. Vorteil: Motivation und Leistungsbereitschaft, besserer Überblick. Nachteil: ggf. Mehrarbeit mit steigender Belastung und Überforderung.

- **Job-Enrichement**: Die Arbeit des Mitarbeiters wird durch ein höheres Anspruchsniveau bereichert. Dies erfordert für gewöhnlich Weiterbildungsmaßnahmen. Vorteil: Motivation, Entfaltung, Leistungsbereitschaft. Nachteile: ggf. Überforderung und Fehlentscheidungen.

- **Coaching**: Fach- und Führungskräfte werden von externen und internen Beratern betreut. Damit soll ebenfalls eine Erweiterung und Bereicherung des Arbeitsbereichs ermöglicht werden. Vorteil: Die Mitarbeiter sind nicht auf sich gestellt, sondern werden unterstützt. Nachteil: Kosten.

Trainingsmaßnahmen

F 2012: A9a, 8 Pt.

- **Training-on-the-Job**: Unterweisung am Arbeitsplatz
- **Training-off-the-Job**: Unterweisung außerhalb des Arbeitsplatzes (bspw. in Schulungsräumen)
- **Training-along-the-Job**: berufsbegleitendes Lernen
- **Training-near-the-Job**: nicht direkt am Arbeitsplatz, aber im Unternehmen
- **Training-into-the-Job**: Ausbildung, Einarbeitung (Vorbereitungs-, Orientierungs- und Integrationsphase).

4.3.2 Potenzialanalyse

Ermittlung des Qualifizierungsbedarfs

H 2008: A8a, 4 Pt.
F 2016: A5b, 6 Pt.
F 2017: A6b, 6 Pt.

Die Potenzialanalyse analysiert systematisch die Qualifizierung der Mitarbeiter. Dabei wird geprüft, inwiefern sie den gegenwärtigen oder zukünftigen unternehmerischen Erfordernissen entspricht. Sofern dies nicht gegeben ist, sind Maßnahmen der Personalentwicklung erforderlich.

Zu den **relevanten Aspekten der Potenzialanalyse** (= wesentliche Erkenntnisbereiche der Potenzialanalyse) zählen: Fachwissen, Fertigkeiten, Motivation, Belastbarkeit, soziale/kommunikative Kompetenz, Flexibilität, Teamfähigkeit usw.

Zur **Feststellung des Qualifizierungsbedarfs** werden folgende **Methoden** verwendet: Assessment-Center, Leistungsbeurteilung, Potenzialanalyse, Persönlichkeits-, Intelligenztests und Gespräche zur Personalentwicklung.

Ziele, Kriterien und Fehler der Personalbeurteilung

H 2017: A5a-c, 18 Pt.

Es gibt zahlreiche **Ziele/Anlässe/Gründe der Beurteilung** von Mitarbeitern:

- **Potenzialanalyse**: Ermittlung des Potenzials der Mitarbeiter.
- **Entgeltüberprüfung**: Werden die Mitarbeiter angemessen entlohnt?
- **regelmäßige Überprüfung**: Diese Form findet sich insbesondere beim Management durch Zielvereinbarungen (MbO).
- **Zeugniserstellung**: In diesem Fall ist eine Beurteilung erforderlich, um ein angemessenes Zeugnis erstellen zu können.
- **Fehlverhalten** analysieren: Dies dient als Basis für Abmahnungen oder gar Kündigungen.

Schließlich sind bei Beurteilungen bestimmte **Grundsätze** einzuhalten:

- Die **Beurteilungsbögen** sollten möglichst objektiv und einheitlich verwendet werden.
- Es sollte eine klare Struktur der **Beurteilungskriterien** verwendet werden.
- Die Ergebnisse sind zu **dokumentieren**.
- Die Mitarbeiter sollten die Beurteilungen **einsehen** können.
- Die Beurteilungen müssen mit den Mitarbeitern besprochen werden (**Beurteilungsgespräch**).

Zur Beurteilung werden bestimmte **Beurteilungskriterien** ausgewählt:

- **Arbeitsmengen**: bspw. Anzahl Telefonate im Call-Center, Anzahl zugestellter Sendungen beim Paketboten, Anzahl der verbuchten Geschäftsvorfälle beim Buchhalter.
- **Arbeitsqualität** bzw. -güte: bspw. Fehler in E-Mail-Korrespondenzen im Servicebereich, korrekte Verbuchung der Geschäftsvorfälle bei Buchhaltern, richtig zugestellte Pakete.
- **Organisationsfähigkeit**: Fähigkeit die eigene Arbeit zweckmäßig zu organisieren.
- **Zusammenarbeit** mit Mitarbeitern
- **Selbständigkeit** der Arbeit
- **Verschwiegenheit** bei persönlichen Daten

Schließlich neigen Beurteilungen zu Fehlern. Eine kleine Auswahl möglicher **Beurteilungsfehler** finden Sie auf der folgenden Seite:

Fehler der Beurteilung	Beschreibung
1. Primäreffekt (Primacy-Effect)	Der erste Eindruck überwiegt andere Eigenschaften.
2. Halo-Effekt	Bestimmte Eigenschaften einer Person (bspw. Kleidungsstil) überstrahlen alle anderen Eigenschaften.
3. Logische Fehler	Aus bestimmten Eigenschaften ergeben sich nicht zwangsläufig andere. Pünktliche Mitarbeiter müssen nicht unbedingt zuverlässiger sein.
4. Klebereffekt/Übernahmefehler	Der Mitarbeiter wird anhand vorheriger Beurteilungen beurteilt und kommt so nicht voran.
5. Sympathieeffekt	Sofern der Beurteilte sympathisch (unsympathisch) wirkt, wird er besser (schlechter) beurteilt.
6. Hierarchieeffekt	Mitarbeiter einer höheren Hierarchiestufe werden meistens besser beurteilt.
7. Tendenz zur Mitte	Der Beurteilende wählt vorwiegend mittlere Noten, um harte Entscheidungen zu umgehen.
8. Tendenz zur Milde/Strenge	Die Mitarbeiter werden zu gut (bzw. zu schlecht) bewertet.
9. Nikolauseffekt	Die Tage vor Nikolaus sind Kinder artig. Sofern Mitarbeiter wissen, dass sie bewertet werden, wird Ihre Leistung steigen.
10. Lorbeereffekt	Gute Leistungen der Vergangenheit gehen unabhängig von der aktuellen Leistung in die Bewertung ein.

4.3.3 Kosten- und Nutzenanalyse der PE

Nutzen der Personalentwicklung

H 2012: A6b, 9 Pt.

Zu den **Vorteilen der Personalentwicklung**, die sich auch positiv auf die Personalbeschaffung auswirken, zählen:

- geringere Fluktuation
- höhere Motivation der Mitarbeiter
- stärkere Identifikation der Mitarbeiter mit dem Unternehmen
- zeitnahe Anpassung an die betrieblichen Erfordernisse und spezifischen Aufgaben

4

Negative Folgen einer missglückten Personalentwicklung

H 2015: A6c, 5 Pt.

- sinkende Marktanteile
- Fachkräftemangel führt zu Umsatzeinbußen, da nicht alle möglichen Aufträge erledigt werden können.
- sinkende Qualität durch mangelnde Qualifizierung der MA
- Fluktuation als Folge der missglückten PE kann die Probleme verschärfen.
- überalterte Belegschaft mit geringerem Innovationspotenzial

Fachkräftemangel: Gegenmaßnahmen

H 2016: A6a-c, 19 Pt.

Zu den **kurzfristigen Maßnahmen** zählen u. a. bestimmte kurzfristig wirkende Maßnahmen der internen und externen Personalbeschaffung: (1) Übernahme von Auszubildenden/Werkstudenten, (2) Übernahme von Zeitarbeitnehmern, (3) Umwandlung von Teilzeitbeschäftigungsverhältnissen in Vollzeitarbeitsverhältnisse, (4) kurzfristige Personalentwicklungsmaßnahmen und (5) Zeitarbeitsfirmen. Zudem können Möglichkeiten der Personaleinsatzplanung genutzt werden, um das vorhandene Fachpersonal besser zu nutzen.

Zu den **langfristigen Maßnahmen** zählen natürlich auch Formen der internen und externen Personalbeschaffung. Zudem muss auf eine langfristige Bindung der Mitarbeiter gesetzt werden, damit diese nicht abwandern. Hierzu wären folgende Maßnahmen dienlich: (1) interne Aufstiegschancen gewährleisten, (2) Gesundheits- und Kinderbetreuungsprogramme, (3) Freiräume für kreative Ideen gewähren, (4) kooperative Führungskultur und (5) leistungsfördernde Entlohnungssysteme.

Zudem können **altersgemischte Teams** hilfreich sein, da (1) ältere Mitarbeiter ihr Wissen weitergeben können, (2) ältere Mitarbeiter bspw. vom DV-Wissen jüngerer Mitarbeiter profitieren könnten und (3) mögliche Konflikte zwischen den Generationen abgebaut werden und (4) das Betriebsklima verbessert wird.

A

Anhang: Tipps zur Prüfung

1. Was sollte ich vor der Prüfung beachten?

- Zwar mag es banal klingen, trotzdem muss es immer wieder gepredigt werden: **Sie müssen sich intensiv auf die Prüfung vorbereiten.**
- **Lernen** ist weder eine Schande noch »uncool«. Diese Prüfung kostet Sie (bzw. den Staat) viel Geld und Zeit. Hätte Ihnen jemand zu Ihrer Schulzeit gesagt, dass Sie später freiwillig an Abenden oder Samstagen Schulungen besuchen werden und dafür noch Geld bezahlen müssten, hätten Sie ihn evtl. für verrückt erklärt. Insofern sind Sie schon ein »**Streber**« im positiven Sinne. Sie »streben« einen guten Abschluss an, der Ihnen einen beruflichen Aufstieg und bessere Gehaltsmöglichkeiten bietet. Spätestens dann stellt sich die Frage nicht mehr, ob das »**cool**« ist.
- Sofern Sie das erkannt haben, besteht immer noch das **Problem**, das auch umzusetzen. Neben Beruf und Privatleben ist es oftmals schwierig, hier noch die nötige Zeit zu finden.
- Es hilft aber nichts: Sie müssen einen Weg finden bzw. einen **Kompromiss zwischen Privatleben, Beruf und Fortbildung** finden.
- Zum Schluss sind immer wieder alle Teilnehmer überrascht, wie schnell die **Zeit** des Lehrgangs doch verging. Daher denken Sie möglichst früh daran, zu lernen.
- Erstellen Sie einen **Zeitplan** für die folgenden **Lernaspekte** (je früher Sie beginnen, desto besser):
  - Lesen Sie Ihre Skripte oder **Lehrbücher** intensiv.
  - Erstellen Sie Zusammenfassungen bzw. benutzen Sie die Ihnen hier vorliegende **Zusammenfassung des Stoffs**.
  - **Üben Sie anhand von alten Prüfungen.** Aber bitte immer erst die Lösungen anschauen, wenn Sie alle Aufgaben einer Prüfung gelöst haben.

A

Für die einzelnen Fächer ist folgendes zu berücksichtigen:

1. **VWL & BWL**: 75 min. reichen aus, sind aber knapp bemessen. Versuchen Sie den Stoff zu verstehen. Es müssen hier zahlreiche Definitionen, Begriffe und Zusammenhänge gelernt werden.
2. **Rechnungswesen**: 90 min. sind knapp aber ebenfalls ausreichend. Hier geht es neben Wissen vor allem um Rechenaufgaben. Diese müssen Sie intensiv üben. Der Schwerpunkt liegt auf Kalkulationsverfahren und Deckungsbeitragsrechnung. Insbesondere die Deckungsbeitragsrechnung kennt zahlreiche knifflige Aufgabentypen. Sie kommen nicht an der Beschäftigung mit alten Prüfungen vorbei.
3. **Recht & Steuern**: 75 min. sind eigentlich zu knapp. Neben viel Wissen müssen Sie hier teilweise Fälle lösen, die erfahrungsgemäß viele Sorgen machen. Üben Sie intensiv mit alten Prüfungen und dieser Zusammenfassung hier. Sie werden dann feststellen, dass sich die Fälle letztlich auch meistens (aber nicht immer) wiederholen und den oft gleichen Stoff abfragen. Bereiten Sie sich intensiv mit Gesetzestexten vor. Die wichtigen Paragraphen sollten Sie mit Reitern hervorheben und entsprechend markieren. Beachten Sie dabei, dass Sie lediglich die Paragraphenüberschrift (!) auf die Reiter schreiben dürfen.
4. **Unternehmensführung**: 90 min. sind ausreichend, aber es dürfte viel zu schreiben sein. In diesem Fach besteht der größte Lernbedarf an Wissen. In vielen Prüfungsaufgaben muss das Wissen auf eine spezielle Situation angewandt werden (teilweise reine Fallaufgaben). Auch hier gilt: Es dreht sich meist um den gleichen Stoff.

Es kann allerdings in allen Fächern mal zu **neuen, unerwarteten Aufgabentypen** kommen (es muss halt immer ein erstes Mal geben). Aber es werden niemals die Mehrzahl der Aufgaben sein.

Lassen Sie sich nicht von »alten Hasen« verunsichern, die an früheren Prüfungen teilnahmen. Erstaunlicherweise haben fast alle Prüfungsteilnehmer die schwerste Prüfung aller Zeiten geschrieben.

2. Was sollte ich in der Prüfung beachten?

- Suchen Sie vor der Prüfung einen ruhigen Platz im Vorraum und versuchen Sie **innere Ruhe** zu finden. Lassen Sie sich nicht von den unruhigen Zeitgenossen nerven, die vor der Prüfung alle stressen.
- Gehen Sie **entspannt** und ruhig an den Ihnen zugewiesenen Platz.
- Zunächst sollten Sie die **gesamte Prüfung durchblättern**. Es kommt immer wieder vor, dass Prüflinge einzelne Aufgaben auf der letzten Seite nicht lösen, da sie diese übersehen haben – kein Scherz!
- Lösen Sie die Aufgaben eine nach der anderen. Die **Reihenfolge** hierfür ist jedoch egal.
- Alle Aufgaben sollten in den Lösungsblättern **zusammenhängend** gelöst werden.
- Sollten Sie nach der Bearbeitung weiterer Aufgaben noch etwas in eine zuvor gelöste Aufgabe einfügen wollen und es fehlt der nötige Platz, können Sie das natürlich weiter hinten einfügen. **Wichtig:** Sie müssen aber unbedingt in der vorderen Lösung einen Verweis auf die weitere Lösung mit deren Seitenzahl einfügen. Der Korrektor ist eher wohlwollend gestimmt. Sie sollten ihn aber nicht unnötig verärgern.
- Es sollte eigentlich klar sein, dass Sie sich keinen Gefallen tun, wenn Sie dem Korrektor die Arbeit durch **unlesbare oder schlecht strukturierte Lösungen** erschweren.
- Verwenden Sie für jede neue Aufgabe jeweils eine neue Seite.
- Sie müssen die Aufgabennummern auf das jeweilige Blatt schreiben.
- Für gewöhnlich besteht eine Prüfungsaufgabe aus **Teilaufgaben** (a, b, ...). Sie müssen Ihre Lösungen genau diesen Teilaufgaben zuordnen und nicht einfach Aufgabe 3 hinschreiben und alle Teillösungen ohne Teilnummerierung aneinanderreihen. Das wird leider zu häufig gemacht und kann zu Punktabzug führen.
- Es empfiehlt sich mit eher **leichteren Aufgaben zu beginnen**. Das ist psychologisch sehr sinnvoll, da Sie dann nach der eher erfolgrei-

chen Beantwortung ein positives Gefühl mit zur nächsten Aufgabe nehmen. Zwar sind die Aufgaben eher nach aufsteigendem Schwierigkeitsgrad strukturiert. Allerdings sieht das jeder etwas anders.

- Sie sollten ohnehin zunächst alle Aufgaben kurz überfliegen. Verschwenden Sie andererseits nicht zu viel Zeit mit der Auswahl der ersten zu lösenden Aufgabe. Im Zweifelsfall fährt man mit der 1. Aufgabe ganz gut.

- Sobald Sie eine Aufgabe bearbeiten, sollten Sie diese **immer zuerst vollständig und intensiv durchlesen**. Markieren Sie mit einem **Textmarker** wichtige Angaben. Das klingt zwar selbstverständlich, ist es aber nicht. Viele Prüflinge wollen möglichst schnell sein und überfliegen die Aufgabe und lösen sofort nach dem Erfassen von Signalworten. Aber der Teufel liegt im Detail. **Sie müssen auf jedes Wort der Fragestellung achten.**

- **Die größten Fehler resultieren m. E. aus dem ungenügenden Lesen der Aufgaben.**

- Oftmals bereitet die **Formulierung der Fragestellung** Probleme. Viele Prüflinge berichten, dass Sie die Aufgaben bei einer »besseren« Aufgabenstellung auch lösen könnten. Diese Erkenntnis hilft Ihnen aber nicht weiter: Sie haben halt nun mal diese eine Prüfung vor sich liegen, und können während der Prüfung niemanden hierzu befragen – es gibt keine Hotline zum Dozenten.

- Denken Sie bitte an das Folgende: Zumeist wird altbekannter Stoff abgefragt – aber evtl. in einem neuen Gewand in einer neuen Formulierung. Setzen Sie also den **Röntgenblick** auf und überlegen Sie, was der Prüfungsersteller wohl von Ihnen wissen möchte.

- Umgekehrt machen Sie bitte aber auch nicht den gegenteiligen Fehler: Schreiben Sie nicht alles auf, was nur irgendwie entfernt mit dem Thema verwandt ist und Ihnen halt mal gerade einfällt. **Achten Sie schon auf die exakte Fragestellung.**

- Wo wir beim Thema sind: Die Fragestellung beinhaltet neben sachlichen Informationen auch **Signalworte** zur Bearbeitung:

A

- »Nennen Sie ...«, »Zählen Sie folgende ... auf ...« usw.: Sie müssen die Begriffe nur auflisten, ohne diese zu erläutern/beschreiben.
- »Erläutern Sie ...«, »Beschreiben Sie ...«, »Erörtern Sie ...« usw.: Hier müssen Sie eben in ganzen Sätzen erläutern, beschreiben usw.
- »Ermitteln Sie ...«, »Berechnen Sie ...« usw.: In diesen Fällen müssen Sie Ihr Wissen anwenden.

- Schreiben Sie nicht auf dem **Korrekturrand** und schreiben Sie nicht rot und grün, da dies **Korrekturfarben** sind.
- **Konzentrieren** Sie sich auf die Prüfung und lassen Sie sich nicht von anderen Prüflingen ablenken, die ggf. früher abgeben.

3. Was ist nach der Prüfung zu beachten?

- Nach der Prüfung sollten Sie sich zunächst eine Auszeit gönnen und sich erholen (für Vollzeitlehrgänge evtl. problematisch).
- Bedenken Sie jedoch: **Nach der Prüfung ist vor der Prüfung.** Die nächsten Prüfungen stehen ein halbes oder ein ganzes Jahr später vor der Tür. Sie müssen sich auf die je nach Fachwirt/Meisterlehrgang unterschiedlichen »Handlungsspezifischen Qualifikationen« vorbereiten.
- Zögern Sie also den Start zur Vorbereitung in die 2. Runde nicht allzu sehr hinaus. Erfahrungsgemäß fallen viele Kursteilnehmer nach dem erfolgreich absolvierten 1. Teil der »Wirtschaftsbezogenen Qualifikationen« in ein tiefes **Motivationsloch**. Finden Sie hier bitte schnell wieder heraus.
- Werden Sie Industriefachwirt, Technischer Fachwirt, Wirtschaftsfachwirt ... und nutzen Sie diese Qualifizierung für eine persönliche Bereicherung und vor allem für Ihren beruflichen Aufstieg.

Viel Erfolg!

Seealpsee/
Oberstdorf

Stichwortverzeichnis

A

B

F

G

J

K

L

M

N

Q

R

S

T

U

V

Zu den Fachbüchern des FHS-Verlags

Das Verlagsprogramm beinhaltet u. a. folgende Fachbücher:
(Autor ist jeweils Dr. Holger Stöhr)

I. Fachbücher zur Prüfungsvorbereitung: WQ-Teil

1. **F.I.T. zur IHK-Prüfung in VWL & BWL:** Wirtschaftsbezogene Qualifikationen für Industriefachwirte, Technische Fachwirte und Wirtschaftsfachwirte, 3. Auflage, Oberstdorf 2018, **ISBN 978-3-943743-13-5**

2. **F.I.T. zur IHK-Prüfung in Rechnungswesen:** Wirtschaftsbezogene Qualifikationen für Industriefachwirte, Technische Fachwirte und Wirtschaftsfachwirte, 3. Auflage, Oberstdorf 2018, **ISBN 978-3-943743-18-0**

3. **F.I.T. zur IHK-Prüfung in Unternehmensführung:** Wirtschaftsbezogene Qualifikationen für Industriefachwirte, Technische Fachwirte und Wirtschaftsfachwirte, 3. Auflage, Oberstdorf 2018, **ISBN 978-3-943743-17-3**

4. **F.I.T. zur IHK-Prüfung in Recht & Steuern:** Wirtschaftsbezogene Qualifikationen für Industriefachwirte, Technische Fachwirte und Wirtschaftsfachwirte, 3. Auflage, Oberstdorf 2018, **ISBN 978-3-943743-16-6**

5. **Wirtschaftsbezogene Qualifikationen:** Prüfungsvorbereitung für Industriefachwirte, Technische Fachwirte und Wirtschaftsfachwirte, 4. Auflage, Oberstdorf 2018, **ISBN 978-3-943743-20-3**

6. **Fragen & Aufgaben zu Wirtschaftsbezogene Qualifikationen:** Prüfungssimulation für Industriefachwirte, Technische Fachwirte und Wirtschaftsfachwirte, 2. Aufl., Oberstdorf 2018, **ISBN 978-3-943743-12-8**

Wichtig: Sie sollten *entweder* die letzten beiden Bücher *oder* stattdessen die ersten vier Fachbücher der Reihe »**F.I.T. zur IHK-Prüfung**« erwerben.

II. Fachbücher zur Prüfungsvorbereitung: HSQ-Teil speziell für Wirtschaftsfachwirte

7. **F.I.T. zur IHK-Prüfung in Betriebliches Management:** Handlungsspezifische Qualifikationen für Wirtschaftsfachwirte, 2. Auflage, Oberstdorf 2018 **ISBN 978-3-943743-19-7**

8. **F.I.T. zur IHK-Prüfung in Investition, Finanzierung, Kostenrechnung & Controlling:** Handlungsspezifische Qualifikationen für Wirtschaftsfachwirte, 3. Auflage, Oberstdorf 2018, **ISBN 978-3-943743-14-2**

9. **F.I.T. zur IHK-Prüfung in Logistik:** Handlungsspezifische Qualifikationen für Wirtschaftsfachwirte, 3. Auflage, Oberstdorf 2018, **ISBN 978-3-943743-15-9**

10. **F.I.T. zur IHK-Prüfung in Marketing & Vertrieb:** Handlungsspezifische Qualifikationen für Wirtschaftsfachwirte, 2. Auflage, Oberstdorf 2018, **ISBN 978-3-943743-22-7**

11. **F.I.T. zur IHK-Prüfung in Führung & Zusammenarbeit:** Handlungsspezifische Qualifikationen für Wirtschaftsfachwirte, 2. Auflage, Oberstdorf 2018 **ISBN 978-3-943743-21-0**

12. **F.I.T. zur IHK-Prüfung in Handlungsspezifische Qualifikationen für Wirtschaftsfachwirte:** Teil 1: Zusammenfassung des Stoffs, 1. Auflage, Oberstdorf 2018, **ISBN 978-3-943743-23-4**

13. **F.I.T. zur IHK-Prüfung in Handlungsspezifische Qualifikationen für Wirtschaftsfachwirte:** Teil 2: Prüfungssimulationen mit ausführlichen Lösungen, 1. Auflage, Oberstdorf 2018, **ISBN 978-3-943743-29-6**

Wichtig: Sie sollten *entweder* die letzten beiden Bücher *oder* stattdessen die fünf Fachbücher (7. bis 11.) erwerben.

Weitere Fachbücher sind in Vorbereitung:

www.fhs-verlag.de